PROTECCIÓN JURISDICCIONAL Y OBSERVANCIA DE LA PROPIEDAD INDUSTRIAL Y DE LOS DERECHOS DE AUTOR

COLECCIÓN
BIBLIOTECA JURÍDICA UNIANDINA

La Colección Biblioteca Jurídica Uniandina se creó en el 2008.
Sus publicaciones se destacan por la variedad temática en las áreas
de derecho privado, derecho público, derecho penal, derecho internacional,
derecho procesal y teoría jurídica. Las obras que acoge son escritas,
en su mayoría, por profesores de planta y cátedra de la Facultad de Derecho
de la Universidad de los Andes. Estos títulos se emplean, en gran parte,
como textos-guía en las diferentes asignaturas que componen el pénsum
del programa de Derecho de la Facultad.

JUAN FRANCISCO ORTEGA DÍAZ
JOSÉ FERNANDO SANDOVAL GUTIÉRREZ

(Coordinadores)

PROTECCIÓN JURISDICCIONAL Y OBSERVANCIA DE LA PROPIEDAD INDUSTRIAL Y DE LOS DERECHOS DE AUTOR

Universidad de los Andes
Colombia

Facultad de Derecho

Nombre: Ortega Díaz, Juan Francisco, coordinador, autor. | Sandoval Gutiérrez, José Fernando, coordinador, autor. | Cabrera León, Ramón Ignacio, autor. | Cruz Tejada, Horacio, autor. | Vergara Quintero, Luis Rafael, autor. | Romero Carvajal, Xiomara Marcela, autora. | Ramírez Sierra, Diego Fernando, autor. | Monroy Rodríguez, Juan Carlos, autor. | Torres Ospina, Ingrid Juliet, autora.

Título: Protección jurisdiccional y observancia de la propiedad industrial y de los derechos de autor / Juan Francisco Ortega Díaz, José Fernando Sandoval Gutiérrez (coordinadores)

Descripción: Bogotá : Universidad de los Andes, Facultad de Derecho, Ediciones Uniandes, 2022. | xv, 248 páginas ; 16 x 23 cm | Biblioteca Jurídica Uniandina

Identificadores: ISBN 9789587983241 (rústica) | 9789587983258 (electrónico)

Materias: Propiedad industrial | Derechos de autor

Clasificación: CDD 346.0482–dc23   SBUA

Primera edición: septiembre del 2022

© Juan Francisco Ortega Díaz, José Fernando Sandoval Gutiérrez, autores y coordinadores
© Ramón Ignacio Cabrera León, Horacio Cruz Tejada, Luis Rafael Vergara Quintero, Xiomara Marcela Romero Carvajal, Diego Fernando Ramírez Sierra, Juan Carlos Monroy Rodríguez, Ingrid Juliet Torres Ospina
© Universidad de los Andes, Facultad de Derecho

Ediciones Uniandes
Carrera 1.ª n.° 18A-12, bloque Tm
Bogotá, D. C., Colombia
Teléfono: 601 339 4949, ext. 2133
http://ediciones.uniandes.edu.co
ediciones@uniandes.edu.co

ISBN: 978-958-798-324-1
ISBN e-book: 978-958-798-325-8
DOI: http://dx.doi.org/10.15425/2022.659

Corrección de estilo: Diana López de Mesa
Diagramación interior: Luz Jazmine Güechá Sabogal
Diagramación de cubierta: Angélica Ramos

CONTENIDO

CAPÍTULO I

LA PROTECCIÓN JUDICIAL DE LA PROPIEDAD INTELECTUAL DESDE LA PERSPECTIVA MEXICANA

RAMÓN IGNACIO CABRERA LEÓN

CAPÍTULO II

EL DERECHO DE AUTOR Y LOS DERECHOS CONEXOS FRENTE AL CÓDIGO GENERAL DEL PROCESO

HORACIO CRUZ TEJADA

CAPÍTULO III

LA INTERPRETACIÓN PREJUDICIAL ANDINA

LUIS RAFAEL VERGARA QUINTERO

CAPÍTULO IV

MÁS ALLÁ DE LA ACCIÓN POR INFRACCIÓN DE DERECHOS
DE PROPIEDAD INDUSTRIAL

JOSÉ FERNANDO SANDOVAL GUTIÉRREZ

CAPÍTULO V

LAS ACCIONES DE PROTECCIÓN DE LA PROPIEDAD INDUSTRIAL
TUTELAN LOS DERECHOS DE LOS CONSUMIDORES

XIOMARA ROMERO CARVAJAL
JUAN FRANCISCO ORTEGA DÍAZ

CAPÍTULO VI

RESPONSABILIDAD CIVIL POR INFRACCIÓN A LOS DERECHOS
DE PROPIEDAD INTELECTUAL: UN SISTEMA MIXTO
DE REPARACIONES Y RESTITUCIONES

DIEGO FERNANDO RAMÍREZ SIERRA

CAPÍTULO VII

INDEMNIZACIÓN DE PERJUICIOS OCASIONADOS POR LA INFRACCIÓN DE LOS DERECHOS DE AUTOR Y DERECHOS CONEXOS

JUAN CARLOS MONROY RODRÍGUEZ

CAPÍTULO VIII

LEGITIMACIÓN ACTIVA DE LOS LICENCIATARIOS DE MARCAS PARA ENTABLAR ACCIONES POR INFRACCIÓN DE DERECHOS DE PROPIEDAD INDUSTRIAL

INGRID JULIET TORRES OSPINA

PRÓLOGO

Basta examinar la doctrina jurídica colombiana, y aun la latinoamericana, para percatarse, sin necesidad de grandes esfuerzos intelectuales, de la práctica ausencia de trabajos destinados al estudio de la protección jurisdiccional y la observancia —eso que desde el siempre adorado norte anglosajón definen como *enforcement*— de los diferentes ámbitos de la propiedad intelectual. Las razones son variadas, pero, esencialmente, vienen determinadas por la preferencia de los académicos por centrarse en aspectos más teóricos o de actualidad de la disciplina, que en actos que tienen que ver con el cumplimiento efectivo de la norma.

No en vano, tener presente la eficacia real del cumplimiento del marco de la propiedad intelectual, en sus diferentes vertientes, y dar respuesta a los interrogantes de carácter práctico que plantea es sin duda una cuestión que dista mucho de ser menor. En un mundo globalizado, donde, posiblemente, la propiedad intelectual sea junto con el derecho financiero —dejando de lado, por supuesto, el derecho internacional— las dos ramas del derecho más homogéneas a nivel mundial, parece lógico afrontar desde una visión global el comienzo de esta obra. Por ello, no es extraño que sea el trabajo del doctor Cabrera León el que abra las páginas del libro que, en este momento, querido lector, usted tiene en sus manos.

Obtenida la visión internacional del objeto de esta obra, que nos otorga una ajustada panorámica del problema, surgen enormes puntos de interés y controversia en cuestión de observancia. Algunos tienen un carácter más general, y otros, un espectro más concreto, pero todos son absolutamente relevantes en la práctica legal de la disciplina. En Colombia, las posibles implicaciones que la aprobación del Código General del Proceso —y su más que problemática puesta en marcha— generan en parte de la propiedad intelectual son, con claridad, un objeto de interés, cuando no de preocupación. Para aplacar en la medida de lo posible esta realidad, el profesor Cruz Tejada realiza un análisis detallado, centrándose en el derecho de autor, que sin dudas aclara de manera poderosa la cuestión.

En el mismo plano de duda e incerteza, y que constituye otro aspecto de incertidumbre doctrinal, está lo relativo a la interpretación prejudicial en este ámbito del derecho, que, en Colombia, genera más preguntas que certezas. Consecuencia legal de lo anterior, esta incerteza lleva a debilitar de facto la seguridad jurídica. Por ello, y porque justamente parece fortalecer desde la doctrina estos aspectos, nos parece tan valioso el trabajo del magistrado Vergara Quintero, quien arroja luz sobre elementos relevantes de la cuestión prejudicial que contribuyen a poner remedio a la situación descrita.

Llegados a este punto, y tras un recorrido que ha presentado una visión procedimental y aérea —por llamarlo de algún modo— se procede a examinar, con cierto detalle, aspectos relevantes más a pie de tierra —por llamarlo también de alguna manera—. Así, la acción de infracción de los derechos de propiedad industrial —cuestión claramente esencial que desmenuza el profesor Sandoval Gutiérrez y a la cual aporta elementos nuevos— o las de propiedad intelectual como posible tutela de los derechos de los consumidores —cuestión espinosa abordada por los profesores Romero Carvajal y Ortega Díaz— son claros ejemplos de ellos.

No obstante, en una obra de estas características no podía faltar, a la luz de la nueva realidad, dos temas sustanciales que adquieren, en el ámbito colombiano, pero también fuera de él, una relevancia cada vez mayor. Me refiero a la responsabilidad civil por infracción de los derechos de propiedad intelectual —un análisis realizado por el profesor Ramírez Sierra con un aporte más que significativo— y al daño y la indemnización de perjuicios ocasionados por la infracción de derechos de autor —aspecto abordado por el profesor Monroy Rodríguez—.

Finalmente, y como temática de interés, quisimos cerrar con un trabajo de una actualidad indiscutible en Colombia. Me refiero a la legitimación activa de los licenciatarios de marcas para poder entablar acciones por infracción de derechos de propiedad intelectual, una problemática muy característica en el sector de la distribución de automóviles en nuestro país y que la magíster en Derecho Torres Ospina aborda en profundidad.

En definitiva, no creemos equivocarnos si señalamos que esta obra recoge el análisis de los temas principales de discusión en materia de observancia. Cubrir el hueco doctrinal, o al menos contribuir a que sea menor, así como cautivar el interés del público interesado, es el objetivo final de esta obra. Usted, como siempre, tiene la última palabra.

JUAN FRANCISCO ORTEGA DÍAZ
JOSÉ FERNANDO SANDOVAL GUTIÉRREZ

La protección judicial de la propiedad intelectual desde la perspectiva mexicana[*]

Ramón Ignacio Cabrera León

Introducción

En general, la protección de la propiedad intelectual recae sobre productos de la creatividad humana en los que la originalidad y la innovación son aspectos cuyos límites no son identificables. Es un hecho que la realidad social siempre va más adelante que la realidad normativa que la regula. En la medida en la que la vida en sociedad se fue haciendo más compleja, se hizo necesario para la humanidad crear sistemas normativos que permitieran una mejor convivencia; esos sistemas se fundamentaron principalmente en la moral y en la costumbre, para luego sustentarse en nuevas normas que en conjunto permitieron el nacimiento de verdaderos sistemas jurídicos.

Para la propiedad intelectual fue en los siglos xiv y xv cuando surgieron las primeras leyes en materia de monopolios individuales legítimos y, por tanto, permisibles, por ejemplo, el privilegio de invención reconocido en 1421 por la República de Florencia a un arquitecto para una "Barcaza con grúa para el transporte de mármol", y después, en 1474 se publicó en Venecia la primera ley que regulaba estos privilegios[1].

En Inglaterra, en 1623 se promulgó el Estatuto de Monopolios, y en 1709 el Estatuto de la Reyna Ana, formalmente considerado la primera

---

[*] Para citar este capítulo: http://dx.doi.org/10.15425/2022.660

[1] Esther Arias Pérez-Ilzarbe, "Introducción a la propiedad industrial", *Oficina Española de Patentes y Marcas*, s. f., http://www.oepm.es/export/sites/oepm/comun/documentos_relacionados/Ponencias/05_INTROD-PROPIND.html

ley sobre derechos de autor[2]. En España, la primera norma que tuteló los derechos de autor fue la Real Orden de marzo de 1763, seguida de la Real Orden de 1764[3]. Estas últimas se aplicaron en el México colonial, así como en el resto de los territorios de la América española. En Estados Unidos, la Constitución de 1787 incluyó la Copyright Clause[4], con la cual se continuó con la protección a los derechos autorales vigente en las colonias inglesas.

Todos esos ordenamientos surgieron dada la necesidad de proteger la inventiva del ser humano, y de lograr generar condiciones que reconocieran y premiaran a los creadores. Ahora bien, en la materia de propiedad intelectual, el proceso evolutivo del marco normativo ha estado marcado por el desarrollo social en las distintas expresiones de conocimiento y avance científico, tecnológico y cultural, así como, en años recientes, por el fenómeno de la globalización.

En el caso mexicano, un detonante sustantivo de la tutela, protección y promoción de los derechos de propiedad intelectual fue la firma del Tratado de Libre Comercio de América del Norte, conocido por sus siglas TLCAN, en 1994, que dio motivo para la expedición de nuevas disposiciones legislativas tanto de propiedad industrial[5], y derechos de autor[6], como en materia de derechos de los obtentores de variedades

---

[2] "Nota explicativa sobre el origen del régimen jurídico de propiedad intelectual del Reino Unido", *Organización Mundial de la Propiedad Intelectual*, s. f., http://www.wipo.int/export/sites/www/wipolex/es/notes/gb.pdf

[3] Jhonny Antonio Pabón C., "Aproximación a la historia del derecho de autor:Antecedentes normativos", *Revista de la propiedad inmaterial*, n.º 13 (2009): 71. https://www.minjusticia.gov.co/InvSocioJuridica/DboRegistros/GetPdf?fileName= Aproximacion%20a%20la%20historia%20del%20derecho%20de%20autor.pdf

[4] Malla Pollack, "What Is Congress Supposed to Promote?: Defining 'Progress' in Article I, Section 8, Clause 8 of the United States Constitution, or Introducing the Progress Clause", *Nebraska Law Review* 84, n.º 4 (2001): 754-815, https://t.ly/44eH

[5] Si bien la Ley de la Propiedad Industrial se había promulgado en 1991, para 1994 se hizo una profunda y amplia reforma a la misma, para responder a los compromisos internacionales asumidos por México en el TLCAN. Esta Ley acaba de ser derogada por la nueva Ley Federal de Protección a la Propiedad Intelectual, promulgada en el 2020, que retoma los nuevos compromisos asumidos por México en los textos de los recientes tratados de libre comercio que México ha suscrito con los países del área Asia-Pacífico, de Europa y el nuevo tratado de Norteamérica.

[6] En diciembre de 1996 se expidió la aún vigente Ley Federal del Derecho de Autor. Misma que acaba de ser reformada en el año 2020.

vegetales[7]. En esa misma circunstancia, las más recientes actualizaciones que ha tenido el marco legal mexicano derivan de los compromisos internacionales asumidos con la suscripción de nuevos tratados internacionales.

El factor de la globalización es el contexto sobre el cual se pretende abordar este trabajo, en el que buscamos hacer evidentes algunas de las problemáticas actuales a las que se enfrenta un juzgador al resolver conflictos en materia de propiedad intelectual, problemas que no resultan exclusivos de una jurisdicción en particular, sino que son comunes y generales a quienes tienen bajo su responsabilidad resolver las controversias en esta materia; situación que en mi calidad de magistrado especializado en materia de propiedad intelectual en México pude palpar, comentar y compartir con colegas de distintas latitudes en los foros a los cuales tuve la oportunidad de asistir o en los cuales intervine.

Por otro lado, los demás factores que ya señalamos como elementos que inciden en el desarrollo de la propiedad intelectual producen nuevos retos que deben ser resueltos por el derecho de la propiedad intelectual, pues los avances científicos y tecnológicos están generando nuevos objetos y esquemas que requieren de nuevas formas y mecanismos, tanto de protección como para inhibir, combatir y sancionar las infracciones a los derechos tutelados en nuestra materia; los cuales, además, ya no solo se presentan en el ámbito espacial de validez de una jurisdicción, sino en múltiples jurisdicciones a la vez.

En este marco, pretendemos reflexionar en torno a la posición del juzgador ante esos nuevos retos que enfrenta el derecho de la propiedad intelectual, considerando que para resolver los desafíos que nos presenta la realidad del siglo XXI cuenta con instrumentos legales diseñados bajo la óptica y arquitectura de instituciones decimonónicas, que resultan obsoletos para dar una respuesta eficaz y efectiva a todos esos nuevos conflictos.

---

[7] En octubre de 1996 se publicó la aún vigente Ley Federal de Variedades Vegetales.

PROBLEMÁTICA ACTUAL EN MATERIA DE PROPIEDAD INTELECTUAL

Los asuntos que actualmente empiezan a ser la materia de la práctica judicial en México, así como de las discusiones en distintos foros que han acercado la experiencia internacional, nos permiten identificar que los nuevos problemas que los juzgadores enfrentan en torno al tema son de dos tipos:

a. Nueva materia de protección, o bien, protección de antiguas formas de expresión antes ignoradas o excluidas.
b. Nuevas formas de infracción de los derechos de propiedad intelectual propiciadas por la globalización y el desarrollo de nuevas tecnologías.

Los juzgadores de hoy, en materia de propiedad intelectual, enfrentan el reto de resolver conflictos actuales utilizando sistemas legales obsoletos, dada la gran brecha que ha generado la asimetría entre los avances científicos, tecnológicos, financieros y comerciales en un entorno global, en relación con el escaso avance y modernización que han tenido los distintos sistemas jurídicos tradicionales, construidos aún bajo una perspectiva eminentemente local.

Cabe decir que, en México, en el Tribunal Federal de Justicia Administrativa, existe y opera desde el 2011 un "[…] Sistema de e-Justicia que realiza el proceso contencioso administrativo en línea, desde la demanda hasta la sentencia, a cualquier hora, cualquier día y desde cualquier lugar del mundo a través de internet"[8].

Aunque se trata de un importante esfuerzo para acercar la justicia a los justiciables y agilizar los procesos de interacción entre las partes en juicio, no deja de ser un procedimiento diseñado desde la estructura y directriz de un juicio físico, por lo que esta herramienta no alcanza a constituirse como una solución sustantivamente más ágil para resolver los conflictos fiscales y administrativos, incluidos los que se suscitan en materia de propiedad intelectual.

---

[8] Juan Ángel Chávez Ramírez, *El modelo del sistema de juicio en línea y su expansión a otros ámbitos de la jurisdicción* (Ciudad de México: Instituto de Investigaciones Jurídicas de la UNAM, 2021), https://t.ly/TDFy

Nuevos objetos de protección

Sin duda, los productos de la inventiva y creatividad humana han permitido el progreso científico, tecnológico y cultural de las sociedades, manifestándose constantemente en nuevas creaciones y formas de expresión, que desde luego deben estar siempre protegidas por el derecho de la propiedad intelectual cuando pasen del terreno de lo habitual al de la originalidad.

Inteligencia artificial

La *inteligencia artificial* es definida como "el medio por el cual las computadoras, los robots y otros dispositivos realizan tareas que normalmente requieren de la inteligencia humana"[9]. Estas tareas están siendo ejecutadas en muy distintos ámbitos, por ejemplo, en el campo jurídico se han desarrollado los denominados Sistemas Expertos Jurídicos (SEJ), que son sistemas computacionales que codifican el conocimiento jurídico de los expertos (humanos) y lo manipulan como aquellos para el desempeño de actividades de su competencia[10], esto podría generar la existencia ya no tan lejana de "jueces robots".

Ahora bien, diversas interrogantes surgen tan pronto vislumbramos o imaginamos los alcances que puede tener el desarrollo de la inteligencia artificial, y la capacidad creativa y de innovación que puede llegar a generarse a voluntad de la cosa dotada de dicho atributo, sin la intervención de un humano en el proceso. Entre ellas están, si los productos de la inteligencia artificial sin intervención del humano son susceptibles de ser protegidos por los derechos autorales; quién será propietario de la propiedad intelectual derivada de esos bienes dotados de inteligencia artificial; o bien, quién podría ser eventualmente responsable de las infracciones en que pudiera incurrir una obra creada por inteligencia artificial. Todo esto cobra relevancia si consideramos, por una parte, que en

---

[9] Renato Gómez Herrera, "La inteligencia artificial: ¿Hacia dónde nos lleva?", *¿Cómo ves?*, enero de 1999, https://t.ly/XWdW

[10] Edgar Ramón García Aguilera, *Inteligencia artificial aplicada al derecho* (Ciudad de México: Instituto de Investigaciones Jurídicas de la UNAM, 2007).

las obras producto de la inteligencia artificial no hay una intervención de un humano, y por otra, que a nivel global la propiedad intelectual se ha reconocido como un derecho humano.

En los primeros casos jurisdiccionales que se han planteado a nivel global, la respuesta de los juzgadores se ha inclinado por la no protección de esta clase de obras; sin embargo, una corte en China[11] ya se pronunció en el sentido de tutelar los derechos de propiedad intelectual de bienes dotados de inteligencia artificial.

Protección de datos clínicos

Otro debate actual es la *protección de datos clínicos*, relativo a la seguridad y eficacia de un fármaco originalmente patentado, para una nueva indicación terapéutica, respecto de lo cual muchas legislaciones, incluida la mexicana, son omisas.

En el caso mexicano, bajo la recientemente derogada Ley de la Propiedad Industrial, se ha procedido a su protección en una interpretación armónica y relacionada de esta, en el Reglamento de Insumos para la Salud y en las disposiciones del también derogado tratado de Libre Comercio con América del Norte, así como en el Acuerdo de los Derechos de Propiedad Intelectual Relacionados con el Comercio. El nuevo marco legal contenido en la Ley Federal de la Protección de la Propiedad Industrial, que sustituyó a la Ley de la Propiedad Industrial a finales del 2020 ya reconoce la protección a los nuevos usos de sustancias, compuestos o composiciones comprendidos en el estado de la técnica. Sin embargo, existen otras legislaciones que definitivamente niegan la posibilidad de dicha protección, o bien, hay otras que sí lo autorizan, pero con distintos matices.

---

[11] Una Corte con sede en Shenzhen, China, en enero del 2020, reconoció como obras objeto de protección de Derechos de Autor los artículos generados por la inteligencia artificial de Dreamwriter. https://www.natlawreview.com/article/shenzhen-court-rules-ai-generated-articles-are-entitled-to-copyright-protection?amp&__twitter_impression=true

Marcas no tradicionales

Otro ejemplo es que algunas legislaciones excluyen de manera absoluta la posibilidad del registro de *marcas sensitivas* (visuales, gustativas, táctiles, olfativas y sonoras); es decir, signos no necesaria o exclusivamente visibles.

Estas marcas no tienen aún una aceptación internacional generalizada; sin embargo, no puede desconocerse que la creatividad mercadológica llevará a la búsqueda de registros y protección para este tipo de signos distintivos, que, más allá de lo que refieren las disposiciones jurídicas vigentes, son marcas que ya cumplen con la finalidad de un signo marcario, que es la de distinguir un bien o servicio de otros de su misma especie en un mercado.

Además, los diversos avances tecnológicos abren espacios insospechados para la expresión, materialización y presencia de tales signos marcarios. En el caso mexicano, el reconocimiento a las marcas sensitivas, ya se venían reconociendo desde las reformas a la derogada Ley Federal de la Propiedad Industrial de mayo del 2018, y ello se reiteró con la nueva Ley Federal de la Protección de la Propiedad Industrial del 2020.

Arte digital

Otro ejemplo más de nuevos objetos de protección podemos encontrarlo en los denominados *gifs* y los *cinemagraphs*, que son imágenes o fotografías con algún movimiento, que eventualmente serán protegidos y podrán dar lugar a nuevos conflictos, como, por ejemplo, qué parte de la imagen será objeto de la protección. O bien, la protección que debe darse a otras expresiones como los hologramas.

En todo caso, los avances tecnológicos están permitiendo que mucho de este arte digital esté abandonando los sustentos materiales tradicionales y transite y cobre existencia en soportes virtuales, lo que también viene a romper diversos paradigmas que se han constituido en verdaderos dogmas del derecho de autor.

Patentabilidad de materia viva

Debemos incluir la conciencia de que tradicionalmente la *protección de la materia viva no es patentable*, sin embargo, en la actualidad se ha puesto en tela de juicio la concesión de patentes biotecnológicas, pues la biotecnología utiliza, por definición, organismos vivos.

En este mismo contexto, la biomedicina es otra de las áreas que implica retos antes inimaginables para el derecho de la propiedad intelectual, pues se observa que los próximos grandes avances en materia de salud transitarán por los medicamentos biotecnológicos, que son elementos complejos en los que intervienen precisamente organismos vivos[12], y que a la luz de las definiciones tradicionales estarían excluidos de la protección del derecho de la propiedad intelectual. Es decir, es un caso relativo a que una situación antes prohibida, actualmente por los avances científicos y tecnológicos ya no debería estarlo, algo de lo que los abogados postulantes y el juzgador son conscientes, aunque la legislación permanece inmutable.

Demanda de protección de antiguas formas de expresión antes ignoradas o excluidas

Tatuajes

Este tipo de expresiones, aun cuando son antiguas, antes no generaban atención desde el punto de vista de su protección dentro de la propiedad intelectual, probablemente por estigmas sociales que no permitían verlos como aceptables, por lo cual, mucho menos se habría pensado que podrían ser protegidos. Sin embargo, quien diseña y plasma un tatuaje indudablemente es una artista y creador, cuyo trabajo ameritaría protección en el terreno de la propiedad intelectual; así mismo, no en pocas ocasiones es la misma persona que se tatúa quien diseña la imagen que decide plasmarse, y entonces el tatuador no podría usar ese diseño sin autorización previa de quien lo diseñó.

---

[12] Abelardo Meneses, "Impacto de la biotecnología en el tratamiento oncológico", *Cuadernos de Derecho y Ciencia* 1, n.º 2 (2010): 35.

Un caso que sirve para ejemplificar la importancia ascendente de la protección de tatuajes lo situamos en una demanda promovida en el 2011 por quien creó el tatuaje plasmado en el lado izquierdo del rostro de Mike Tyson. La demanda la promovió en contra de la producción de la película *Hangover 2*, por infringir sus derechos de autor, solicitando al juez una orden para que la película no fuera exhibida, pues el tatuaje fue registrado por el tatuador.

De inicio, en este caso, la protección fue procedente considerando que una obra de arte se puede crear sobre cualquier soporte material, incluyendo la piel humana; y respecto de las infracciones, la demanda se suscitó porque en la película uno de los protagonistas de la cinta exhibe en su rostro un tatuaje muy parecido al de Tyson, sin autorización[13].

Arte efímero

En estos casos, el soporte material en que se plasma una obra es *fugaz*, y lo que habría que definir y delimitar es en qué medida serían objetos de protección y, sobre todo, las pruebas que llevarían a constatar la existencia y titularidad de las obras.

Un ejemplo de este tipo de expresión es el arte urbano o grafitis, en los cuales, sin entrar al debate de si es correcto que alguien se apropie de una obra en un espacio público o incluso privado, tienen un grado de creatividad que eventualmente podría protegerse.

Otros ejemplos son los tapetes de aserrín y arena, los de flores —muy populares en México—, las esculturas de hielo e incluso los arreglos florales.

Folclor

Otro problema que empieza a cobrar mayor importancia en los países de tradición multicultural, como México, es la *apropiación de las*

---

[13] Andy Ramos Gil de la Haza, "Los tatuajes, la propiedad intelectual o cómo paralizar el estreno de una película", *Legal Today*, 31 de mayo del 2011, https://t.ly/02BJ

expresiones de folclor, en donde agentes comerciales, no solo nacionales sino extranjeros, se apropian de obras de arte popular y artesanías
sin reconocimiento a sus titulares originarios. El problema se complica
cuando el agente plagiario no se encuentra en la jurisdicción en donde
es origina la expresión folclórica sino en una jurisdicción extranjera.

Casos como el de Isabel Marant, respecto de textiles de la comunidad
Santa María Tlahuitoltepec, de Oaxaca, México, y más recientemente
el caso de la empresa Nestlé, relacionado con los bordados conocidos
como tenangos, característicos del municipio Tenango de Doria, Hidal-
go, México, son ejemplos del desvío de estas obras que deben gozar
de protección, pues son elementos de identidad de pueblos indígenas.

Tales casos no han llegado a ser sometidos a la jurisdicción de los
tribunales mexicanos, por lo que no ha sido posible identificar el criterio
por el cual hubieran sostenido estos. Sin embargo, otro de los retos que
enfrentan las obras que retoman aspectos del folclor, sustantivamente
en el tema de la originalidad de las obras, es que están basadas en características propias del arte popular. Sobre este particular, el Tribunal
Federal de Justicia Administrativa de México (TFJA) ya se pronunció
sobre la nulidad del registro de una obra cuyo autor no pudo acreditar
la originalidad de su obra, en el juicio 57/14-EPI 01-11, cuya sentencia puede ser consultada en el repositorio que ofrece la Organización
Mundial de la Propiedad Intelectual, conocida como WIPO Lex[14], bajo el
registro MX035-j.

Nuevas formas de infracción a derechos de propiedad intelectual ante la globalización y desarrollo de nuevas tecnologías

Globalización y nuevas tecnologías

La *globalización* no es un tema nuevo ni un fenómeno reciente. Ha sido
más bien un proceso constante, tanto es así que en realidad no existe un
consenso doctrinal en torno a cuándo exactamente dio inicio.

---

[14] https://wipolex.wipo.int/es/main/judgments

Lo que es indudable es que la globalización "se caracteriza por el incremento de intercambios comerciales, los movimientos de capitales, la circulación de las personas, la difusión de la información y del conocimiento, y la mejora tecnológica, todo ello como consecuencia, en buena medida de una mayor apertura de las economías y de las fronteras"[15].

Lo que sí es más actual y camina a la par de este fenómeno es el desarrollo de nuevas tecnologías de la información; es decir, el uso de equipos que permiten la transmisión, intercambio y procesamiento de datos, lo que ha precipitado la propia mundialización y ha aparejado nuevos conflictos.

Sin embargo, una característica, tanto de la globalización como de las nuevas tecnologías, es que no son fenómenos que están ocurriendo de forma homogénea, sino que transitan incluyendo y excluyendo grupos y regiones[16], de manera que, en la medida de lo posible, debe buscarse la unificación. Estos aspectos son fundamentales, pues la globalización y las nuevas tecnologías de la información han sido el telón que ha permitido el desarrollo del comercio electrónico de manera exponencial, de tal forma que internet, poco a poco, se ha apartado de ser un medio alternativo de comunicación, información e intercambio de bienes, para pasar a ser relevante, y sin duda en años próximos será el más importante.

En México, la regulación sobre comercio electrónico y particularmente sobre las infracciones marcarias detectadas en medios electrónicos es incipiente; aunque son temas que empezamos a afrontar los juzgadores mexicanos, pues es un hecho notorio que la tendencia en el uso de medios electrónicos para llevar a cabo actos comerciales va en aumento.

Por ejemplo, en México, del 2013 al 2014 el *e-commerce* creció 34 %, de 121 000 millones de pesos a 162 000 millones de pesos. Del 2014 al 2015 esta cifra creció 59 %, a 257 000 millones de pesos. Esto se debió en gran parte al comportamiento de los compradores. Alrededor de siete de cada diez internautas mexicanos realizaron una compra digital

---

[15] Víctor M. González Sánchez (coord.), *Globalización: Un enfoque multidisciplinar* (Valencia: Tirant lo Blanch, 2010), 10.

[16] Rosa Luz González Aguirre, "Tecnología y globalización: ¿Cómo se relacionan con derechos humanos?", en *Paz, tecnología y bioética*, coordinado por Luis Díaz Müller (Ciudad de México: Instituto de Investigaciones Jurídicas de la UNAM, 2008), 129-151.

entre mayo y julio del 2016[17], lo que hace evidente que los conflictos en torno al mercado digital son ya frecuentes.

Estos conflictos no son exclusivos de México, pues la preocupación por la violación de derechos de propiedad intelectual que involucran medios digitales en el mundo es compartida por distintos países.

La Organización para la Cooperación y el Desarrollo Económicos (OCDE) ha definido el comercio electrónico como "el proceso de compra venta o intercambio de bienes, servicios e información a través de las redes de comunicación". Esto permite ver que internet ha sido positivo, a la vez que negativo, para la creatividad. Positivo, porque permite la difusión inmediata de contenidos creativos y en distintos puntos del globo, pero esas mismas razones generan su aspecto negativo, pues la facilidad de acceso, aunado al anonimato, permite el rápido acceso a contenidos protegidos.

Ahora bien, el espacio virtual ha generado, además, nuevos retos para el derecho, como lo son, por ejemplo, la determinación de la competencia territorial del juzgador, la identificación, la ubicación en el espacio real de los actores que se desempeñan en espacios virtuales, y otros más, como la determinación de los mercados en los cuales están disponibles los bienes protegidos.

Por otro lado, las monedas virtuales o criptomonedas, como por ejemplo los *bitcoins*, que cada día cobran mayor relevancia en los mercados existentes en internet, también vienen a modificar las concepciones históricas que se tienen sobre las operaciones comerciales, pues aún no es claro el impacto jurídico de tales monedas —generalmente no reconocidas[18] por las autoridades financieras— en operaciones comerciales reales.

De hecho, entre los temas que fueron ejes de la nueva negociación del más reciente tratado comercial de América del Norte (TMEC) precisamente se destacan tanto el elemento del comercio electrónico, que era prácticamente inexistente en 1994 cuando se firmó el TLCAN, como

---

[17] "Estudio comercio electrónico en México para el año 2016: Primera parte", *Asociación Mexicana de Internet (AMIPCI)*, 11 de noviembre del 2010, https://t.ly/mdM5

[18] La República de El Salvador le reconoció la calidad de moneda de curso legal en su jurisdicción a la criptomoneda *bitcoin* por decreto publicado en su medio de difusión oficial el 9 de junio del 2021, y le reconoció su poder liberatorio a partir del 7 de septiembre de 2021.

la irrupción en la vida cotidiana de las nuevas tecnologías, plataformas electrónicas y redes sociales, entorno digital en el cual tanto las marcas como las obras protegidas por derechos de autor encuentran retos para su tutela, defensa y eventualmente castigos por infracciones a los mismos.

Infracciones en materia de derechos de autor

Ejemplos de estas infracciones son por excelencia las descargas libres y los accesos a canciones y videos musicales, conciertos, libros, películas y programas de televisión, así como a imágenes, sin el pago correspondiente a los titulares de dichos contenidos. Sobre estos aspectos los problemas empiezan a surgir desde la imposición de medidas precautorias para el bloqueo de las páginas de internet con contenidos infractores.

Estas medidas precautorias han sido solicitadas por los titulares de los derechos infringidos alrededor del mundo, y en distintos países con menor o mayor éxito, dependiendo del análisis que los jueces han llevado a cabo, particularmente en esquemas de ponderación de derechos.

Al respecto cabe traer a tema la Conferencia Internacional sobre Derechos de Autor, celebrada recientemente en Corea del Sur, en el marco de del Festival de la Canción de Asia, en la cual se ofreció un panorama de lo exitosas que han resultado las medidas de bloqueo a páginas de internet que facilitan contenidos protegidos por derechos de propiedad intelectual en países como Australia, Singapur, Malasia y Corea del Sur[19]. Sin embargo, no existe consenso mundial en torno a los bloqueos de sitios de internet, pues existen opositores a dichos bloqueos. Quienes se oponen afirman que

- Implican censura.
- Son contrarios a los derechos humanos relacionados con la libertad y acceso a la información.
- Pueden ser evadidos y entonces no son medidas efectivas ni proporcionales.

---

[19] Ang K. Thiang, "IFPI's Copyright Protection Activities in Asia and the Results" (ponencia, International Copyright Conference: Asia Song Festival, 2017).

Quienes están a favor de dichas medidas consideran que

- Son consistentes con los derechos humanos.
- Los derechos de autor son, en sí mismos, derechos humanos que requieren niveles de protección altos.
- Son efectivos y proporcionales.

México parece haberse sumado a la postura en contra de los bloqueos de las páginas con contenidos que violan derechos de autor, pues recientemente, en el 2015, el Instituto Mexicano de la Propiedad Industrial, a solicitud de diversos titulares de obras musicales, productores y titulares de derechos conexos de dichas obras, ordenó como medida provisional a un proveedor de servicios de acceso a internet (ISP) la "suspensión o cese de los actos que puedan constituir una violación a *determinadas* obras musicales", especificando que la medida implicaba el bloqueo del acceso al sitio donde se accedía a dichos contenidos de manera libre, y ordenó además la inserción en el sitio web de una leyenda relativa a la imposibilidad para visualizar la página de internet en cumplimiento a las disposiciones de la entonces vigente Ley de la Propiedad Industrial y la Ley Federal del Derecho de Autor.

En respuesta a dicha orden, la prestadora de servicios de internet promovió un juicio de amparo indirecto, en contra tanto del oficio de imposición de medidas como de los artículos que lo fundamentaron. El juez que conoció del caso otorgó el amparo solicitado para dejar sin efectos el oficio de imposición de medidas provisionales, ponderando la libertad de expresión y acceso a la información por encima de los derechos de autor de los solicitantes de la medida. Estos últimos promovieron un recurso de revisión que resolvió la Suprema Corte de Justicia de la Nación, que confirmó la ponderación hecha por el juez, considerando inconstitucional el bloqueo total de páginas de internet[20].

---

[20] CSJ de México, Segunda Sala, Sent. de amparo en revisión 1/2017, ministro ponente Alberto Pérez Dayán.

Infracciones en materia de propiedad industrial

Por otro lado, en el campo de la propiedad industrial, tenemos el caso de la libre comercialización de mercancía con marcas imitación. Asimismo, debemos mencionar el caso de las infracciones en el plano de la competencia desleal, generadas por el desvío de la clientela efectiva por el uso de una marca ajena como *keyword* en el servicio remunerado de AdWords de Google; es decir, el uso de una marca de un competidor A que, por medio del servicio remunerado de referenciación AdWords, hace que los usuarios de internet interesados en los productos identificados por el titular de la marca A, al momento de introducir la marca A en un motor de búsqueda, obtengan como enlace patrocinado un anuncio referente a los productos del competidor desleal con una marca B, desviando de manera reprochable la clientela efectiva de su competidor.

En México, un caso sobre competencia desleal en el que el medio utilizado había sido precisamente la plataforma de AdWords de Google, fue conocido por el Tribunal Federal de Justicia Administrativa bajo el expediente 1002/16-EPI-01-12[21].

EL PAPEL DEL JUZGADOR FRENTE A INSTRUMENTOS LEGALES OBSOLETOS E INCOMPATIBLES, QUE YA NO DAN RESPUESTA A LOS NUEVOS CONFLICTOS

Los problemas antes mencionados llevan a retos que permiten hacer una reflexión sobre el papel actual de los juzgadores en materia de propiedad intelectual. Estos retos, como hemos visto, derivan de conflictos que tienen que ver con la sucesión de fenómenos sociales, como el imparable avance de la ciencia y la tecnología y la globalización, los cuales seguirán presentes con distintos matices y complejidades.

Los juzgadores somos operadores jurídicos, a quienes nos corresponde la interpretación y aplicación de las normas para resolver los conflictos que son sometidos a nuestra consideración, y en este punto

---

[21] Ramón Ignacio Cabrera León, *Propiedad intelectual: La visión de quien juzgó* (Ciudad de México: Burgoa Editores, 2020).

deben destacarse nuestros límites al momento de resolver los casos. En México la protección judicial de la propiedad intelectual está pautada por las leyes de la materia, y a los juzgadores les corresponde su interpretación y aplicación; es decir, subsumir casos concretos a las normas generales, atentos a que están llamados a una función jurisdiccional y nunca legislativa.

Sin embargo, sin entrar en la discusión de si el juez puede crear derecho o no, que incluso se replantearía a la luz de los cambios y la asimetría de la realidad social y el derecho, debemos decir que esta posición tradicional en torno al papel del juzgador requeriría que el "derecho sea completo y coherente, en el sentido que debe contener una solución para todo problema que sea sometido al juez y que no haya dos o más soluciones incompatibles para cada caso"[22]; es decir, para toda situación el derecho debería dar una respuesta, lo que en la actualidad no ocurre.

En efecto, el derecho de la propiedad intelectual ha evolucionado de manera muy dispar a la realidad social, y esta lo ha rebasado, pues surgen nuevas dinámicas generadoras de nuevos conflictos, y esta disparidad continua pone de relieve la trascendencia de la labor del juzgador en la protección de derechos, como la propiedad intelectual, pues sus decisiones constituirán precedentes que permitirán trazar y construir criterios que deben servir para dar respuesta al justiciable de forma sólida y justa.

Otro problema al que debemos enfrentarnos en el contexto de la globalización es que si bien existen normas multilaterales que establecen principios y reglas mínimas, ciertamente el alcance de la protección y los criterios de aplicación dejan a los operadores políticos y jurisdiccionales de cada país un amplio margen de decisión sobre el mejor modo de aplicarlas. Esto es relevante, porque en este contexto de globalización y de desarrollo de tecnologías de la información no existe uniformidad en torno a la protección dada y los alcances que tiene, así como los criterios de sanción.

Un ejemplo es que la infracción puede cometerse en un país distinto al del titular del derecho, pero hacerse por conducto de un agente en un tercer país; entonces, un primer conflicto a enfrentar es la jurisdicción. Otro problema que continuaría sería la localización de los infractores

---

[22] Eugenio Bulygin, "Los jueces: ¿Crean derecho?", *Isonomía*, n.º 18 (2003): 8, www.cervantesvirtual.com/descargaPdf/los-jueces-crean-derecho-0/

y, posterior a ello, el material probatorio, así como su reconocimiento y valoración.

Asimismo, un aspecto relevante es una transformación en cuanto a la interpretación de los textos legales basada en los derechos humanos, siendo este un cambio radical en la forma en que se han construido los argumentos de las sentencias en México.

Esto hace evidente el fundamental papel del juzgador a nivel global y permite concluir que la perspectiva judicial internacional tiene retos comunes para todos ellos.

Conclusiones

1. Los conflictos actuales en materia de propiedad intelectual se han modificado a partir de la ilimitada capacidad creativa del ser humano, lo que da lugar a nueva materia de protección.
2. La globalización, en conjunción con las tecnologías de la información, han llevado a nuevas formas de infracción de derechos de propiedad intelectual.
3. La perspectiva de los jueces frente a estos nuevos retos se dirige a la resolución de nuevos conflictos con instrumentos legales obsoletos, que además no son compatibles con las normas de otros países.
4. Debe procurarse la reforma de las leyes en materia de propiedad intelectual para lograr una protección real y efectiva de los derechos de propiedad intelectual.

Referencias

Arias Pérez-Ilzarbe, Esther. "Introducción a la propiedad industrial". *Oficina Española de Patentes y Marcas*, s. f. http://www.oepm.es/export/sites/oepm/comun/documentos_relacionados/Ponencias/05_INTROD-PROPIND.html

Bulygin, Eugenio. "Los jueces: ¿Crean derecho?". *Isonomía*, n.° 18 (2003): 8-25. www.cervantesvirtual.com/descargaPdf/los-jueces-crean-derecho-0/

Cabrera León, Ramón Ignacio. *Propiedad intelectual: La visión de quien juzgó*. Ciudad de México: Burgoa Editores, 2020.

Chávez Ramírez, Juan Ángel. *El modelo del sistema de juicio en línea y su expansión a otros ámbitos de la jurisdicción*. Ciudad de México: Instituto de Investigaciones Jurídicas de la UNAM, 2021. https://t.ly/TDFy

CSJ de México, Segunda Sala, Sent. de amparo en revisión 1/2017. Ministro ponente Alberto Pérez Dayán.

"Estudio comercio electrónico en México para el año 2016: Primera parte". *Asociación Mexicana de Internet (AMIPCI)*, 11 de noviembre del 2010. https://t.ly/mdM5

García Aguilera, Edgar Ramón. *Inteligencia artificial aplicada al derecho*. Ciudad de México: Instituto de Investigaciones Jurídicas de la UNAM, 2007.

Gómez Herrera, Renato. "La inteligencia artificial: ¿Hacia dónde nos lleva?". *¿Cómo ves?*, enero de 1999. https://t.ly/XWdW

González Aguirre, Rosa Luz. "Tecnología y globalización: ¿Cómo se relacionan con derechos humanos?". En *Paz, tecnología y bioética*, coordinado por Luis Díaz Müller, 1-9. Ciudad de México: Instituto de Investigaciones Jurídicas de la UNAM, 2008.

González Sánchez, Víctor M. (coord.). *Globalización: Un enfoque multidisciplinar*. Valencia: Tirant lo Blanch, 2010.

Meneses, Abelardo. "Impacto de la biotecnología en el tratamiento oncológico". *Cuadernos de Derecho y Ciencia* 1, n.º 2 (2010).

"Nota explicativa sobre el origen del régimen jurídico de propiedad intelectual del Reino Unido". *Organización Mundial de la Propiedad Intelectual*, s. f.

Pabón C., Jhonny Antonio. "Aproximación a la historia del derecho de autor: Antecedentes normativos". *Revista de la propiedad inmaterial*, n.º 13 (2009).

Pollack, Malla. "What Is Congress Supposed to Promote?: Defining 'Progress' in Article I, Section 8, Clause 8 of the United States Constitution, or Introducing The Progress Clause". *Nebraska Law Review* 84, n.º 4 (2001): 754-815. https://t.ly/44eH

Ramos Gil de la Haza, Andy. "Los tatuajes, la propiedad intelectual o cómo paralizar el estreno de una película". *Legal Today*, 31 de mayo de 2011. https://t.ly/02BJ

Thiang, Ang K. "IFPI's Copyright Protection Activities in Asia and the Results". Ponencia, International Copyright Conference: Asia Song Festival, 2017.

Tribunal Federal de Justicia Administrativa de México, Sala Especializada en Materia de Propiedad Intelectual, Sent. de Juicio de Nulidad 57/14-EPI-01-11.

Tribunal Federal de Justicia Administrativa de México, Sala Especializada en Materia de Propiedad Intelectual, Sent. de Juicio de Nulidad 1002/16-EPI-01-12.

CAPÍTULO II

EL DERECHO DE AUTOR Y LOS DERECHOS CONEXOS FRENTE AL CÓDIGO GENERAL DEL PROCESO*

HORACIO CRUZ TEJADA

ANOTACIONES PRELIMINARES

En los últimos años ha tomado inusitada relevancia el estudio, no solo del derecho del autor y los derechos conexos, sino de todos los derechos comprendidos dentro de la propiedad intelectual, habida cuenta de la amplia producción intelectual del hombre, así como de los avances tecnológicos y científicos que se presentan en la sociedad.

Llama la atención que en materia procesal el legislador se ocupó de precisar y definir las reglas de juego para la protección de los derechos de propiedad intelectual[1] mediante el Código General del Proceso, asignatura que estaba pendiente con la legislación procesal anterior. Así, con el Código General del Proceso se otorgó competencia judicial a autoridades administrativas en asuntos relacionados con los derechos de propiedad intelectual, aspecto sobre el cual me referiré en el siguiente acápite.

De acuerdo con el contenido del artículo 2.° de la Ley 23 de 1982, el derecho de autor y los derechos conexos

---

* Para citar este capítulo: http://dx.doi.org/10.15425/2022.661

[1] Para Zea Fernández la propiedad intelectual se define como "el derecho de uso, goce y disposición que, conforme a la normatividad especial aplicable, se tiene sobre bienes intelectuales. Estos derechos de uso, goce y disposición son derechos subjetivos de contenido patrimonial, que al ser reconocidos o ser ejercidos sobre cosas intelectuales, convierte a estas en bienes, que podrían ser denominados genéricamente como bienes intelectuales". Guillermo Zea Fernández, *Derecho de autor y derechos conexos* (Bogotá: Universidad Externado de Colombia, 2009), 18.

recaen sobre las obras[2] científicas, literarias y artísticas las cuales comprenden todas las creaciones del espíritu en el campo científico, literario y artístico, cualquiera que sea el modo o forma de expresión y cualquiera que sea su destinación [...] y, en fin, toda producción del dominio científico, literario o artístico que pueda reproducirse, o definirse por cualquier forma de impresión o de reproducción, por fonografía, radiotelefonía o cualquier otro medio conocido o por conocer.[3]

En las próximas líneas se hará especial énfasis en algunos aspectos procesales que resultan relevantes a la hora de estudiar el derecho de autor y los derechos conexos, de cara a su eficaz protección. Para dicho propósito se tomará como punto de partida el estudio de las normas procesales que los regulan, las cuales se encuentran contenidas en el Código General del Proceso; así mismo, se analizará la doctrina y la jurisprudencia que sobre el tema resulta relevante, sin que con ello se pretenda agotar el estudio de la materia.

Competencia judicial

Aspectos generales

Uno de los grandes avances que tuvo el Código General del Proceso frente a los derechos de propiedad intelectual fue regular de manera clara

---

[2] En cuanto al alcance del concepto de *obra*, el artículo 3.º de la Decisión 351 de 1993 del Acuerdo de Cartagena señala que es "toda creación intelectual original de naturaleza artística, científica o literaria, susceptible de ser divulgada o reproducida en cualquier forma".

[3] De acuerdo con el artículo en mención, las obras científicas, literarias y artísticas sobre las que recaen los derechos de autor pueden ser: "[...] los libros, folletos y otros escritos; las conferencias, alocuciones, sermones y otras obras de la misma naturaleza; las obras dramáticas o dramático musicales; las obras coreográficas y las pantomimas; las composiciones musicales con letra o sin ella; las obras cinematográficas, a las cuales se asimilan las obras expresadas por procedimiento análogo a la cinematografía, inclusive los videogramas; las obras de dibujo, pintura, arquitectura, escultura, grabado, litografía; las obras fotográficas a las cuales se asimilan las expresadas por procedimiento análogo a la fotografía; las obras de arte aplicadas; las ilustraciones, mapas, planos, croquis y obras plásticas relativas a la geografía, a la topografía, a la arquitectura o a las ciencias [...]".

la competencia para conocer las controversias que se pueden presentar en la materia, la cual está integrada por tres grandes bloques, a saber: (1) propiedad industrial; (2) derecho de autor y derechos conexos, y (3) derechos de obtentor de variedades vegetales[4].

Así las cosas, el artículo 24 del estatuto procesal les asigna a ciertas autoridades administrativas del orden nacional la competencia —a prevención— para conocer los asuntos referidos a la violación de derechos de propiedad intelectual[5]. Veamos:

- Procesos por infracción de derechos de propiedad industrial: Superintendencia de Industria y Comercio[6].
- Procesos relativos a la violación del derecho de autor y derechos conexos: Dirección Nacional de Derechos de Autor.
- Procesos por infracción a los derechos de obtentor de variedades vegetales: Instituto Colombiano Agropecuario[7].

---

[4] Recordemos que el Código de Procedimiento Civil (CPC) tan solo se refería a los asuntos relacionados con la propiedad industrial, y dejaba de lado aquellas situaciones que se podían presentar frente a la violación de los derechos de obtentor de variedades vegetales, para lo cual debía aplicarse la cláusula residual de competencia señalada en el artículo 12 del CPC. En cuanto a las controversias relacionadas con los derechos de autor, la Ley 23 de 1982 se encargó de asignar su competencia a los jueces civiles.

[5] A propósito del contenido del artículo 24 del Código General del Proceso, Robledo del Castillo señala que "desde el punto de vista del enlistamiento de algunas competencias en atención a la naturaleza del asunto, se hicieron varias cosas: (i) se recopilaron funciones jurisdiccionales que se habían otorgado en normas preexistentes; (ii) se modificaron, aclararon o se concibieron de otra forma competencias que habían sido concedidas por normas preexistentes; (iii) se otorgaron nuevas funciones jurisdiccionales a ciertas entidades; y (iv) se mantuvieron incólumes o vigentes funciones jurisdiccionales otorgadas a autoridades administrativas en forma precedente por otra ley. Obviamente, lo novedoso son las nuevas funciones y el rediseño de algunas ya existentes; lo demás es función compiladora". Pablo Felipe Robledo del Castillo, "Ejercicio de funciones jurisdiccionales por autoridades administrativas", en *Código General del Proceso comentado*, editado por Jairo Parra Quijano (Bogotá: Instituto Colombiano de Derecho Procesal, 2018), volumen 2, 508-509.

[6] Cabe precisar que esta entidad ya venía conociendo procesos por violación a los derechos de los consumidores establecidos en el estatuto del consumidor (L. 1480/2011) y de competencia desleal (L. 256/1996).

[7] Si bien el artículo 24 del Código General del Proceso, mediante el cual se le otorgó competencia judicial al Instituto Colombiano Agropecuario (ICA) para conocer de procesos por violación de derechos de obtentor de variedades vegetales, entró en vigencia el

Como puede observarse, la asignación de competencias para el ejercicio de la función jurisdiccional se hizo con un criterio de especialidad de la autoridad administrativa, lo cual resulta razonable en la medida en que se parte del supuesto según el cual quienes van a fungir como jueces para tales asuntos son conocedores de la materia[8].

Ahora bien, por tratarse de una competencia a prevención con las autoridades judiciales, quien resulte legitimado para adelantar el respectivo proceso es quien decide si acude ante la autoridad administrativa habilitada para tal efecto o ante el juez civil competente. De optar por direccionar su demanda ante las autoridades judiciales, dada la naturaleza del asunto, son los jueces civiles del circuito quienes conocen los asuntos relativos a la propiedad intelectual (Código General del Proceso, arts. 19, 20.2 y 28.11). En el evento en que el demandante decida acudir ante la respectiva entidad administrativa, como es el caso de la Dirección Nacional de Derecho de Autor, por tratarse de una entidad del orden nacional, goza de competencia en todo el territorio colombiano, por lo cual podrá conocer los asuntos relativos a la infracción del derecho de autor y los derechos conexos suscitados en cualquier región del país. Por su parte, la segunda instancia le corresponderá al Tribunal Superior de Distrito Judicial de Bogotá, dado que es la ciudad en donde se encuentra la sede principal de la entidad (Código General del Proceso, arts. 31.2 y 33.2).

Vale la pena recordar que, como desarrollo de las reglas de unificación, paridad o simetría[9], el ejercicio de la función jurisdiccional en cabeza de las autoridades administrativas habilitadas para ello se debe realizar bajo los mismos parámetros previstos para los jueces, tal como se desprende del contenido de los parágrafos 3.º y 4.º del artículo 24 del Código General del Proceso.

1.º de octubre del 2012, hasta la fecha de consulta dicha función no ha empezado a operar; así se denota en su organigrama, publicado en el sitio web de la entidad: https://t.ly/bTYG

[8] Horacio Cruz Tejada, "El régimen de jurisdicción y competencia en el Código General del Proceso", en *El proceso civil a partir del Código General del Proceso*, coordinado por Horacio Cruz Tejada, 2.ª edición (Bogotá: Universidad de los Andes, 2018), 81-83.

[9] Robledo del Castillo, "Ejercicio de funciones", 514.

Competencia judicial en procesos por infracción al derecho de autor y derechos conexos

En cuanto a los asuntos relacionados con la infracción al derecho de autor y derechos conexos, como ya se mencionó, el legislador asignó competencia judicial a la Dirección Nacional de Derecho de Autor (DNDA)[10], situación que fue objeto de una demanda de inconstitucionalidad por considerar el accionante que con tales atribuciones se desconocían los principios de autonomía e independencia judicial; asimismo, en sentir del demandante, la atribución jurisdiccional que hizo el legislador fue imprecisa, con lo que se dejó abierta la posibilidad, en cabeza de esta entidad, de instruir y juzgar delitos, sin tener en cuenta, de esta manera, las condiciones previstas en la Constitución para la asignación de funciones jurisdiccionales a las autoridades administrativas.

Al respecto, en la Sentencia C-436 del 2013[11], la Corte Constitucional precisó que las funciones jurisdiccionales atribuidas a la DNDA hacen referencia únicamente a los asuntos civiles o mercantiles vinculados con el derecho de autor y los derechos conexos, de manera que no puede extenderse a la instrucción o juzgamiento de delitos referidos a la violación de los derechos de autor[12]. En cuanto a la imparcialidad e

---

[10] No obstante, debido a que al momento de la promulgación del nuevo estatuto procesal dicha entidad, que es del orden nacional y que forma parte de la rama ejecutiva del poder público, no contaba con la infraestructura adecuada ni el recurso humano debidamente capacitado para ejercer la función jurisdiccional en los asuntos señalados, era evidente que su ejercicio no podía iniciar de forma inmediata. Por ello, el legislador determinó que dicha potestad se ejercería de forma gradual, para lo cual instó a las entidades administrativas que no se encontraban ejerciendo funciones jurisdiccionales a informar las condiciones y fecha a partir de la cual se daría inicio a tal labor (Código General del Proceso, art. 24, parágrafo 2.º). Fue así como, mediante la Resolución 366 del 28 de noviembre del 2012, se inició la prestación del servicio de administración de justicia, limitado a diez trámites de forma simultánea. Sin embargo, con ocasión de la creación de la Subdirección de Asuntos Jurisdiccionales en el año 2015 (decretos 1873 y 1874), la oferta se ha venido ampliando, al punto de adelantar hoy en día hasta doscientos procesos por año, sin exceder un máximo de veinticinco de manera simultánea por demandante, tal como lo señala la Resolución 062 del 12 de marzo del 2020.

[11] M. P. Mauricio González Cuervo.

[12] Sobre el particular, señala la Corte: "3.5.1.1. Este Tribunal considera que el literal acusado no desconoce el mandato de precisión establecido en la Constitución. La atribución satisface las exigencias de claridad y determinación que se derivan de dicho

independencia que caracteriza el ejercicio de la función jurisdiccional, reconoció la Corte que existen riesgos de interferencia entre las funciones administrativas y las de orden jurisdiccional, por lo que declaró la exequibilidad de la atribución de funciones jurisdiccionales a la DNDA, bajo el entendido que dicha entidad debe garantizar el respeto por la autonomía y la independencia en relación con el ejercicio de la función de administrar justicia[13].

En ese orden de ideas, tal como lo ha sostenido la jurisprudencia de la Corte Constitucional, la atribución de funciones jurisdiccionales a autoridades administrativas corresponde al ejercicio de la potestad normativa otorgada por la Constitución Política (art. 116) al legislador, facultad que debe ejercer bajo una regla de atribución precisa[14] de los asuntos asignados, garantizando siempre el respeto por la independencia y autonomía de quien funge como juez dentro de la entidad.

Ahora bien, en el evento en que se presente la demanda por infracción del derecho de autor y derechos conexos ante la autoridad judicial, es necesario hacer las siguientes precisiones, dados los cambios legislativos que se han presentado:

---

mandato. El legislador acudió a una forma de enunciación temática general determinada consistente en aludir, en el marco de la denominada propiedad intelectual, a una de sus materias generales correspondiente a los derechos de autor y conexos. Esa delimitación legalmente reconocida por diversas disposiciones —Decisión 351 de la Comunidad Andina de Naciones, Ley 23 de 1982 y Ley 44 de 1993— según se explicó más arriba (supra 3.2), es además complementada por el artículo 1.º del Código General del Proceso, al establecer que dicho estatuto se ocupa de disciplinar la actividad procesal en asuntos civiles, comerciales, agrarios y de familia. Ello permite entender que las funciones jurisdiccionales asignadas aluden únicamente a los asuntos civiles o mercantiles vinculados a los derechos de autor y conexos".

[13] Al respecto, señala la Corte lo siguiente: "En esa medida dispondrá en la parte resolutiva declarar la exequibilidad del literal (b) del numeral 3 del artículo 24 de la Ley 1564 del 2012 siempre y cuando, mediante los procedimientos constitucionales previstos, se adopten las medidas que se requieran para asegurar que la estructura y funcionamiento de la Dirección Nacional de Derechos de Autor no afecten el principio de imparcialidad e independencia en el ejercicio de las funciones judiciales asignadas".

[14] En la Sentencia C-436 del 2013, ya citada, la Corte sostuvo que "La jurisprudencia constitucional ha señalado que el cumplimiento de la regla de atribución precisa constituye una condición necesaria —aunque no suficiente— para el aseguramiento de la imparcialidad".

1. La Ley 23 de 1982, en los artículos 242 y 243, este último derogado por el artículo 37 de la Ley 1915 del 2018[15], definieron unas reglas sobre competencia de la siguiente manera:

   a. El artículo 242 dispuso: "las cuestiones que se susciten con motivo de esta ley, ya sea por aplicación de sus disposiciones, ya sea como consecuencia de los actos y hechos jurídicos y vinculados con los derechos de autor, serán resueltos por la justicia ordinaria". Ello lleva a pensar en la jurisdicción ordinaria en su especialidad civil[16], pues a pesar de que el concepto de *jurisdicción* es único —entendido como función pública de impartir justicia—, nuestro ordenamiento jurídico tradicionalmente lo ha asimilado al de competencia por ramas o áreas del derecho al cual pertenece el asunto[17]. La Constitución Política se refiere a las jurisdicciones ordinaria, contencioso-administrativa, constitucional y especiales. Dentro de la llamada *jurisdicción ordinaria* se ubican varias especialidades, como son la civil, la penal, la laboral, la familiar y la agraria[18].

   De acuerdo con esta disposición, los asuntos contenciosos sobre el derecho de autor y los derechos conexos serían de conocimiento tanto de los jueces civiles municipales como del circuito, atendiendo la cuantía del asunto.

   b. Por su parte, el artículo 243 de dicha ley, en su momento dispuso: "No obstante lo dispuesto en el artículo anterior, los jueces civiles municipales, conocerán, en una sola instancia y en juicio verbal las cuestiones civiles que se susciten con

---

[15] "Por la cual se modifica la Ley 23 de 1982 y se establecen otras disposiciones en materia de derecho de autor y derechos conexos".

[16] Al respecto, Bejarano Guzmán sostiene que "la facultad de la jurisdicción ordinaria para resolver estas controversias debe entenderse sin menoscabo de la intervención de la jurisdicción contencioso administrativa, en aquellos casos en los que se trate de la actuación de un órgano administrativo no como contratante de derecho privado sino de derecho público, o cuando los perjuicios reclamados hayan sido causados por hechos y omisiones de la administración". Ramiro Bejarano Guzmán, *Procesos declarativos, ejecutivos y arbitrales*, 8.ª edición (Bogotá: Temis, 2017), 240.

[17] Cfr. Hernán Fabio López Blanco, *Código General del Proceso: Parte general*, 2.ª edición (Bogotá: Dupré, 2019), 158.

[18] Cruz Tejada, "El régimen de jurisdicción", 84.

motivo del pago de los honorarios, por representación y ejecución pública de obras y de las obligaciones consagradas en
el artículo 163 de esta ley".

Según el contenido de esta disposición, les correspondía a los
jueces civiles municipales en única instancia el conocimiento
de las controversias relacionadas con el pago de honorarios,
representación y ejecución pública de obras, así como de las
obligaciones a cargo de los directores o personas responsables
de entidades o establecimientos en los que se ejecuten obras
musicales, referidos en el artículo 163 de la citada ley.

A partir del 12 de julio del 2018, fecha en la que entró a regir
la Ley 1915 del 2018, los asuntos que se susciten frente al derecho de autor y los derechos conexos son de competencia de
los jueces civiles del circuito en primera instancia[19], sin que
para la determinación de la competencia tenga incidencia alguna la cuantía de la pretensión, pues el criterio que tuvo en
cuenta el legislador para la fijación de la competencia fue la
naturaleza del asunto.

2. Es bueno precisar que, como consecuencia de la derogatoria expresa del artículo 243 de la Ley 23 de 1982, quedó derogado de
forma tácita el numeral 5.º del artículo 390 del Código General
del Proceso, mediante el cual se dispuso que los asuntos relacionados con los derechos de autor previstos en el citado artículo
243 se tramitarían por la cuerda del proceso verbal sumario.

Así las cosas, debe concluirse que, salvo lo previsto en el numeral 1.º del artículo 19 del Código General del Proceso, *todas las
controversias que se presenten frente a los derechos de autor y
derechos conexos son de conocimiento de los jueces civiles del
circuito en primera instancia y se someten a las reglas del proceso verbal.* Lo anterior sin perjuicio de la competencia de la
Dirección Nacional de Derecho de Autor, atribuida por el artículo
24 del Código General del Proceso.

---

[19] Sin perjuicio de que se regule un asunto en única instancia, conforme lo dispuesto
en el artículo 19 del Código General del Proceso. Cabe señalar que con la derogatoria del
artículo 243 de la Ley 23 de 1982 se eliminó el trámite de única instancia allí descrito.

Ahora bien, como consecuencia de lo anterior, surgen las siguientes preguntas: ¿qué pasa con los procesos iniciados antes de la entrada en vigor de la Ley 1915 del 2018?, ¿cómo opera el tránsito de legislación?

Debemos tener presente que en materia procesal la ley rige de forma inmediata y se aplica tanto a los procesos que están en curso como a los que se promuevan una vez entra a regir la nueva ley. Así lo dispuso el artículo 40 de la Ley 153 de 1887, reformado por el artículo 624 del Código General del Proceso. En ese orden de ideas, los procesos culminados antes del 12 de julio del 2018, fecha en la que entró a regir la Ley 1915, no se ven afectados por la nueva legislación, dado que la ley procesal no tiene efectos retroactivos. Entretanto, los procesos promovidos antes de la fecha mencionada y que al momento de entrar en vigor no hubiesen culminado, debieron adecuar el trámite a la nueva legislación, teniendo presente que la competencia asignada a la autoridad judicial no cambia (Código General del Proceso, arts. 624, inciso 3.° y 625, numeral 8.°).

Aquellos asuntos iniciados cuando estaba en vigencia el artículo 243 de la Ley 23 de 1982 y el numeral 5.° del artículo 390 del Código General del Proceso, cuyo trámite asignado por la ley era el verbal sumario de única instancia, una vez entró en vigencia la Ley 1915 del 2018, el proceso debió adecuarse al trámite del proceso verbal, con la posibilidad de contar con la segunda instancia, sin que ello afectara la competencia de la autoridad judicial que tuvo conocimiento del asunto. De no adecuarse el trámite en los términos señalados, se estaría pretermitiendo una instancia, situación que abre la puerta para la causal de nulidad descrita en el numeral 2.° del artículo 133 del Código General del Proceso.

La legitimación en la causa

Para poner en marcha el aparato judicial, en cualquier materia o especialidad del derecho, es necesario que las personas cumplan con ciertos requisitos, lo que implica que no cualquier sujeto estaría facultado para actuar en un proceso judicial, pues, además de contar con un interés para intervenir en la actividad jurisdiccional, debe contar con la autorización por parte del ordenamiento jurídico para tal efecto[20]. Así, por ejemplo, para adelantar un proceso de divorcio, quienes están legitimados para hacerlo son los cónyuges, pues son ellos quienes desean romper el vínculo matrimonial. Así mismo, el autor de una composición musical, cuya letra es empleada en una canción de otro artista sin su consentimiento, estará legitimado para promover el respectivo proceso por habérsele desconocido su derecho sobre la titularidad de la obra y, por su parte, será el artista o intérprete de la canción que se sirvió de la composición musical del autor el legitimado para ser demandado por violación de los derechos de autor[21]. Situación similar ocurre en el evento en que una obra de teatro sufre modificaciones por un tercero sin consentimiento previo y expreso por parte de su titular, caso en el cual la legitimación por activa para buscar la protección del derecho a la integridad de la obra y reclamar eventuales perjuicios que se hayan podido ocasionar la tendrá su titular; entretanto, la legitimación por pasiva recaerá en cabeza de quien realizó las modificaciones.

En ese orden de ideas, la legitimación en la causa se predica de quien cuenta con autorización jurídica para intervenir en la actividad

---

[20] A propósito del interés para obrar, Rojas Gómez la define como el vínculo jurídico que existe con el interés sustancial en cuestión, el cual, en algunos casos, puede ser directo y en otros mediato. Miguel Enrique Rojas Gómez, *Lecciones de derecho procesal. Tomo 1: Teoría del proceso*, 4.ª edición (Bogotá: Editorial Esaju, 2017), 152.

[21] A propósito de la legitimación en la causa, la jurisprudencia de la Corte Suprema de Justicia señala: "la legitimación en la causa, bien por activa o por pasiva, no es una excepción sino que es uno de los requisitos necesarios e imprescindibles para que se pueda dictar providencia de mérito, ora favorable al actor o bien desechando sus pedimentos, porque entendida esta 'como la designación legal de los sujetos del proceso para disputar el derecho debatido ante la jurisdicción, constituye uno de los presupuestos requeridos para dictar sentencia de fondo, sea estimatoria o desestimatoria. Y en caso de no advertirla el juez en la parte activa, en la pasiva o en ambas, deviene ineluctablemente, sin necesidad de mediar ningún otro análisis, la expedición de un fallo absolutorio; de allí que se imponga examinar de entrada la legitimación que le asiste a la parte demandante para formular la pretensión' (Sentencia de Casación n.° 051 del 23 de abril del 2003, expediente 76519)". csj, Sent. SC2642-2015, mar. 10/15, M. P. Jesús Vall de Rutén Ruíz.

Al respecto, Ramírez Arcila, siguiendo a Devis Echandía, sostiene que la legitimación en la causa no es condición ni elemento de la acción, sino que se trata de un requisito o presupuesto para la sentencia de fondo. Carlos Ramírez Arcila, *Derecho procesal: Teoría de la acción, legitimación, pretensión procesal, acumulaciones* (Bogotá: Librería del Profesional, 2001), 208.

jurisdiccional[22], que para los asuntos que conciernen al derecho de autor y los derechos conexos, tanto la legitimación activa como pasiva, puede recaer en personas naturales o jurídicas. Del mismo modo, se constituye en un presupuesto para la emisión de la decisión de fondo, al punto que, de encontrarse acreditada la falta de legitimación en la causa, bien sea por activa, ora por pasiva, el juez tiene el deber de dictar sentencia anticipada (Código General del Proceso, art. 278.3)[23], a fin de no desgastar el aparato judicial con el agotamiento de todas las etapas comunes al proceso.

Legitimación activa

Puede promover una demanda por infracción al derecho de autor y derechos conexos la persona, bien sea natural o jurídica, titular del derecho, cuya protección o reconocimiento se reclama. A este propósito, el artículo 4.º de la Ley 23 de 1982 dispone que los titulares de los derechos reconocidos por la ley son:

(a) El autor de su obra; (b) El artista, intérprete o ejecutante, sobre su interpretación o ejecución; (c) El productor, sobre su fonograma; (d) El organismo de radiodifusión sobre su emisión; (e) Los causahabientes, a título singular o universal, de los titulares anteriormente citados, y (f) La persona natural o jurídica que, en virtud de contrato obtenga por su cuenta y riesgo, la producción de una obra científica, literaria o artística realizada por uno o varios autores en las condiciones previstas en el artículo 20 de esta ley.

Todos ellos se encuentran legitimados por activa en caso de presentarse una controversia por desconocimiento del derecho de autor o de-

---

[22] Rojas Gómez, *Lecciones de derecho*, 153.

[23] A propósito de la sentencia anticipada, recomiendo la lectura del siguiente texto de mi autoría: "Una mirada reflexiva a la sentencia anticipada en el Código General del Proceso", en *XXXVIII Congreso Colombiano de Derecho Procesal* (Bogotá: Universidad Libre e Instituto Colombiano de Derecho Procesal, 2017), 721-750.

rechos conexos[24]. A propósito de la autoría de la obra, debe precisarse que el artículo 1.° de la Ley 1915 del 2018 estableció una presunción legal de la calidad de autor en cabeza de quien divulgó la obra. En efecto, dispuso esta norma lo siguiente: "En todo proceso relativo al derecho de autor, y ante cualquier jurisdicción nacional se presumirá, salvo prueba en contrario, que la persona bajo cuyo nombre, seudónimo o su equivalente se haya divulgado la obra, será el titular de los derechos de autor".

Cabe señalar que, debido a que el derecho de autor nace de la creación intelectual, la autoría de una obra solo puede predicarse de personas naturales[25]; así se desprende de la lectura del artículo 3.° de la Decisión 351 de 1993, que define al autor como la "persona física que realiza la creación intelectual"[26]. Por ende, el autor de la obra, como persona natural, es quien se encuentra legitimado por activa para reclamar la

---

[24] Los titulares de derechos conexos son los artistas, intérpretes y ejecutantes, productores de fonogramas y organismos de radiodifusión.

[25] Al respecto, Delia Lipszyc sostiene: "El derecho de autor nace de la creación intelectual. Dado que esta solo puede ser realizada por las personas físicas, la consecuencia natural es que la titularidad originaria corresponda a la persona física que crea la obra". Más adelante señala: "las personas jurídicas no pueden crear obras. Solo pueden hacerlo las personas físicas que las integran. Pueden ser titulares derivados de algunos derechos de autor, pero para atribuirles la autoría o la titularidad originaria sobre las obras es necesario recurrir a una ficción jurídica". Delia Lipszyc, *Derecho de autor y derechos conexos* (Buenos Aires: Ediciones Unesco, Cerlalc y Zavalía, 2001), 123-124. En el mismo sentido, Monroy Rodríguez sostiene: "El autor es la persona natural que realiza la creación intelectual de la obra. Dicha creación constituye un proceso que realiza el ser humano cuando (1) concibe en su mente una idea original, (2) representa mentalmente la forma o expresión de la obra, y (3) finalmente plasma o expresa la obra por sus manos o verbalmente". Juan Carlos Monroy Rodríguez, *Derechos de autor y derechos conexos: Legislación, doctrina y jurisprudencia* (Bogotá: Fundación Rafael Escalona, 2018), 43.

[26] Frente a la titularidad originaria que solo puede estar en cabeza de una persona natural, en sentencia proferida el 19 de diciembre del 2018, dentro del proceso promovido por Microsoft Corporation contra la sociedad Centro Ocular de Miopía Dr. Rincón S. A. S., la Subdirección de Asuntos Jurisdiccionales de la DNDA señaló: "En ese sentido, a partir de que la mencionada disposición comunitaria dispone que el autor de una obra debe tratarse de una persona física, permite afirmar que en la legislación colombiana el acto de creación de una obra se encuentra reservado de forma para las personas naturales, por lo cual, solo estas podrán tener la condición de titulares originarios".

protección de los derechos morales[27] que surgen de la creación intelectual[28], los cuales son inalienables, inembargables, imprescriptibles e irrenunciables, de manera que no pueden ser transferidos[29].

Sin embargo, no solo el autor de la obra, que goza de la titularidad originaria[30], resulta legitimado para reclamar la protección del derecho de autor. También lo están quienes ostentan una titularidad derivada[31], que bien pueden ser personas naturales o jurídicas y solo se predica respecto de los denominados derechos patrimoniales[32]. Tal es el caso de los causahabientes, a título singular o universal, de los titulares citados en el artículo 4.º de la Ley 23, esto es, "a) el autor de su obra; b) el artista, intérprete o ejecutante, sobre su interpretación o ejecución; c) el productor, sobre su fonograma, y d) el organismo de radiodifusión sobre su emisión". Así mismo, tiene titularidad derivada la persona natural o jurídica que, en virtud de contrato, obtenga por su cuenta y riesgo la producción de una obra científica, literaria o artística realizada por uno o varios autores en las condiciones previstas en el artículo 20 de la men-

---

[27] Los derechos morales son la paternidad, integridad, inedilud, modificación y retracto.

[28] En la sentencia antes referida, la Subdirección de Asuntos Jurisdiccionales de la DNDA señaló: "En tal sentido, se puede inferir que el autor será el único legitimado en la causa para alegar la calidad de titular de los derechos morales, puesto que es él quien ostenta tal condición de manera originaria y los mismos nunca saldrán de su dominio. En consecuencia, con lo anterior, se concluye que si alguien quiere alegar en un proceso que se está legitimado la causa con motivo en que ostenta la calidad de titular originario o si señala ser quien detenta los derechos morales, deberá demostrar que es el autor de la obra, y no podrá tratarse de un sujeto moral; salvo las excepciones del parágrafo del artículo 30 de la Ley 23 de 1982".

[29] Zea Fernández, *Derecho de autor*, 89; Monroy Rodríguez, DERECHOS DE AUTOR, 49.

[30] A propósito de la titularidad originaria, la cual surge a partir del acto de creación intelectual, el artículo 9.º de la Ley 23 de 1982 dispone: "La protección que esta ley otorga al autor, tiene como título originario la creación intelectual, sin que se requiera registro alguno. Las formalidades que en ella se establecen son para la mayor seguridad jurídica de los titulares de los derechos que se protegen".

[31] "La titularidad derivada puede obtenerse: por cesión (sea convencional o bien, de pleno derecho por ministerio de la ley —*cessio legis*—; por presunción de cesión establecida por la ley, salvo pacto en contrario; por transmisión *mortis causa*". Lipszyc, *Derecho de autor*, 127.

[32] Son ellos el de reproducción, comunicación pública, distribución y transformación, adaptación o arreglo.

cionada ley. Debe señalarse que para que la transferencia de derechos patrimoniales, por acto entre vivos, tenga validez frente a terceros, se requiere de una solemnidad constitutiva de documento (escritura pública o documento privado presentado ante notario), y el respectivo registro ante la oficina de registro de la DNDA (L. 23/82, art. 183).

Dicha situación obliga a que para acreditar la legitimación por activa como consecuencia de la transferencia de derechos patrimoniales de autor es necesario aportar el respectivo documento, el cual debe estar debidamente registrado (Código General del Proceso, art. 256).

A propósito de la titularidad originaria y derivada, la jurisprudencia de la Corte Constitucional ha señalado:

> El principio general reconoce como autor a la persona natural que crea la obra, a la cual se le atribuye la titularidad originaria de la misma; partiendo de este presupuesto las personas jurídicas, en cuanto carecen de capacidad creadora, no pueden ser titulares originarias de los derechos de autor que de ellas se derivan, cosa distinta es que lo sean las personas naturales que las constituyen. No obstante, las personas jurídicas y algunas personas naturales que no participan en el acto creador pueden ser reconocidas como titulares derivados de los derechos de autor de una obra.[33]

También se encuentran legitimadas para adelantar una demanda por infracción al derecho de autor y los derechos conexos las sociedades de gestión colectiva, conformadas por los titulares de tales derechos a fin de lograr la defensa de sus intereses[34]. En ese sentido, tanto la Decisión 351 de 1993 como el legislador interno han otorgado legitimación en la causa por activa a estas sociedades. Así se desprende de la lectura del artículo 49 de la Decisión, cuyo texto dice: "Las sociedades de gestión

---

[33] C. Const., Sent. C-276, jun. 20/96. M. P. Julio César Ortiz Gutiérrez, citada por Monroy Rodríguez, *Derechos de autor*, 43.

[34] Señala el artículo 13 de la Ley 44 de 1993: "son atribuciones de las sociedades de gestión colectiva de derechos de autor y derechos conexos: (1) representar a sus socios ante las autoridades jurisdiccionales y administrativas en todos los asuntos de interés general y particular para los mismos. Ante las autoridades jurisdiccionales los socios podrán coadyuvar personalmente con los representantes de su asociación, en las gestiones que estos lleven a cabo y que los afecten [...]".

colectiva estarán legitimadas, en los términos que resulten de sus propios estatutos y de los contratos que celebren con entidades extranjeras, para ejercer los derechos confiados a su administración y hacerlos valer en toda clase de procedimientos administrativos y judiciales". Por su parte, el artículo 60 de la Ley 44 de 1993 dispuso: "Las asociaciones de gestión colectiva de derechos de autor y derechos conexos reconocidos en la Ley 23 de 1982 podrán demandar ante la jurisdicción civil o penal en representación de sus asociados, el resarcimiento de los perjuicios causados en los hechos punibles". Más adelante, el Decreto 1066 del 2015 señaló que

las sociedades de gestión colectiva de derecho de autor o de derechos conexos, una vez obtengan personería jurídica y autorización de funcionamiento, estarán legitimadas en los términos que resulten de sus estatutos para ejercer los derechos confiados a su gestión, y hacerlos valer en toda clase de procedimientos administrativos y judiciales. Para acreditar dicha legitimación, la sociedad de gestión colectiva únicamente deberá aportar al inicio del proceso copia de sus estatutos y certificado de existencia y representación legal expedido por la Unidad Administrativa Especial de la Dirección Nacional de Derecho de Autor. Corresponderá al demandado acreditar la falta de legitimación de la sociedad de gestión colectiva.[35]

De acuerdo con lo anterior, para efectos de acreditar la legitimación por activa en cabeza de la sociedad de gestión colectiva[36], basta con

---

[35] Artículo 2.6.1.2.9.

[36] A propósito de la legitimación activa que recae en las sociedades de gestión colectiva, en sentencia proferida el 6 de diciembre del 2017, dentro del proceso verbal promovido por la Entidad de Gestión Colectiva de Derechos de Productores y Audiovisuales de Colombia, contra Cable y Telecomunicaciones de Colombia SAS, la Subdirección de Asuntos Jurisdiccionales de la DNDA señaló: "Al amparo de estas normas, una Sociedad de Gestión Colectiva se encuentra facultada para ejercer los derechos confiados a su administración y hacerlos valer en toda clase de procedimientos administrativos o judiciales. La Sociedad de Gestión Colectiva no es titular de los derechos, pero la ley le otorga esta facultad para iniciar acciones como la que nos ocupa, tendientes a proteger o restablecer los derechos de autor o conexos que gestiona en virtud de sus estatutos o de los contratos celebrados con entidades de gestión extranjeras".

adjuntar a la demanda copia[37] de sus estatutos y certificado de existencia y representación legal expedido por la Dirección Nacional de Derecho de Autor.

Legitimación pasiva

El extremo pasivo de una pretensión es aquella contra quien se ejerce la misma. Así, tratándose de controversias relacionadas con el derecho de autor y los derechos conexos, la legitimación por pasiva recae en los sujetos respecto de los cuales se endilga la conducta violatoria del derecho protegido. Así, por ejemplo, quien publica en una revista una obra fotográfica sin contar con la debida autorización de su titular, quien traduce una obra literaria sin el consentimiento expreso de quien es su titular, estarán legitimados por pasiva para ser demandados por infracción de derechos de autor.

Una situación particular se presenta en aquellos eventos en los que la infracción a los derechos de autor se genera en internet por cuenta de sitios web que tienen como propósito ofrecer al público descargas gratuitas de obras protegidas por los derechos de autor, sin contar con la debida autorización de sus titulares. Si bien, por regla general los sitio web cuentan con una sección o enlace de contacto, cuyo propósito es el de permitirles a los usuarios que ingresan a la página en busca del contenido ofrecido contactarse con los administradores o responsables del sitio web, no en todos los casos es posible identificar en cabeza de quién recae la titularidad o administración de la página de internet, lo cual torna complejo identificar el posible infractor de los derechos de autor.

Ello nos lleva a pensar en la posibilidad de demandar (legitimación en la causa por pasiva) a los proveedores del servicio de conexión o acceso a internet, los cuales, si bien no son los proveedores de contenidos, sí son los encargados de permitir el acceso a internet y cuentan con la posibilidad de deshabilitar o bloquear el ingreso a una determinada página por parte de los usuarios del servicio, de manera que sobre ellos

---

[37] No es necesario la expedición de copia auténtica, en atención a la presunción de autenticidad que recae sobre esta clase de documentos (Código General del Proceso, arts. 244 y 246).

recae un grado de responsabilidad respecto de los contenidos infractores al derecho de autor publicados en el sitio web[38].

Por el hecho de no lograr identificar el titular del sitio web por medio del cual se accede a contenidos infractores de los derechos de autor no puede sostenerse que la conducta pueda quedar sin reproche alguno y el autor o titular del derecho vulnerado expuesto a que se siga infringiendo su derecho, sin posibilidad de velar por su protección.

EL JURAMENTO ESTIMATORIO Y LA INDEMNIZACIÓN PREESTABLECIDA EN LOS PROCESOS DE INFRACCIÓN AL DERECHO DE AUTOR Y DERECHOS CONEXOS

El Código General del Proceso consagró un sistema abierto en relación con los medios de prueba admisibles para la formación del convencimiento del juez, pues, además de que reguló una serie de medios de prueba, estos son de carácter enunciativo, con lo cual deja al juez en libertad de admitir aquellos que considere útiles[39], así no se encuentren tipificados o, al menos, regulados (Código General del Proceso, art. 165). Para ello es necesario que la autoridad judicial eche mano de las reglas de juego que regulan un medio similar, a fin de que, con base en ellas, permita hacer uso del medio probatorio huérfano de regulación y garantizar a las partes el derecho de contradicción de la prueba (C. N., art. 29)[40].

---

[38] Al respecto, Ríos sostiene: "El ISP se debe a una obligación de 'hacer', no previa, sino *a posteriori*, al hecho que genere la infracción. Cuando conoce de la infracción y no obra de conformidad, entonces es responsable de manera solidaria junto con el infractor, y su responsabilidad directa u objetiva queda comprometida frente al titular de derechos o contenidos". Wilson Ríos Ruiz, "Responsabilidad de los proveedores de servicios de internet por las infracciones a los derechos de propiedad intelectual", en *La propiedad intelectual en la era de las tecnologías* (Bogotá: Universidad de los Andes y Temis, 2009), 554.

[39] Hernando Devis Echandía, *Teoría general de la prueba judicial*, 6.ª edición (Bogotá: Universidad Javeriana y Temis, 2012), tomo I, 530.

[40] Horacio Cruz Tejada, "El testimonio de tercero en el Código General del Proceso", en *Código General del Proceso comentado*, editado por Jairo Parra Quijano (Bogotá: Instituto Colombiano de Derecho Procesal, 2018), volumen 2, 418.

Así, para efectos de generar convencimiento del juez en relación con la teoría del caso presentada por cada una de las partes, es necesario valerse de los diversos medios de prueba, entre los cuales se encuentra el juramento estimatorio. Es bueno precisar que el juramento estimatorio, tal como quedó regulado en el Código General del Proceso, no solo es un medio de prueba sino también un requisito formal de la demanda en aquellos eventos en los cuales se formulen pretensiones indemnizatorias o se pretenda el pago de frutos, mejoras o compensaciones (Código General del Proceso, arts. 82.7 y 206, inciso 1.°), cuya inobservancia genera su inadmisión (Código General del Proceso, art. 90.6). En el evento en que se formulen pretensiones que comprendan cualquiera de los ítems señalados, debe realizarse la estimación respectiva de manera razonada, discriminando cada uno de los conceptos que lo componen si hay lugar a ello (Código General del Proceso, art. 206). Si dentro de los perjuicios reclamados por el demandante se advierte que unos corresponden a la categoría de daño emergente y otros al de lucro cesante, deben individualizarse y discriminarse; de igual manera, si lo que se reclama es el pago de frutos que hubiere producido o podido producir con mediana inteligencia un determinado inmueble, deberá indicarse no solo la cifra global, sino el valor que corresponde a la tenencia o explotación periódica del predio[41].

Comoquiera que el juramento estimatorio también se encuentra enlistado dentro de los medios de prueba, vale la pena precisar su alcance. De pretender el reconocimiento de indemnizaciones, frutos, mejoras o compensaciones, en caso de que la contraparte no objete el monto estimado por el peticionario, hará prueba del *quantum* reclamado. Entonces, el juramento estimatorio constituye un medio de prueba en relación con el monto estimado, no así de la existencia del daño que pueda reclamarse, el cual debe probarse.

A propósito del alcance del juramento estimatorio y la prueba del daño endilgado, llama la atención el planteamiento realizado por la Corte Constitucional en la Sentencia C-157 del 2013, el cual, si bien constituye un argumento de *obiter dicta*, genera confusión al señalar que el

---

[41] Horacio Cruz Tejada, "La demanda y sus vicisitudes en el Código General del Proceso", en *Puesta en práctica del Código General del Proceso*, coordinado por María del Socorro Rueda Fonseca (Bogotá: Universidad de los Andes y Legis, 2018), 279.

juramento estimatorio constituye prueba, no solo de la cuantía estimada, sino también de la existencia del daño reclamado. Al respecto, indica la Corte:

> 5.2.2. Por las mismas razones se permite que la parte estime de manera razonada la cuantía de los perjuicios sufridos, bajo la gravedad del juramento, y se reconoce a esta estimación como un medio de prueba que, de no ser objetada, también de manera razonada, o de no mediar una notoria injusticia, ilegalidad o sospecha de fraude o colusión, brinda soporte suficiente para una sentencia de condena. Esto quiere decir que basta con la palabra de una persona, dada bajo juramento, para poder tener por probada *tanto la existencia de un daño como su cuantía.*[42]

Sin embargo, la jurisprudencia de la Corte Suprema de Justicia precisó el alcance del juramento estimatorio al señalar que

> Además, aunque en la demanda se hizo el juramento estimatorio, *tal acto no releva a los actores de acreditar la existencia del perjuicio.* La prueba del incumplimiento y del menoscabo derivado del mismo era necesaria para la estimación de las pretensiones. Incluso, el parágrafo del artículo 206 del Código General del Proceso establece una sanción al litigante "… en los eventos en que se nieguen las pretensiones por falta de demostración de los perjuicios…", ello con el condicionamiento establecido por la Corte Constitucional en la Sentencia C-157 de 2013.[43]

De acuerdo con el aparte transcrito, para la Corte Suprema es claro entonces que el juramento estimatorio no releva al peticionario de la carga de acreditar el daño irrogado, pues la ausencia de objeción al monto estimado tan solo genera la prueba de dicho valor, siempre que el juez no advierta que la estimación es notoriamente injusta, ilegal o

---

[42] Énfasis propio.

[43] CSJ, Cas. Civil, Sent. SC876-2018, mar. 23/2018, Rad. 11001-31-03-017-2012-00624-01, M. P. Ariel Salazar Ramírez. Énfasis propio.

sospeche fraude, colusión o situación similar, caso en el cual deberá decretar pruebas de oficio (Código General del Proceso, art. 206, inciso 3).

Ahora bien, en materia de derechos de autor el legislador ha previsto, como sistema alternativo para la indemnización de perjuicios causados por la infracción de los derechos patrimoniales de autor y conexos,
el de indemnizaciones preestablecidas. Al respecto, el artículo 32 de la
Ley 1915 del 2018 prevé:

> Artículo 32. Indemnizaciones preestablecidas. La indemnización que se
> cause como consecuencia de la infracción a los derechos patrimoniales
> de autor y derechos conexos o por las conductas descritas en la presente
> ley, relacionadas con las medidas tecnologías [sic] y la información para
> la gestión de derechos, podrá sujetarse al sistema de indemnizaciones
> preestablecidas o a las reglas generales sobre prueba de la indemnización
> de perjuicios, a elección del titular del derecho infringido. El Gobierno
> nacional dentro de los doce (12) meses siguientes a la promulgación de
> esta ley reglamentará la materia.

De acuerdo con esta norma, el sistema de indemnizaciones preestablecidas[44] constituye una especie de tasación legal de perjuicios ante la
dificultad para probarlos en casos de infracciones al derecho de autor y
los derechos conexos. Al respecto, en la Sentencia C-345 del 2019[45],
mediante la cual se declaró la exequibilidad de la citada norma, la
Corte Constitucional señaló:

> Contrario a tal dinámica, las indemnizaciones preestablecidas, como
> su nombre lo indica, son cuantificaciones de un daño *previas* a su ocu-
> rrencia y *generales*, en la medida en que están previstas para cual-
> quier daño que en abstracto pueda suceder y que encaje en categorías
> abiertas y predeterminadas. En otras palabras, en las tasaciones pre-
> vias de los daños siempre se juega con el riesgo de que el perjuicio
> pueda resultar siendo mayor o menor al daño efectivamente sucedido,

---

[44] Para el momento en que se escribió este capítulo el sistema de indemnizaciones
preestablecidas en materia de derecho de autor y derechos conexos no ha sido regulado
por el Gobierno nacional.

[45] M. P. Gloria Stella Ortiz Delgado.

pero tiene la característica de que exime de la carga de probar el importe del daño.[46]

A fin de darle una correcta aplicación a la figura, es conveniente que, a la hora de regular la materia, quien se acoja a la indemnización preestablecida se exima de probar tanto el perjuicio como su cuantía. Siendo así, de acreditarse por parte del demandante la infracción al derecho de autor o a un derecho conexo, en su esfera patrimonial, el juez condenará a pagar el monto que señale, conforme los lineamientos que determine la reglamentación de la institución. Ello con el propósito de evitar los inconvenientes que en la práctica se presentan con la aplicación de esta institución en otras materias, como es el caso del derecho marcario, el cual fue establecido por la Ley 1648 del 2013 y que se encuentra reglamentado por el Decreto 1074 del 2015. En dicha normativa se estableció un alcance restrictivo de la indemnización preestablecida, según el cual, quien se acoja a este mecanismo, solo se exime de probar el monto de los perjuicios[47], lo que desconoce el verdadero alcance de la institución y la dificultad que tiene el titular del derecho marcario para acreditar el perjuicio[48].

---

[46] Énfasis en el original.

[47] Este parece ser el entendimiento de la Corte Constitucional en la Sentencia C-345 del 2019. Señaló esta Corporación: "En definitiva, aunque aún el Gobierno nacional no ha reglamentado las indemnizaciones preestablecidas por la infracción de los derechos patrimoniales de autor y derechos conexos o por las conductas descritas en la Ley 1915 de 2018 relacionadas con las medidas tecnológicas y la información para la gestión de derechos, de modo que todavía son inciertos los detalles y minucias de su funcionamiento, es posible afirmar que, de conformidad con el análisis de otras instituciones jurídicas análogas, esto es, la cláusula penal, las indemnizaciones a las víctimas del conflicto armado por la vía administrativa, las indemnizaciones por pérdida de capacidad laboral en el sistema de riesgos profesionales, la indemnización a *forfait* a favor de militares y policías y las indemnizaciones por infracción a los derechos de propiedad marcaria, la Corte entiende que las indemnizaciones preestablecidas son una figura que pretende valorar, con anterioridad a la ocurrencia de un daño, *el monto del perjuicio*, lo que supone que no debe probarse la tasación del daño efectivamente provocado, pero sí debe probarse el daño" (énfasis en el original).

[48] Al respecto, se sugiere la lectura de la Sentencia 1600 del 29 de diciembre del 2018, Rad. 16-185373, de la Delegatura de Asuntos Jurisdiccionales de la Superintendencia de Industria y Comercio; reiterada en la Sentencia 001 del 10 de enero del 2019, Rad. 18-081636, de la misma entidad.

Así las cosas, una vez se encuentre reglamentada la materia, sabremos si con este mecanismo el titular de un derecho patrimonial de autor o de derechos conexos que pretenda la indemnización por perjuicios generados por la infracción a su derecho, de encontrarse acreditado el daño endilgado, es decir, la infracción al derecho, estará relevado de acreditar los perjuicios causados y su monto o solo este último aspecto.

Medidas cautelares en los asuntos relativos al derecho de autor y los derechos conexos

Las medidas cautelares constituyen una herramienta muy útil para materializar el derecho a la tutela judicial efectiva, pues gracias a ellas el cumplimiento de una decisión que al final resulte favorable a los intereses del peticionario se torna plausible. Pero no solo tienen como propósito garantizar la efectividad de las decisiones judiciales de fondo, con ellas se busca minimizar los riesgos que genera el tiempo que transcurre entre la formulación de la pretensión y la decisión de fondo; esto es lo que se conoce como el *periculum in mora* o peligro por la demora, el cual es uno de los presupuestos de las medidas cautelares.

Así mismo, con un régimen cautelar robusto se puede lograr un desestímulo en el litigio y mayor confianza en la sociedad, dada la percepción de materialización de las decisiones judiciales[49]. Claro está que el régimen cautelar no está diseñado para satisfacer el capricho del solicitante, es necesario analizar el fundamento de la solicitud cautelar para determinar si con ella se logran satisfacer los fines para los cuales está creada. Para su procedencia es necesario analizar la verosimilitud o apariencia de buen derecho (*fumus boni iuris*); es decir, que el

---

[49] Al respecto, Forero sostiene que "las medidas cautelares se proponen para mantener el *statu quo* en que se encuentra el accionante al tiempo de demandar, haciendo posible la satisfacción de su derecho, y contribuir así a la realización de una justicia eficaz". Jorge Forero Silva, *Medidas cautelares en el Código General del Proceso* (Bogotá: Temis, 2013).

derecho reclamado por quien la solicita sea fundado, en tanto resulta altamente probable que su pretensión sea reconocida por el juez, lo cual refleja que la utilidad de la medida es indiscutible[50].

Clases de medidas cautelares

La doctrina se ha encargado de realizar varias clasificaciones de las medidas cautelares atendiendo a diferentes factores. Así, podemos identificar la siguiente tipología: (1) personales[51] y reales[52]; (2) típicas o nominativas[53] y atípicas o innominadas[54]; (3) conservativas[55] y anticipatorias[56];

---

[50] Miguel Enrique Rojas Gómez, *Lecciones de derecho procesal. Tomo 1: Teoría del proceso*, 5.ª edición (Bogotá: Editorial Esaju, 2019), 303.

[51] Se adoptan sobre personas. A título de ejemplo, podría citarse la detención preventiva en materia penal; el examen médico a la mujer a fin de verificar si se encuentra en embarazo, en procesos de divorcio y de nulidad de matrimonio (C. C., art. 226).

[52] Recaen sobre bienes, tal es el caso del embargo y los secuestros.

[53] Se encuentran reguladas de manera expresa en la ley, con lo cual para aplicarlas basta con acudir a la regulación establecida. A manera de ejemplo, la inscripción de demanda para procesos declarativos (Código General del Proceso, art. 590, y CPACA, art. 229); el embargo y secuestro para procesos ejecutivos (Código General del Proceso, art. 599) y para procesos declarativos cuando ya se cuenta con sentencia de primera instancia pero esta ha sido apelada (Código General del Proceso, art. 590); suspensión del acto impugnado, tratándose de procesos de suspensión de actos de asamblea, juntas directivas o de socios (Código General del Proceso, art. 382); suspensión del acto administrativo en procesos de nulidad, y nulidad y restablecimiento del derecho (CPACA, art. 230); guarda y aposición de sellos en procesos de sucesión (Código General del Proceso, art. 476).

[54] No se encuentran tipificadas en la ley. Sobre este tópico me ocuparé en el siguiente acápite.

[55] Con ellas se pretende mantener hasta la sentencia la situación existente al momento de practicarla.

[56] Con esta tipología de medida cautelar se logra la satisfacción anticipada del fin perseguido con la pretensión formulada.

(4) intraprocesales[57] y extraprocesales[58], y (5) a petición de parte[59] y oficiosas[60]. Para los efectos de este trabajo, solo me referiré a algunas de ellas.

Medidas cautelares atípicas o innominadas

Contrario a lo que sucede con las medidas cautelares nominadas, en las que se descarta la posibilidad de acudir al ingenio de las partes y la autoridad judicial para identificar el tipo de cautela procedente, las atípicas o innominadas no están expresamente definidas por el legislador, por lo cual no es posible hallar una norma que precise este tipo de cautelas; a lo sumo, algunas referencias normativas identifican un listado, siquiera enunciativo o ilustrativo[61], de las posibles medidas cautelares procedentes para una situación particular.

Por ello, el artículo 590 del Código General del Proceso se encargó de regular la posibilidad de practicar medidas cautelares innominadas para los procesos declarativos, con las cuales se pretende garantizar la igualdad entre las partes y el derecho a obtener una tutela judicial efectiva, pues no siempre las medidas cautelares que están descritas en la ley resultan adecuadas o pertinentes para todos los casos[62].

---

[57] Aquellas practicadas en el marco de un proceso judicial.

[58] Hacen referencia a las medidas cautelares que se practican por fuera de un proceso judicial, como es el caso de los asuntos relativos a propiedad intelectual y competencia desleal (Código General del Proceso, art. 589).

[59] Solo pueden ser decretadas a instancia de las partes, para lo cual, por regla general, se requiere de la prestación de caución.

[60] El juez las decreta sin necesidad de que medie petición de una de las partes; es el caso de la inscripción de una demanda en procesos de declaración de pertenencia, servidumbres, deslinde, amojonamiento y división de bienes comunes (Código General del Proceso, art. 592).

[61] A manera de ejemplo, el artículo 31 de la Ley 256 de 1996 abre la posibilidad de que en los asuntos relacionados con competencia desleal se ordene la "cesación provisional del acto de competencia desleal"; ello sin perjuicio de que se puedan decretar las "demás medidas cautelares que resulten pertinentes".

[62] A propósito de la importancia de las medidas cautelares innominadas, se trae a colación lo siguiente: "Antes de la entrada en vigencia del artículo 590 del Código General del Proceso, la justicia ordinaria civil no disponía de mecanismos para abordar

Es importante precisar que, a pesar de carecer de señalamiento legal, el legislador se encargó de definir unos lineamientos que deben tenerse en cuenta a la hora de practicar medidas cautelares innominadas, a fin de evitar un ejercicio abusivo del derecho.

Requisitos de procedencia de las medidas cautelares innominadas

Como se trata de instrumentos que, si bien apuntan a garantizar la protección de los derechos reclamados como vulnerados, también generan ciertas restricciones frente a los derechos de la persona sobre quien recaen, es necesario establecer ciertos requisitos para su práctica, para que se genere el menor daño posible.

Antes de decretar una medida cautelar de carácter innominado es necesario que el juez haga un análisis de los siguientes aspectos, lo cual no implica un prejuzgamiento por parte de la autoridad judicial[63]:

a. *Carácter rogado.* La medida cautelar no procede por iniciativa del juez, debe existir una solicitud para ello de la parte demandante. No obstante, la autoridad judicial tiene la facultad de hacer un análisis de ponderación de la medida, pues si observa que la solicitada resulta excesiva o impertinente, es decir, no se ajusta a lo que realmente se pretende con su práctica, la puede cambiar.

---

ciertas situaciones y garantizar la tutela jurisdiccional efectiva. Lo anterior en virtud de que el juez únicamente podía decretar medidas cautelares taxativas, que de ninguna manera podría abarcar todas las posibilidades ante las que el juzgador debe pronunciarse para proteger el derecho en litigio y asegurar la efectividad de la sentencia". Santiago Cardona Neira *et al.*, "Aproximación teórico-práctica a las medidas cautelares innominadas y a las medidas anticipatorias", *Revista del Instituto Colombiano de Derecho Procesal*, n.º 42 (2015): 201-235, https://t.ly/ReoS

[63] Si bien se ha dicho que la práctica de medidas cautelares, especialmente las innominadas, no conlleva un prejuzgamiento de la autoridad judicial, sí existe un riesgo latente que hace pensar en ello. Al respecto, Sandoval Gutiérrez sostiene: "A pesar del carácter provisional de la decisión que resuelve sobre las medidas cautelares innominadas y del análisis con grado de apariencia de la misma, no está descartada la posibilidad de que el funcionario judicial prejuzgue sobre el fondo del asunto que fue puesto en su conocimiento". José Fernando Sandoval Gutiérrez, "Medidas cautelares innominadas en procesos de competencia desleal y en acciones por infracción de derechos de propiedad industrial: ¿Un camino hacia el prejuzgamiento?", *Revista del Instituto Colombiano de Derecho Procesal*, n.º 43 (2016): 175, https://t.ly/gJxb

b. *Legitimación e interés del peticionario.* Quiere decir que el demandante debe ser el titular del derecho que se reclama con la demanda y debe contar con un interés serio para solicitar la protección del derecho.

c. *Apariencia de buen derecho.* Tal como se comentó en líneas anteriores, debe mediar verosimilitud del derecho reclamado, lo cual se puede acreditar con el suministro de "un principio de prueba de que su pretensión se encuentra fundada, al menos en apariencia"[64].

d. *Peligro por la demora.* De igual manera, así como se planteó con anterioridad, el juez debe observar que, si no se decreta la medida cautelar, con el tiempo que puede tardar la resolución de la litis, se generarán mayores perjuicios para el demandante.

e. *Juicio de razonabilidad y proporcionalidad de la medida.* La medida no puede ser excesiva, el juez debe ser mesurado a la hora de decretar una cautela innominada, pues si bien se pretende proteger el derecho reclamado del demandante, eso no puede convertirse en patente de corso para afectar de manera desproporcionada al demandado. Las medidas cautelares no están diseñadas para poner contra la pared a la persona afectada con su práctica.

f. *Necesidad de la medida.* Debe existir un interés real en la práctica de la medida, es decir, debe ser útil y efectiva[65]; de lo contrario, no se debe practicar. Por ello, a la hora de decretar la medida cautelar, si el juez observa que con ella no se obtiene ningún provecho legítimo para el peticionario, no debe decretarla.

g. *Determinación de su duración.* Como se trata de garantizar la protección del derecho reclamado por el demandante, la medida cautelar perdurará mientras se encuentre en riesgo dicho derecho, de lo contrario, podrá ser levantada o sustituida.

---

[64] C. Const., Sent. C-379, abr. 27/04, M. P. Alfredo Beltrán Sierra.

[65] Forero Silva, *Medidas cautelares.*

Medidas cautelares en los procesos de infracción al derecho de autor y los derechos conexos

Es importante destacar que, en los asuntos relativos al derecho de autor y derechos conexos, con el paso del tiempo el régimen cautelar se ha robustecido; muestra de ello es que actualmente se encuentra un panorama bastante amplio sobre la materia. Para identificar las medidas cautelares procedentes en tales asuntos debemos poner de presente que el marco normativo aplicable se conforma por: (1) artículos 244 y 245 de la Ley 23 de 1982; (2) artículos 589 y 590 del Código General del Proceso, y (3) parágrafo 3.º del artículo 12 de la Ley 1915 del 2018.

Cabe recordar que la Ley 23 de 1982 reguló dos clases de medidas cautelares, a saber, por un lado, el secuestro preventivo de una obra, producción, edición y ejemplares; del producido de la venta y alquiler de tales obras, producciones, edición o ejemplares; del producido de la venta y alquiler de los espectáculos teatrales, cinematográficos, musicales y otros análogos; todo ello por parte del autor, el editor, el artista, el productor de fonogramas, el organismo de radiodifusión, los causahabientes de estos y quien tenga la representación legal o convencional de ellos (art. 244). Por otro lado, la interdicción o suspensión de la representación, ejecución, exhibición de una obra teatral, musical, cinematográfica y otras semejantes, que se vayan a representar, ejecutar o exhibir en público sin la debida autorización del titular o titulares del derecho de autor (art. 245).

Pese a que uno de los elementos característicos de las medidas cautelares es su componente accesorio al proceso judicial; es decir, si bien pueden ser decretadas en una etapa anterior al proceso, están condicionadas a tener vigencia bajo la existencia de un proceso judicial. El artículo 245 de la Ley 23 consagra una medida cautelar de carácter autónomo, comoquiera que su vigencia no depende de la promoción de un proceso posterior, pues se agota con su práctica. En ese orden de ideas, se puede considerar una medida cautelar que, además de ser autónoma, es de carácter anticipatorio, pues con su práctica se cumple el propósito que se hubiese querido obtener con una decisión de fondo.

Con la entrada en vigor del Código General del Proceso podría pensarse que las hipótesis descritas en los artículos 244 y 245 de la Ley 23 de 1982 quedaron derogadas o, siquiera, subsumidas en los artículos 589 y 590 del estatuto procesal. No obstante, al revisar el artículo 626 del

Código General del Proceso, que identifica las normas derogadas de forma expresa por el estatuto procesal, se observa que no fueron incluidas las disposiciones mencionadas de la ley de derecho de autor. Ahora, debido a que los artículos 244 y 245 del estatuto autoral se encargan de regular un régimen cautelar especial para los asuntos relativos al derecho de autor y derechos conexos, ello no choca con el artículo 590 del Código General del Proceso, el cual regula las medidas cautelares procedentes en los procesos declarativos, con lo que se descarta la derogatoria tácita. Es más, el régimen cautelar genérico consagrado en el artículo 590 del estatuto procesal resulta complementario y, por ende, aplicable a los procesos relativos al derecho de autor y derechos conexos.

Así mismo, el artículo 589 del Código General del Proceso, que se refiere a la posibilidad de decretar medidas cautelares de forma extraprocesal en asuntos relacionados con la propiedad intelectual, es del todo complementario con las disposiciones de la ley autoral. Por ende, de proceder el secuestro preventivo de que trata el artículo 244 de la Ley 23 de 1982, es necesario apoyarse no solo en el desarrollo normativo descrito en el artículo 589 del estatuto procesal, sino también en el artículo 23 de dicha codificación, en lo que concierne al plazo para formular la respectiva demanda (veinte días posteriores al decreto de la medida cautelar) y la competencia de la autoridad judicial. Sobre estos aspectos me referiré en el siguiente acápite, que trata sobre las medidas cautelares extraprocesales.

Tal como se mencionó en líneas anteriores, el artículo 590 del Código General del Proceso consagró la posibilidad de practicar medidas cautelares innominadas en los procesos verbales, escenario que es por completo aplicable a los asuntos relativos al derecho de autor y derechos conexos.

Por su parte, el parágrafo del artículo 12 de la Ley 1915 del 2018 señaló que "en los procesos civiles que se adelanten como consecuencia de la infracción a los derechos patrimoniales de autor y derechos conexos, o por la realización de las actividades descritas en este artículo de la presente ley, son aplicables las medidas cautelares propias de los procesos declarativos establecidas por el Código General del Proceso". Se trata de una norma reiterativa, pues ya estaba claro que en los asuntos relativos al derecho de autor y derechos conexos son procedentes las medidas cautelares consagradas en el artículo 590 del Código General del Proceso, especialmente las cautelas innominadas.

Medidas cautelares extraprocesales

Por regla general, para que proceda una solicitud cautelar, esta debe estar precedida de una demanda y su respectiva admisión. No obstante, en los asuntos relativos a la competencia desleal y a la violación de derechos de propiedad intelectual, como es el caso del derecho de autor y los derechos conexos, es posible decretar medidas cautelares sin que medie un proceso judicial, situación que se puede dar en el marco de una prueba extraprocesal (Código General del Proceso, art. 589).

Piénsese, por ejemplo, en la siguiente hipótesis: Antonio Hernández es un reconocido escritor de novelas policiacas. Dado el éxito que ha tenido en ventas su última publicación, esta ha sido pirateada y ya se han identificado copias ilegales en las calles de la ciudad. Preocupado por esta situación, Antonio inicia un estudio pormenorizado de la situación, logrando identificar que desde una bodega ubicada en el centro de la ciudad se realiza la distribución de los ejemplares piratas. Ante esta situación, solicita como prueba extraprocesal la práctica de una inspección judicial en dicha bodega, a fin de constatar la información que tiene acerca del depósito de las copias ilegales de su libro. En la práctica de la inspección judicial se advierte la existencia de una buena cantidad de ejemplares "piratas", ante lo cual Antonio solicita al juez que se practique como medida cautelar el secuestro de esta mercancía, a fin de que no se comercialice y, por ende, no se sigan generando perjuicios.

En el ejemplo mencionado se observa que la medida cautelar de secuestro, regulada por el artículo 244 de la Ley 23 de 1982, se solicitó en el marco de la práctica de la prueba extraprocesal de inspección judicial, pues es en ese momento cuando surge la necesidad de aprehender los ejemplares que se iban a distribuir; de esperar a promover una demanda y con ella acompañar la solicitud cautelar, la finalidad de la medida seguramente sería inane, pues los ejemplares "piratas" ya estarían en el mercado.

Ahora bien, cuando se pretenda solicitar la práctica de una medida cautelar extraprocesal, es necesario acudir ante el juez que es competente para conocer el futuro proceso al cual estarán destinadas (Código General del Proceso, art. 23), que para los asuntos relacionados con la violación del derecho de autor y los derechos conexos es el juez civil del circuito (arts. 19 y 20) o la Dirección Nacional de Derecho de Autor (art. 24.3, literal b). Dicho proceso debe adelantarse dentro de los veinte días siguientes a la práctica de la medida cautelar (art. 23), so pena de ser levantada, caso en el cual el juez emitirá una condena en abstracto (art. 589), a fin de que el afectado por la práctica de la cautela pueda promover el respectivo incidente de liquidación de perjuicios (art. 283).

LAS AUDIENCIAS EN EL PROCESO VERBAL DE INFRACCIÓN AL DERECHO DE AUTOR Y DERECHOS CONEXOS

Si bien es cierto que una de las grandes apuestas del Código General del Proceso fue fortalecer la oralidad, con la cual se privilegia la inmediación, la concentración y la publicidad, también lo es que no todas las decisiones judiciales de fondo deben adoptarse en audiencia, pues existen múltiples hipótesis según las cuales es posible resolver el asunto mediante sentencia anticipada, que puede ser emitida por escrito, previa a la audiencia[66]. En este punto, es necesario precisar que solo en los eventos en los que resulta necesaria la práctica probatoria intraprocesal debe convocarse a una audiencia. De no advertir un debate probatorio en el marco del proceso, es necesario que el juez se abstenga de citar a audiencia.

Ahora bien, una vez agotada la fase inicial del proceso —por esencia escritural—, en la cual las partes tienen conocimiento de las posturas de su adversario y realizan la formulación de pruebas, tratándose de un proceso verbal, cuerda procesal por la cual se ventilan los asuntos relativos al derecho de autor y derechos conexos, el asunto debe ingresar al despacho del juez para tomar una de varias decisiones: (1) convocar a una audiencia inicial; (2) convocar a una audiencia única, o (3) dictar sentencia anticipada escrita. De ahí que la autoridad judicial deba estudiar detalladamente el expediente, para no aventurarse a convocar a una audiencia cuando el asunto perfectamente pudo haber concluido con decisión de fondo anticipada.

---

[66] Con el ánimo de complementar el análisis de los diversos escenarios posibles para dictar sentencia anticipada por fuera de audiencia, se sugiere la lectura del siguiente escrito de mi autoría: "Una mirada reflexiva", 721-750.

De convocar a una audiencia son varias las previsiones que deben tenerse en cuenta a fin de que se cumplan los propósitos para los cuales está diseñada. Por ello, si el debate probatorio luce complejo, lo mejor será agotar en dos escenarios diferentes las actuaciones propias de la audiencia inicial (Código General del Proceso, art. 372) y de la audiencia de instrucción y juzgamiento (Código General del Proceso, art. 373), reservando para cada una de ellas el tiempo suficiente para su agotamiento (Código General del Proceso, art. 107.2).

Pese a lo anterior, dada la particularidad de la práctica de ciertas pruebas, en ocasiones se torna engorroso cumplir con el postulado de la concentración, lo que hace que el juez se vea avocado a suspender la audiencia para continuar con la práctica probatoria en otra fecha. Tal es el caso de la exhibición de documentos, escenario para el cual el artículo 266 del Código General del Proceso señala que "presentado el documento el juez lo hará transcribir o reproducir, a menos que quien lo exhiba permita que se incorpore al expediente". Para estos efectos seguramente se requerirá por parte de la autoridad judicial la verificación en la misma diligencia de todos los documentos objeto de exhibición, lo que puede resultar complejo si se trata de una buena cantidad. Con el ánimo de evitar la suspensión de la audiencia y, por ende, el desconocimiento de la regla de concentración, al momento de decretar la prueba el juez puede requerir a la parte a cargo de la exhibición, con el fin de ponerlos en conocimiento del adversario por el término que aquel señale, lo que podrá hacerse por medios electrónicos. Hecho esto, de encontrar controversia frente a los documentos que fueron presentados, se resolverá en la respectiva audiencia. Se trata entonces de aprovechar el uso de las tecnologías de la información y de las comunicaciones, tal como lo prevé la Ley 2213 del 2022, sin que por ello se pierdan de vista las dificultades que eventualmente se puedan presentar frente al acceso a las herramientas tecnológicas, caso en el cual tales actuaciones procesales podrán realizarse de manera presencial, pues así lo permite, de manera excepcional, la citada Ley 2213.

Agotada la etapa probatoria intraprocesal, la cual, como se ha advertido, se desarrolla en una audiencia, las partes presentarán sus alegaciones finales, con las cuales pretenderán convencer al juez acerca de las razones por las cuales su teoría del caso resulta triunfante. Hecho esto, en la misma audiencia la autoridad judicial deberá proferir la respectiva sentencia, para lo cual podrá decretar un receso hasta por dos horas. Ahora bien, cuando situaciones especiales, como, por ejemplo, un análisis respecto de la tasación de perjuicios sobre los cuales se debe pronunciar en la sentencia, le impiden proferir la decisión de fondo, podrá hacerlo dentro de los diez días siguientes, siempre que en la audiencia emita el sentido del fallo (Código General del Proceso, art. 373.5)[67].

REFERENCIAS

Bejarano Guzmán, Ramiro. *Procesos declarativos, ejecutivos y arbitrales*. 8.ª edición. Bogotá: Temis, 2017.

Cardona Neira, Santiago, Ana María Cortés Tamayo, Felipe Andrés Díaz Alarcón, Juan Sebastián Gaviria Garlatti, Ricardo Andrés Ricardo Ezqueda y María Margarita Vesga Benavides. "Aproximación teórico-práctica a las medidas cautelares innominadas y a las medidas anticipatorias". *Revista del Instituto Colombiano de Derecho Procesal*, n.° 42 (2015): 201-235. https://t.ly/EUkW

Cruz Tejada, Horacio. "El régimen de jurisdicción y competencia en el Código General del Proceso". En *El proceso civil a partir del Código General del Proceso*, coordinado por Horacio Cruz Tejada, 81-83. 2.ª edición. Bogotá: Universidad de los Andes, 2018.

Cruz Tejada, Horacio. "El testimonio de tercero en el Código General del Proceso". En *Código General del Proceso comentado*, editado por Jairo Parra Quijano, volumen 2. Bogotá: Instituto Colombiano de Derecho Procesal, 2018.

---

[67] A propósito del sentido del fallo y su carácter vinculante frente a la sentencia, en la Sentencia STC-3964-2018 del 21 de marzo del 2018, M. P. Luis Alfonso Rico Puerta, la Corte Suprema de Justicia abrió la posibilidad de apartarse del sentido del fallo, lo cual resulta inconveniente, pues atenta contra la confianza que el usuario de la administración de justicia ha depositado en su juez. En ese sentido, el magistrado que se apartó de la tesis mayoritaria de la Sala expuso en su salvamento de voto lo siguiente: "De ahí que desde el punto de vista constitucional, sea imposible avalar que el juez ordinario pueda apartarse del sentido del fallo que públicamente anunció a las partes, al plasmar por escrito la sentencia, pues ello, se reitera, atentaría en contra del principio de confianza legítima, que hace parte de la garantía fundamental al debido proceso". Salv. de Voto, Aroldo Wilson Quiroz Monsalvo.

Cruz Tejada, Horacio. "La demanda y sus vicisitudes en el Código General del Proceso". En *Puesta en práctica del Código General del Proceso*, coordinado por María del Socorro Rueda Fonseca, 267-288. Bogotá: Universidad de los Andes y Legis, 2018.

Cruz Tejada, Horacio. "Una mirada reflexiva a la sentencia anticipada en el Código General del Proceso". En *xxxviii Congreso Colombiano de Derecho Procesal*, 721-750. Bogotá: Universidad Libre e Instituto Colombiano de Derecho Procesal, 2017.

Devis Echandía, Hernando. *Teoría general de la prueba judicial*. Tomo i. 6.ª edición. Bogotá: Universidad Javeriana y Temis, 2012.

Forero Silva, Jorge. *Medidas cautelares en el Código General del Proceso*. Bogotá: Temis, 2013.

Lipszyc, Delia. *Derecho de autor y derechos conexos*. Buenos Aires: Ediciones Unesco, Cerlalc y Zavalía, 2001.

López Blanco, Hernán Fabio. *Código General del Proceso: Parte general*. 2.ª edición. Bogotá: Dupré, 2019.

Monroy Rodríguez, Juan Carlos. *Derechos de autor y derechos conexos: Legislación, doctrina y jurisprudencia*. Bogotá: Fundación Rafael Escalona, 2018.

"Organigrama", *Instituto Colombiano Agropecuario*, s. f. https://t.ly/ADp3

Ramírez Arcila, Carlos. *Derecho procesal: Teoría de la acción, legitimación, pretensión procesal, acumulaciones*. Bogotá: Librería del Profesional, 2001.

Ríos Ruiz, Wilson. "Responsabilidad de los proveedores de servicios de internet por las infracciones a los derechos de propiedad intelectual". En *La propiedad intelectual en la era de las tecnologías*. Bogotá: Universidad de los Andes y Temis, 2009.

Robledo del Castillo, Pablo Felipe. "Ejercicio de funciones jurisdiccionales por autoridades administrativas". En *Código General del Proceso comentado*, editado por Jairo Parra Quijano, volumen 2, 504-514. Bogotá: Instituto Colombiano de Derecho Procesal, 2018.

Rojas Gómez, Miguel Enrique. *Lecciones de derecho procesal. Tomo 1: Teoría del proceso*. 4.ª edición. Bogotá: Editorial Esaju, 2017.

Rojas Gómez, Miguel Enrique. *Lecciones de derecho procesal. Tomo 1: Teoría del proceso*. 5ª edición. Bogotá: Editorial Esaju, 2019.

Sandoval Gutiérrez, José Fernando. "Medidas cautelares innominadas en procesos de competencia desleal y en acciones por infracción de derechos de propiedad industrial: ¿Un camino hacia el prejuzgamiento?". *Revista del Instituto Colombiano de Derecho Procesal*, n.º 43 (2016): 153-176. https://t.ly/8qBW

Zea Fernández, Guillermo. *Derecho de autor y derechos conexos*. Bogotá: Universidad Externado de Colombia, 2009.

CAPÍTULO III

LA INTERPRETACIÓN PREJUDICIAL ANDINA[*]

LUIS RAFAEL VERGARA QUINTERO

INTRODUCCIÓN

El problema de los pactos, acuerdos o tratados internacionales no solo es su suscripción y su divulgación, sino que lo más complejo es que estos se cumplan y se ejecuten cabalmente en cada país, en particular que no sean una "simple declaración de carácter protocolario" o de un "compendio de buenos propósitos" que no conduzcan al resultado deseado.

Para que los procesos integracionistas acordados en el mundo, como los de la Unión Europea o la Comunidad Andina (CAN), tengan un "efecto útil" es necesario, entonces, además de un conjunto de normas jurídicas que sean respetadas por los Estados miembros, ciertos mecanismos jurídicos que hagan efectivo el proceso de integración en el campo social, económico y cultural. El derecho no podía ser ajeno a los cambios y a las nuevas realidades que trajeron los procesos de integración alrededor del mundo, especialmente en cuanto tiene que ver con la aplicación armónica y uniforme de los acuerdos suscritos en cada país asociado.

Así, como respuesta a todas estas necesidades aparece en el contexto de las ciencias jurídicas el denominado derecho de la integración, también conocido como derecho comunitario, y con él diversos mecanismos que tienen por objeto no solo su aplicación efectiva, sino su implementación en una forma ordenada y coherente. El proceso de integración andino se caracterizó por establecer un ordenamiento independiente y autónomo destinado a regular y a hacer efectivo el Acuerdo de Cartagena;

[*] Para citar este capítulo: http://dx.doi.org/10.15425/2022.662

por supuesto, estas normas son de obligatorio cumplimiento para todos los Estados miembros de la Comunidad Andina.

A medida que avanzaba el proceso evolutivo de integración andina surgió la necesidad de contar con un órgano o ente capaz de consolidar, estabilizar y darles seguridad a los países miembros en cuanto al acatamiento de la normativa andina. Con estos propósitos fue creado el Tribunal de Justicia de la Comunidad Andina como un órgano jurisdiccional, de carácter supranacional y comunitario, al cual se le asignaron diversas competencias y funciones destinadas a fortalecer y legitimar el Acuerdo de Cartagena. Este Tribunal fue organizado y estructurado de una manera muy similar al Tribunal de Justicia de la Unión Europea.

Hoy en día, el Tribunal Andino es considerado una de las cortes internacionales más activas del mundo, con una carga laboral que sobrepasa los setecientos procesos anuales y con una respuesta efectiva de más de quinientas sentencias proferidas cada año[1].

Entre las competencias asignadas al Tribunal de Justicia de la Comunidad Andina, en la Reforma de 1996 en Cochabamba, se destacan las siguientes:

- La acción de nulidad
- La acción de incumplimiento
- La acción laboral
- La función arbitral[2]
- El recurso por omisión o inactividad
- La interpretación prejudicial

Ahora bien, debe observarse que la competencia o función que más logra el objetivo de la cooperación judicial entre los países miembros de la Comunidad Andina es la denominada interpretación prejudicial, que, indudablemente, constituye el mecanismo judicial de mayor importancia

---

[1] Karen J. Alter, "Private Litigants and the New Internatiotal Courts", *Comp. Pol. Stud.* 39, n.º 22 (2006): 26-27. Las dos cortes internacionales más activas en relación con el numero de casos decididos son: primero, la Corte Europea de Derechos Humanos, y segundo, la Corte Europea de Justicia (CEJ) y su Corte de Primera Instancia.

[2] El Tribunal de Justicia de la Comunidad Andina, en el Auto del Proceso de Arbitraje n.º 1, jun. 28/2018, señaló que para poder ejecutar la función arbitral es necesario que la controversia verse sobre la aplicación o interpretación del derecho comunitario andino.

en el sistema judicial andino, sobre el cual procederemos a referirnos a continuación, puesto que es el objeto central de este capítulo.

En primer lugar, se abordarán cuáles son las generalidades de la interpretación prejudicial, esbozando en dicho acápite sus antecedentes, su naturaleza jurídica (al ser un procedimiento que se adelanta dentro de un proceso judicial como mecanismo de cooperación) y, luego de ello, la delimitación de las competencias del juez nacional y el juez comunitario en el trámite de la interpretación prejudicial. En segundo lugar, el lector podrá encontrar de manera específica los aspectos procesales de esta figura jurídica.

Generalidades de la interpretación prejudicial

La interpretación prejudicial no es una figura original, ni puede considerarse una innovación del ordenamiento comunitario andino, pues esta tiene como antecedente un procedimiento similar que existe en el derecho de la Comunidad Económica Europea, que busca simplemente la armonización de la jurisprudencia de los jueces nacionales con la del juez supranacional.

La cuestión prejudicial y la interpretación prejudicial

Ciertamente, en el derecho europeo existe la *cuestión prejudicial*, paso que en el derecho andino denominamos *interpretación prejudicial*. La primera es una competencia del Tribunal de Justicia de la Unión Europea (TJUE) con sede en Luxemburgo, y la otra es competencia del Tribunal de Justicia de la Comunidad Andina (TJCA) con sede en Quito.

En esa dirección, debemos señalar que el artículo 267[3] del Tratado de Funcionamiento de la Unión Europea establece la denominada

---

[3] Tratado de Funcionamiento de la Unión Europea, 1957, *Diario oficial de la Unión Europea* C83749 (2010), https://t.ly/yYgM

"Artículo 267. El Tribunal de Justicia de la Unión Europea será competente para pronunciarse, con carácter prejudicial: (a) Sobre la interpretación de los Tratados; (b) Sobre la validez e interpretación de los actos adoptados por las instituciones, órganos u organismos de la Unión. Cuando se plantee una cuestión de esta naturaleza ante un

cuestión prejudicial, y le asigna al TJUE la atribución de pronunciarse sobre la validez e interpretación de los actos que expidan las instituciones y organismos de la Unión Europea y, asimismo, cuando el asunto se controvierta ante un órgano jurisdiccional de los países miembros. A su vez, los artículos 32[4] y 33[5] del Tratado de Creación del Tribunal de Justicia de la Comunidad Andina, le asigna al Tribunal Andino la función de interpretar por vía prejudicial la norma comunitaria. Como se puede observar, se trata de la misma figura procesal pero redactada en términos diferentes.

Ambos mecanismos procesales tienen objetivos prácticos y jurídicos similares, como lo es asegurar la aplicación del derecho europeo y andino respectivamente, de forma uniforme en los Estados miembros, porque, de otra manera, esto es, si se deja al arbitrio de los jueces nacionales la interpretación comunitaria, la atomización, el fraccionamiento y las contradicciones podrían acabar con el proceso de integración regional que se persigue.

órgano jurisdiccional de uno de los Estados miembros, dicho órgano podrá pedir al Tribunal que se pronuncie sobre la misma, si estima necesaria una decisión al respecto para poder emitir su fallo. Cuando se plantee una cuestión de este tipo en un asunto pendiente ante un órgano jurisdiccional nacional, cuyas decisiones no sean susceptibles de ulterior recurso judicial de derecho interno, dicho órgano estará obligado a someter la cuestión al Tribunal. Cuando se plantee una cuestión de este tipo en un asunto pendiente ante un órgano jurisdiccional nacional en relación con una persona privada de libertad, el Tribunal de Justicia de la Unión Europea se pronunciará con la mayor brevedad".

⁴ Comisión de la Comunidad Andina, Tratado de Creación del Tribunal de Justicia de la Comunidad Andina (1996): Decisión 472, *Gaceta oficial del Acuerdo de Cartagena* n.º 483 (1999), https://t.ly/TgUJ

"Artículo 32. Corresponderá al Tribunal interpretar por vía prejudicial las normas que conforman el ordenamiento jurídico de la Comunidad Andina, con el fin de asegurar su aplicación uniforme en el territorio de los Países Miembros".

⁵ *Ibid.*

"Artículo 33. Los jueces nacionales que conozcan de un proceso en el que deba aplicarse o se controvierta alguna de las normas que conforman el ordenamiento jurídico de la Comunidad Andina, podrán solicitar, directamente, la interpretación del Tribunal acerca de dichas normas, siempre que la sentencia sea susceptible de recursos en derecho interno. Si llegare la oportunidad de dictar sentencia sin que hubiere recibido la interpretación del Tribunal, el juez deberá decidir el proceso. En todos los procesos en los que la sentencia no fuere susceptible de recursos en derecho interno, el juez suspenderá el procedimiento y solicitará directamente de oficio o a petición de parte la interpretación del Tribunal".

El procedimiento de la interpretación prejudicial dentro de un proceso judicial

La interpretación prejudicial es una actuación o procedimiento que se realiza dentro del curso de un proceso judicial adelantado por un juez nacional, en la cual, el Tribunal de Justicia de la Comunidad Andina expresa, con carácter obligatorio, su concepto sobre la forma de interpretar y aplicar una determinada norma del derecho andino.

En otras palabras, no se trata, en términos procesales, de una acción judicial propiamente dicha, sino de una actuación desarrollada en el trámite de un proceso adelantado por el tribunal o juez nacional con la intervención incidental del juez comunitario.

Mediante el Acuerdo 08 del 2017[6] el Tribunal Andino expidió un Reglamento de Interpretaciones Prejudiciales, que recoge normas contenidas en diversas disposiciones del derecho andino y algunos aspectos que han sido fijados por la jurisprudencia del Tribunal en torno a las interpretaciones prejudiciales.

En dicho reglamento se definió la interpretación prejudicial como un "mecanismo procesal mediante el cual el Tribunal de Justicia de la Comunidad Andina explica, orienta y señala el alcance de las normas del ordenamiento comunitario"[7].

En resumen, el objetivo esencial es lograr la seguridad jurídica, mediante una jurisprudencia única y permanente, para que los Estados, los inversionistas, los comerciantes y los ciudadanos comunitarios sepan de antemano a qué atenerse en sus actividades y actuaciones en el marco de la integración. En otras palabras, para asegurar la interpretación y

---

⁶ El Acuerdo 08 del 2017, modificado por el Acuerdo 04 del 2018, es el reglamento que regula aspectos vinculados con la solicitud y emisión de interpretaciones prejudiciales, con la finalidad de perfeccionar el entendimiento y la aplicación del ordenamiento jurídico comunitario.

⁷ Tribunal de Justicia de la Comunidad Andina, Acuerdo 08, nov. 24/2017, *Gaceta oficial del Acuerdo de Cartagena* n.º 3146 (2017), https://t.ly/VFBa

"Artículo 2. (a) Interpretación prejudicial: mecanismo procesal mediante el cual el Tribunal de Justicia de la Comunidad Andina explica el contenido y alcance de las normas que conforman el ordenamiento jurídico comunitario andino, así como orienta respecto de las instituciones jurídicas contenidas en tales normas, con la finalidad de asegurar la interpretación y aplicación uniforme de dicho ordenamiento en los países miembros de la Comunidad Andina".

aplicación uniforme de dicho ordenamiento en los países miembros de la comunidad, conforme al referido reglamento.

Mecanismo de cooperación

A su vez, la interpretación prejudicial es un mecanismo de cooperación entre los jueces nacionales y el juez comunitario, dentro de un sistema en el cual se entrelazan y delimitan competencias en el marco del Acuerdo de Integración, en el que se busca una interpretación uniforme y coherente de la normatividad andina, cuando no existe una estructura jerárquica jurisdiccional y la rama judicial de los Estados asociados se convierte en la vocera del derecho comunitario en cada país miembro.

En otras palabras, el juez nacional es una especie de vehículo para difundir los términos y las condiciones del derecho comunitario, tal y como lo señalaba con acierto el fallecido magistrado del Tribunal Roberto Salazar Manrique en su texto "Derecho comunitario andino: De la teoría a la realidad actuante del derecho"[8]. En este contexto los jueces nacionales se convierten en jueces comunitarios.

Delimitación de competencias

Se trata de competencias funcionales muy delimitadas. El Tribunal de Justicia de la Comunidad Andina interpreta la norma comunitaria de manera *objetiva, abstracta* y *general*. Al paso que al juez nacional le corresponde aplicar el derecho al caso concreto que se encuentra planteado en la jurisdicción nacional de cada país. En esta actuación, el Tribunal de Justicia de la Comunidad Andina se limita solo a la interpretación de las normas comunitarias objetivamente, no califica hechos, no valora las pruebas, no interpreta normas nacionales ni tampoco se refiere al caso concreto en controversia, debido a que esa es una competencia del juez nacional.

---

[8] Roberto Salazar Manrique, "Derecho comunitario andino: De la teoría a la realidad actuante del derecho", *Revista jurídica Universidad Católica de Guayaquil*, (2016): 247-296, https://t.ly/fJVd

Dicho de otra manera, el Tribunal de Justicia de la Comunidad Andina solamente precisa el contenido y el alcance de las normas andinas. No obstante, también de oficio puede adicionar o interpretar otras normas cuando el caso así lo amerite[9]. En resumen, el Tribunal de Justicia de la Comunidad Andina no interpreta el contenido de la demanda, ni el alcance del derecho nacional, tampoco califica los hechos, aun cuando excepcionalmente puede referirse a ellos; se trata de un diálogo entre el juez comunitario y el juez nacional para buscar que los intereses de la integración prevalezcan; este aspecto se da de igual manera en la Unión Europea, tal como ya se señaló.

ASPECTOS PROCEDIMENTALES

Veamos someramente algunos aspectos de tipo procedimental de las interpretaciones prejudiciales.

Legitimación por activa

La legitimación para solicitar la interpretación prejudicial es del juez nacional (art. 33[10] del Tratado de Creación del TJCA y arts. 122 y 123 del Estatuto del TJCA[11]), esto es, cortes, tribunales y jueces, que conozcan de

---

[9] Tribunal de Justicia de la Comunidad Andina, Reglamento de Interpretaciones Prejudicial, dic. 9/1993, *Gaceta oficial del Acuerdo de Cartagena* n.º 3146 (2017), https://t.ly/MGj2. "[...] Artículo 10. Contenido de las interpretaciones prejudiciales. 10.1. El Tribunal de Justicia de la Comunidad Andina, además de interpretar las normas indicadas de modo directo por el consultante, así como aquellas normas contenidas o derivadas de las preguntas específicas formuladas por el consultante, podrá adicionar o restringir las normas pertinentes a ser interpretadas, según lo advierta de la materia controvertida del procedimiento o proceso interno".

[10] Comisión de la Comunidad Andina, Tratado de Creación, art. 33; véase la nota al pie de página 5.

[11] Consejo Andino de Ministros de Relaciones Exteriores, Estatuto del Tribunal de Justicia de la Comunidad Andina (2001): Decisión 500. *Gaceta oficial del Acuerdo de Cartagena* n.º 680 (2001), https://t.ly/ldf7

"Artículo 122. Consulta facultativa. Los jueces nacionales que conozcan de un proceso en el que deba aplicarse o se controvierta alguna de las normas que conforman

un proceso judicial en el cual deban aplicarse o resolverse asuntos que versen sobre la normativa comunitaria.

Se ha entendido por vía jurisprudencial, y hoy por vía reglamentaria, que también pueden solicitar dicha interpretación las autoridades administrativas con funciones jurisdiccionales o sin ellas, como es el caso, de la Dirección Nacional de Derechos de Autor y la Superintendencia de Industria y Comercio (SIC) en Colombia, el Instituto Nacional de Defensa de la Competencia y de Protección de la Propiedad Intelectual (Indecopi) en Perú, el Servicio Nacional de Propiedad Intelectual (Senapi) en Bolivia y el Servicio Nacional de Derechos Intelectuales (Senadi, antes Instituto Ecuatoriano de Propiedad Intelectual [IEPI]) en Ecuador. Asimismo, pueden solicitar una interpretación los *tribunales de arbitramento*, en aplicación del criterio funcional —mas no orgánico— del operador jurídico, como veremos más adelante.

En el Reglamento de Interpretaciones Prejudiciales mencionado precisó y amplió este concepto al hablar de "órganos jurisdiccionales y administrativos competentes" (art. 5)[12]. Sobre la ampliación del concepto de *juez nacional* se pueden consultar las siguientes sentencias:

- Procesos 14-IP-2007, 130-IP-2007 (SIC).

---

el ordenamiento jurídico de la Comunidad Andina, podrán solicitar, directamente y mediante simple oficio, la interpretación del Tribunal acerca de dichas normas, siempre que la sentencia sea susceptible de recursos en derecho interno. Si llegare la oportunidad de dictar sentencia sin que hubiere recibido la interpretación del Tribunal, el juez deberá decidir el proceso.

Artículo 123. Consulta obligatoria. De oficio o a petición de parte, el juez nacional que conozca de un proceso en el cual la sentencia fuera de única o última instancia, que no fuere susceptible de recursos en derecho interno, en el que deba aplicarse o se controvierta alguna de las normas que conforman el ordenamiento jurídico de la Comunidad Andina, deberá suspender el procedimiento y solicitar directamente y mediante simple oficio, la interpretación del Tribunal".

[12] Tribunal de Justicia de la Comunidad Andina, Acuerdo 08.

"Artículo 5. Forma de solicitar la interpretación prejudicial por parte de los órganos jurisdiccionales y administrativos competentes. Los órganos jurisdiccionales y administrativos competentes pueden, de oficio o a petición de parte, solicitar al Tribunal de Justicia de la Comunidad Andina la interpretación de las normas que conforman el ordenamiento jurídico comunitario andino, en todos aquellos casos en que estas deban ser aplicadas o se conviertan por las partes en un proceso interno, de conformidad con lo dispuesto en el artículo 33 del Tratado de Creación del Tribunal de Justicia de la Comunidad Andina y en los artículos 122, 123, 124 y 125 de su Estatuto. De igual manera podrán formular preguntas relacionadas con el contenido y alcances de la norma andina,

- Proceso 03-AI-2010 (tribunales arbitrales).
- Procesos 121-IP-2014 (Indecopi), 105-IP-2014 (Senapi) y 242-IP-2015 (SIC).

Evolución del concepto de juez nacional

Hasta hace unos años, los tribunales de arbitramento, así como las autoridades administrativas de los países miembros de la Comunidad Andina, no tenían legitimación o facultad para solicitar interpretaciones prejudiciales al Tribunal Andino. En sentencia del 9 de diciembre de 1993[13], el Tribunal comenzó a cambiar su perspectiva con una consulta formulada por el Indecopi del Perú, pues admitió incluir dentro del concepto de juez nacional a los órganos administrativos con actividades jurisdiccionales, como lo es dicha entidad gubernamental peruana.

Se aprobó, de esta manera, una visión más amplia sobre el significado de *juez nacional*, que luego se extendió —como vimos en la primera parte— a la SIC y la Dirección Nacional de Derechos de Autor (DNDA) de Colombia, al Senadi del Ecuador y al Senapi de Bolivia.

Los árbitros y la función jurisdiccional

El arbitraje puede ser en equidad o en derecho; cuando se trata de este último, el Tribunal Andino ha considerado que los *árbitros* tienen facultad para solicitar la interpretación prejudicial, ya que ejercen la llamada función jurisdiccional dentro de los tres poderes a que se refirió originalmente Montesquieu. En esta perspectiva, el Tribunal abandona el criterio organicista, que había mantenido por décadas para acoger el criterio o principio *funcional*, esto es la función ejercida es la que determina quién debe ser considerado *juez nacional*.

---

las cuales serán absueltas de manera general. Se rechazarán las preguntas impertinentes y aquellas que busquen resolver el caso en concreto".

13 Tribunal de Justicia de la Comunidad Andina, Providencia emitida por el Tribunal respecto de la consulta formulada por el Instituto de Defensa de la Competencia y de la Protección de la Propiedad Industrial, Indecopi, dic. 9/1993, *Gaceta oficial del Acuerdo de Cartagena* n.º 146 (1994), https://t.ly/kFYk

El Tribunal Andino hace una amplia interpretación al definir los jueces nacionales como aquellos que deciden en derecho; por tanto, no solamente son quienes forman parte del órgano o de la rama judicial del país miembro, sino también quienes integran otras entidades, como por ejemplo los tribunales de arbitramento.

De manera que si la justicia arbitral está integrada por personas con iguales calidades y facultades que los jueces ordinarios y que sus decisiones tienen el efecto de una sentencia judicial y hace tránsito a cosa juzgada no pueden ser excluidos del tratamiento comunitario que se les da a los miembros del poder judicial. Por tanto, el Tribunal Andino ha concluido que, si los árbitros ejercen la *función judicial* en única instancia y sus decisiones son inapelables, para efectos de la norma comunitaria ejecutan sus funciones como jueces nacionales.

En todos los países de la Comunidad Andina los laudos son inapelables, pero si existiera una reforma que los *hiciera apelables* —caso argentino— es evidente, entonces, que en la última instancia es cuando debe solicitarse la interpretación prejudicial.

Cabe mencionar que en el derecho andino los tribunales arbitrales están en capacidad para solicitar la interpretación prejudicial de conformidad con la Sentencia 03-AI-2010, a diferencia de lo que sucede en el Tribunal Europeo, que los excluye, a pesar del concepto tan amplio del significado *órgano judicial* que ellos manejan. La omisión de la interpretación prejudicial por los tribunales arbitrales constituye causal de anulación del laudo y genera también en el país responsabilidad por incumplimiento del derecho andino.

En caso de duda del tribunal arbitral, sobre si se requiere o no la interpretación prejudicial, por no tener la precisión de si está o no involucrada la normatividad comunitaria, la duda debe resolverse a favor de la solicitud de la interpretación prejudicial y que sea el tribunal internacional el que la resuelva. Con fundamento en la Decisión 462 de la Comisión de la Comunidad Andina y la Resolución 432 de la Secretaría General de la CAN, que establecen normas comunes en la subregión sobre interconexión de telecomunicaciones, hoy en día los tribunales arbitrales están obligados a solicitar la interpretación prejudicial al Tribunal Andino cuando surjan controversias durante la ejecución del contrato de interconexión, tal como esta indicado en la sentencia dictada dentro del proceso de la acción de incumplimiento 03-AI-2010.

En esta materia la jurisprudencia del Tribunal de Justicia de la Comunidad Andina no ha sido lo suficientemente clara y precisa, toda vez que, en una segunda oportunidad, al expedir varias interpretaciones prejudiciales, entre ellas la 146-IP-2014, prácticamente eliminaba el arbitraje como alternativa de solución de controversias en materia de interconexión, otorgándole de manera exclusiva dicha facultad a la autoridad de telecomunicaciones de cada país.

La sentencia anterior finalmente fue recogida y modificada con la interpretación prejudicial 366-IP-2015, en la cual se estableció que el arbitraje podía considerarse un mecanismo de solución de controversias tratándose de derechos de libre disposición por las partes, mas no cuando se trata de materias que tienen que ver con relaciones de orden público de competencia gubernamental, regulaciones legales o derecho de imperio del Estado, según la sentencia; lo que siempre ha sido así a los ojos de un abogado constitucionalista o administrativista.

Procedencia de la interpretación prejudicial

El juez nacional debe requerir y enviar al Tribunal de Justicia de la Comunidad Andina para interpretación los asuntos que conozca sobre aplicación y cumplimiento del derecho comunitario. Debe advertirse que el juez no está obligado a solicitar automáticamente la interpretación al Tribunal de Justicia de la Comunidad Andina sin ningún tipo de análisis y ponderación, puesto que lo primero que debe verificar es si para el caso planteado en la demanda es necesario y fundamental para decidirlo la interpretación de una norma del derecho comunitario.

El juez del país miembro debe plantear la solicitud prejudicial solo en el evento en que observe que el problema litigioso se encuentra atado a la interpretación y aplicación de una norma del derecho comunitario andino. Por el contrario, si lo considera irrelevante, y que la misma no tiene incidencia en el asunto controvertido ni es fundamental para sentenciar el proceso, entonces debe abstenerse de solicitar la interpretación prejudicial al Tribunal. En otras palabras, si el juez nacional *estima* que la norma del derecho comunitario no es esencial para decidir la causa o que el caso en litigio puede resolverse sin aplicar la norma comunitaria no tiene que hacer la solicitud de interpretación prejudicial. Sin embargo, debe precisarse que solamente cuando la norma comunitaria no forma parte esencial del tema litigioso ni se requiera para decidir el proceso es posible omitir la interpretación prejudicial por el juez nacional. En resumen, es procedente, entonces, la interpretación prejudicial cuando se tenga que aplicar o se controviertan algunas de las normas andinas.

Acciones de amparo de orden constitucional y juicios ejecutivos

En mi sentir —aunque no ha existido precisión y claridad del Tribunal de Justicia de la Comunidad Andina— no procede la interpretación prejudicial en acciones constitucionales de amparo, como la acción de tutela en el caso colombiano o las medidas cautelares en la acción de protección constitucional en el Ecuador, no solo por tener objetivos diferentes —derechos fundamentales y normas comunitarias— sino por la celeridad y oportunidad que implica la protección en estos casos.

En lo concerniente a las medidas cautelares aplicadas en el Ecuador, el Tribunal de Justicia de la Comunidad Andina fijó su criterio sobre este asunto en la providencia con radicación 29-IP-2017, en la cual se dijo que en estos casos la interpretación prejudicial no procede. Así mismo, tampoco se considera pertinente solicitarla en juicios ejecutivos, por cuanto es el juez nacional quien *debe verificar* cuándo se desprende del título una obligación clara, expresa y exigible, a menos que el título ejecutivo sea una sentencia del Tribunal de Justicia de la Comunidad Andina que requiere de algún tipo de precisión; aunque de entrada, el punto sería discutible, y menos se requeriría cuando el fundamento de la ejecución es una sentencia, si la sentencia tiene que ser precisada, el título no es claro.

Forma de la solicitud

La solicitud se envía con un simple oficio y los demás documentos necesarios para establecer el punto central del litigio[14] (art. 125 de la

---

[14] Consejo Andino de Ministros de Relaciones Exteriores, Estatuto del Tribunal.
"Artículo 125. Condiciones y requisitos para la formulación de la consulta. La solicitud de interpretación que los jueces nacionales dirijan al Tribunal deberá contener:

Decisión 500), *no se requiere exhorto*. En el oficio, el juez consultante puede realizar las preguntas que requiera de forma general y abstracta, pero no de forma concreta, cuando la respuesta lleve prácticamente a decidir o sentenciar el proceso.

Preguntas de las partes

Además del juez o el órgano administrativo, las partes interesadas también pueden y están autorizadas a plantear preguntas relacionadas con el contenido y el alcance de la norma andina, pero quien debe verificar su pertinencia y viabilidad es el órgano consultante, asimismo es quien debe incorporarlas en la solicitud (arts. 5 y 6[15] del Reglamento de Interpretaciones Prejudiciales).

Informes escritos u orales

Del mismo modo, conforme con la reglamentación del Acuerdo 08 del 2017, modificado por el Acuerdo 04 del 2018, *de manera excepcional el*

(a) El nombre e instancia del juez o tribunal nacional consultante; (b) La relación de las normas del ordenamiento jurídico de la Comunidad Andina cuya interpretación se requiere; (c) La identificación de la causa que origine la solicitud; (d) El informe sucinto de los hechos que el solicitante considere relevantes para la interpretación; y, (e) El lugar y dirección en que el juez o tribunal recibirá la respuesta a su consulta".

15 Tribunal de Justicia de la Comunidad Andina, Acuerdo 08, art. 5; véase la nota al pie de página 12. Véase también Tribunal de Justicia de la Comunidad Andina, Acuerdo 04, abr. 11/2018, https://t.ly/DyBu

"Artículo 6. Preguntas e informes de carácter técnico y/o normativo

6.1. La autoridad administrativa, juez o árbitro consultante, así como las partes intervinientes en el procedimiento administrativo o proceso judicial o arbitral respectivo, podrán formular preguntas o remitir informes de carácter técnico y/o normativo relacionados con el contenido y alcances de la norma andina a ser interpretada.

6.2. La autoridad administrativa, juez o árbitro consultante recopilará las preguntas formuladas y los informes presentados a fin de incorporarlos a la solicitud de interpretación prejudicial, pudiendo rechazar las preguntas o informes que considere impertinentes o improcedentes, tales como aquellos que tengan por objeto resolver el caso concreto, interpretar la norma nacional o calificar hechos; que contengan asuntos ajenos a la cuestión controvertida, o que sean repetitivos, sugestivos, ininteligibles u otros".

tribunal puede solicitar informes escritos u orales a organismos internos de los países o a organizaciones internacionales sobre aspectos técnicos o normativos internos o especializados para proveer mejor[16] (art. 9 del nuevo reglamento). El órgano consultante puede asistir al informe oral si lo considera pertinente.

Clases de consulta

La interpretación prejudicial[17] puede ser de dos clases:

a. *Facultativa*: la que puede hacer un juez nacional que está sujeto a un recurso ulterior (juez de primer grado)[18]. Aquí no se suspende el proceso judicial o el procedimiento administrativo; el proceso en estos casos continúa, incluso puede llegarse a tener una

---

[16] Tribunal de Justicia de la Comunidad Andina, Acuerdo 04.
"Artículo 9. Informes escritos u orales de carácter técnico y/o normativo
9.1. De conformidad con lo dispuesto en el artículo 44 del Tratado de Creación del Tribunal de Justicia de la Comunidad Andina y el artículo 36 de su Estatuto, el Tribunal de Justicia de la Comunidad Andina podrá solicitar a las autoridades de los países miembros y a las organizaciones e instituciones internacionales o nacionales vinculadas con las materias a que se refiere la solicitud de interpretación prejudicial, informes escritos u orales sobre aspectos de carácter técnico y/o normativo.
9.2. De modo excepcional, el Tribunal de Justicia de la Comunidad Andina podrá convocar a todas las partes intervinientes en el procedimiento administrativo o proceso judicial o arbitral respectivo, a los informes orales a que se refiere el numeral 9.1 precedente.
9.3. El Tribunal de Justicia de la Comunidad Andina pondrá en conocimiento de los órganos administrativos o jurisdiccionales consultantes la realización de los informes orales a que se refiere el numeral 9.1 precedente, para que asistan a ellos si lo consideran pertinente".

[17] El artículo 2.° del reglamento que regula aspectos vinculados con la solicitud y emisión de interpretaciones prejudiciales las denomina consulta obligatoria y consulta facultativa.

[18] Tribunal de Justicia de la Comunidad Andina, Acuerdo 08.
"Artículo 2. Glosario de términos. [...] (b) Consulta obligatoria: es la interpretación solicitada por órganos jurisdiccionales de única o última instancia. En este sentido, cuando la sentencia o laudo no fuere susceptible de impugnación, el órgano jurisdiccional debe suspender el proceso y solicitar al Tribunal de Justicia de la Comunidad Andina la interpretación de la norma comunitaria andina materia de la controversia.

sentencia o decisión. Por ello, en este tipo de consultas la agili-
dad y eficacia en la resolución por parte del Tribunal de Justicia
de la Comunidad Andina debe ser pronta y oportuna.
b. *Obligatoria*: la interpretación prejudicial se debe solicitar cuando
el proceso es de única o última instancia o no existen más recursos ordinarios[19]. Aquí se debe suspender el proceso hasta tanto el
Tribunal de Justicia de la Comunidad Andina emita la interpretación prejudicial (única o de última instancia).

En síntesis, esta clasificación se encuentra vinculada a si proceden o
no recursos ordinarios contra la sentencia del juez nacional; de tal suerte,
será facultativa cuando contra la sentencia del juez interno proceden los
recursos ordinarios que hagan factible la revisión de su sentencia por un
juez superior, y es obligatoria cuando la decisión del juez no es susceptible de impugnación o lo es por las vías extraordinarias, por ejemplo,
por medio de un recurso de casación.

Aquí debe precisarse que la interpretación prejudicial facultativa es
procedente ante la existencia de recursos ordinarios, mas no cuando pro-
cedan recursos extraordinarios conforme a la legislación interna (casación, revisión o súplica extraordinaria).

De tal manera que, si el tribunal es de única instancia o el proceso
se encuentra en el curso de la segunda instancia *sin haber solicitado
la interpretación prejudicial*, esta, por el solo hecho de que existan
recursos extraordinarios, no puede considerase facultativa, sino que
será obligatoria por lo que el tribunal de única o el juez de segunda

---

[19] *Ibid.*
"Artículo 2. Glosario de términos. [...] (c) Consulta facultativa: es la interpretación
solicitada por órganos jurisdiccionales, así como por órganos administrativos que ejercen funciones jurisdiccionales, que conozcan un proceso o procedimiento en el que se
controvierta una norma comunitaria andina, siempre que el acto administrativo, laudo o
sentencia de que se trate sea susceptible de impugnación en el derecho interno.
De conformidad con lo establecido en el Proceso 458-IP-2015 de fecha 13 de junio
de 2017, en el marco de una solicitud de interpretación facultativa, y de manera excepcional, el órgano administrativo o jurisdiccional correspondiente podrá suspender el procedimiento o proceso de que se trate, siempre y cuando la legislación interna lo permita
sobre la base del principio de complemento indispensable, y si considera pertinente y
necesario aguardar el pronunciamiento del Tribunal de Justicia de la Comunidad Andina
antes de emitir el correspondiente pronunciamiento de fondo".

instancia deberá solicitarla para decidir el proceso. Ahora bien, si la sentencia atacada en casación o con otro recurso extraordinario no fue susceptible a la interpretación prejudicial ante el tribunal o se omitió, la alta corte judicial podrá:

1. Anular y devolver el proceso al juez de instancia para que proceda a dictar nueva sentencia previa y solicite la interpretación prejudicial al Tribunal Andino.
2. Que la alta corte pida directamente la interpretación prejudicial al Tribunal Andino si va a casar la sentencia o tiene facultades para dictar otra de reemplazo por razones de eficacia y de economía procesal, tal como ha acontecido en las cortes peruanas.

Consecuencias jurídicas de la omisión de la interpretación prejudicial

- Cuando la interpretación prejudicial *es obligatoria para el juez nacional y se omite*, puede llevar a la nulidad de todo lo actuado, inclusive de su sentencia.
- Cuando la consulta es obligatoria, el pronunciamiento del Tribunal de Justicia de la Comunidad Andina es presupuesto procesal de la sentencia[20] y su desconocimiento *constituye una violación al debido proceso*[21].
- Inclusive es obligatoria así existan pronunciamientos anteriores sobre el mismo tema o similares.
- Las autoridades nacionales deben solicitar la interpretación en cada caso en particular, aunque ya existan interpretaciones anteriores sobre la misma materia o inclusive que la norma comunitaria sea lo suficientemente clara y expresa.

[20] Tribunal de Justicia de la Comunidad Andina, Proceso 11-IP-96, ago. 29/1997, *Gaceta oficial del Acuerdo de Cartagena* n.º 299 (1997), https://t.ly/E4LB

[21] Tribunal de Justicia de la Comunidad Andina, Proceso 3-AI-2010, ago, 26/2011, *Gaceta oficial del Acuerdo de Cartagena* n.º 1985 (2011), https://t.ly/NP9Q

Teoría del acto claro y el aclarado

La *teoría del acto claro y del aclarado* —que son conceptos diferentes— o del precedente judicial obligatorio *no tiene cabida en el sistema interpretativo andino*[22]. La normatividad andina no contempla excepciones para solicitar la interpretación prejudicial obligatoria por estas razones o teorías jurídicas.

Recordemos que la teoría del acto claro parte del supuesto de que hay ciertas leyes, normas o actos administrativos que no necesitan ser interpretados por la claridad literal de su texto; cuando el texto de la ley sea lo suficientemente claro no hay lugar a realizar interpretaciones para consultar su espíritu o su sentido. En Colombia es un principio de interpretación normativa que trae la Ley 153 de 1887. Es claro el asunto cuando del texto legal se pueden inferir los supuestos sin dificultad de ningún orden. Esta teoría no aplica en el derecho andino, porque lo que puede ser claro para un juez interno o nacional, puede que no lo sea para el comunitario, y viceversa.

Los enfoques del juez comunitario y del juez ordinario nacional son distintos, empezando por cuanto lo que guía al Tribunal de Justicia de la Comunidad Andina es la prevalencia de los intereses de la comunidad de naciones, esto es, el proceso de integración, antes que la protección de intereses civiles, comerciales, privados, entre otros. Así que, es el juez comunitario el llamado a definir la claridad o no del texto de la normativa comunitaria.

Por otra parte, conforme a la teoría del acto aclarado, en países como Colombia se denomina *precedente judicial obligatorio*, que no es otra cosa que la aplicación de la jurisprudencia reiterada y constante a casos iguales o similares, como el que supuestamente en la actualidad se controvierte ante el juez interno. Lo que se plantea es lo siguiente: como se trata de un litigio idéntico que ya fue debidamente aclarado o sentenciado, el juez nacional estará hipotéticamente eximido de solicitar la interpretación al Tribunal de Justicia de la Comunidad Andina, toda vez que se trata de procesos similares con iguales circunstancias de hecho y de derecho.

---

[22] Tribunal de Justicia de la Comunidad Andina, Proceso 4-IP-94, ago, 7/1995, *Gaceta oficial del Acuerdo de Cartagena* n.º 189 (1995), https://t.ly/U618

En este caso, tampoco existe ninguna excepción al respecto. Por tanto, el juez nacional debe solicitar sin duda alguna la interpretación prejudicial, puesto que quien debe verificar la analogía y las idénticas condiciones de hecho y de derecho del proceso es el juez comunitario, no el nacional.

Debe manifestarse que lo anterior no obsta para que en el futuro pueda revisarse el tema en el Tribunal de Justicia de la Comunidad Andina, lo que evidentemente sucedió en parte al establecerse en el Reglamento de las Interpretaciones Prejudiciales —Acuerdo 08 del 2017— un tratamiento preferente a causas idénticas y puedan decidirse sin respetar el orden cronológico de entrada al Tribunal.

Efectos obligatorios

Los jueces nacionales que soliciten la interpretación prejudicial deberán *acatarla obligatoriamente* al fallar los asuntos a su cargo y enviar al Tribunal de Justicia de la Comunidad Andina una copia de su sentencia (control). La autoridad nacional que conozca el proceso debe adoptar los términos y condiciones fijados en la interpretación prejudicial. De lo contrario, procede la acción de incumplimiento o nulidad de la sentencia nacional.

Es indudable que la acción que más se acomoda a los presupuestos procesales es la *acción de incumplimiento*, que tiene la ventaja de no tener término de caducidad; al paso que la de *nulidad tiene un término de dos años* contados a partir de la notificación de la sentencia o acto que se pretenda enjuiciar por esta vía. Sin embargo, el tiempo de la demanda debe ser prudente y razonable por cuanto lo que se ponen en juego es la cosa juzgada y la seguridad jurídica establecida en una sentencia judicial.

El Tratado de Creación del Tribunal de Justicia de la Comunidad Andina, en su artículo 35, establece que "el juez que conozca el proceso deberá adoptar en su sentencia la interpretación del tribunal". Es decir, que dicha interpretación o consulta (sea la solicitud facultativa u obligatoria) no es un simple dictamen ni un mero concepto sin efecto útil alguno, sino que es *un pronunciamiento obligatorio y definitivo hecho con autoridad de ley*, por el Tribunal de Justicia de la Comunidad

Andina; se repite, con fuerza obligatoria de manera que el juez nacional debe adoptar la interpretación del tribunal, sin discusión alguna.

Oportunidad

Se puede solicitar momentos antes de la sentencia de mérito o de fondo. "La consulta prejudicial puede presentarse en cualquier momento antes de dictar sentencia, el laudo o el acto administrativo que pone fin a la instancia según corresponda" (art. 8 del reglamento). No obstante, lo ideal es que se remita y se solicite una vez efectuadas las alegaciones de las partes para que el Tribunal pueda observar las dos caras de la medalla, las dos tesis jurídicas esgrimidas en el proceso.

REFERENCIAS

Alter, Karen J. "Private Litigants and the New International Courts". *Comp. Pol. Stud.* 39, n.º 22 (2006): 26-27.

Comisión de la Comunidad Andina. Tratado de Creación del Tribunal de Justicia de la Comunidad Andina (1996): Decisión 472. *Gaceta oficial del Acuerdo de Cartagena* n.º 483 (1999). https://t.ly/TgUJ

Consejo Andino de Ministros de Relaciones Exteriores. Estatuto del Tribunal de Justicia de la Comunidad Andina (2001): Decisión 500. *Gaceta oficial del Acuerdo de Cartagena* n.º 680 (2001). https://t.ly/ldf7

Salazar Manrique, Roberto. "Derecho comunitario andino: De la teoría a la realidad actuante del derecho". *Revista jurídica Universidad Católica de Guayaquil*, (1994): 247-296. https://t.ly/ijIb

Tratado de Funcionamiento de la Unión Europea, 1957. *Diario oficial de la Unión Europea* C83749 (2010). https://t.ly/yYgM

Tribunal de Justicia de la Comunidad Andina. Acuerdo 04, abr. 11/2018. https://t.ly/DyBu

Tribunal de Justicia de la Comunidad Andina. Acuerdo 08, nov. 24/2017. *Gaceta oficial del Acuerdo de Cartagena* n.º 3146 (2017). https://t.ly/VFBa

Tribunal de Justicia de la Comunidad Andina. Proceso 3-AI-2010, ago. 26/2011. *Gaceta oficial del Acuerdo de Cartagena* n.º 1985 (2011). https://t.ly/NP9Q

Tribunal de Justicia de la Comunidad Andina. Proceso 4-IP-94, ago. 7/1995. *Gaceta oficial del Acuerdo de Cartagena* n.º 189 (1995). https://t.ly/U618

Tribunal de Justicia de la Comunidad Andina. Proceso 11-IP-96, ago. 29/1997. *Gaceta oficial del Acuerdo de Cartagena* n.º 299 (1997). https://t.ly/E4LB

Tribunal de Justicia de la Comunidad Andina. Providencia emitida por el Tribunal respecto de la consulta formulada por el Instituto de Defensa de la Competencia y de la Protección de la Propiedad Industrial, Indecopi, dic. 9/1993. *Gaceta oficial del Acuerdo de Cartagena* n.º 146 (1994). https://t.ly/kFYk

Tribunal de Justicia de la Comunidad Andina. Reglamento de Interpretaciones Prejudicial, dic. 9/1993. *Gaceta oficial del Acuerdo de Cartagena* n.º 3146 (2017). https://t.ly/MGj2

Capítulo iv

Más allá de la acción por infracción de derechos de propiedad industrial[*]

José Fernando Sandoval Gutiérrez

Introducción

El presente capítulo trata sobre la acción por infracción de derechos de propiedad industrial, en el contexto colombiano, a la luz de la Decisión 486 del 2000, normativa que regula los aspectos relativos a la propiedad industrial en Colombia. El propósito del presente trabajo es trascender los aspectos generales de este mecanismo jurisdiccional, a fin de abordar, de manera crítica, variados aspectos procesales y sustanciales que, a juicio de este autor, resultan controversiales. Para ello se ahondará en tres grandes temas: la legitimación, la configuración de las infracciones en casos difíciles y los perjuicios derivados de la infracción.

Contexto en el que desarrolla la temática

Los temas propuestos tienen lugar en el marco de la acción por infracción de derechos de propiedad industrial, cuya regulación especial se encuentra en el título xv de la Decisión 486 del 2000 de la Comunidad Andina (can). A partir del artículo 238 de dicha sección, se encuentran diversas normas que posibilitan el inicio de acciones ante las autoridades de los países miembros cuando se infrinjan los derechos que la norma comunitaria protege. En este escenario se estudiarán los tres temas anunciados, por lo que el lector, entonces, debe tener en cuenta que el presente escrito en nada desarrolla temáticas asociadas a otras acciones

[*] Para citar este capítulo: http://dx.doi.org/10.15425/2022.663

jurisdiccionales que también tienen que ver con la propiedad industrial, como podrían ser, entre otras, la acción reivindicatoria, también consagrada en la Decisión 486 del 2000.

LEGITIMACIÓN EN LA ACCIÓN POR INFRACCIÓN DE DERECHOS DE PROPIEDAD INDUSTRIAL

Con el fin de ir *más allá* de la regla general de legitimación en materia de infracción de derechos de propiedad industrial, se plantean a continuación dos interrogantes que permiten profundizar en el alcance de esta figura.

El artículo 238 antes mencionado señala que quien puede entablar la acción por infracción de derechos de propiedad industrial es "el titular de un derecho protegido en virtud de esta Decisión". La excluyente redacción de esa norma hace surgir dos cuestionamientos que pasarán a resolverse. De un lado, si el licenciatario está legitimado por activa dentro de la acción por infracción de derechos de propiedad industrial. Del otro, si se encuentra legitimado quien fue titular, pero al momento de presentarse la demanda ya no lo es.

La legitimación del licenciatario

La primera cuestión parte de la siguiente pregunta: ¿puede tener éxito con su pretensión, en el marco de la acción por infracción de derechos de propiedad industrial, aquella persona que no es titular pero que cuenta con una licencia otorgada por quien sí lo es? A mi juicio la respuesta, al menos para el caso andino, debe ser que no.

Un primer y sencillo argumento para soportar esta afirmación apela a la literalidad de la norma, ya que según ella solo puede entablar la acción "el *titular* de un derecho protegido en virtud de esta Decisión"[1]. Por titular se entiende cualquier persona natural o jurídica que haya adquirido el derecho conforme a las normas que para ello ha establecido la Decisión 486 del 2000, y una vez hecho el trámite correspondiente

---

[1] Énfasis propio.

ante la oficina nacional competente, pues la mayoría de los derechos de propiedad industrial se adquiere con el registro[2]. En el caso de las marcas, por ejemplo, el artículo 154 señala que "el derecho al uso exclusivo de una marca se adquirirá por el registro de la misma ante la respectiva oficina nacional competente". Sin embargo, esta interpretación literal podría no ser suficiente para el lector, o al menos no es del todo satisfactoria para resolver el interrogante en este trabajo académico, por lo que resulta interesante que exploremos un argumento adicional.

Recordemos que el derecho que por excelencia se adquiere bajo el sistema de propiedad industrial es el de exclusiva, ya sea, por ejemplo, sobre la marca o sobre la patente. En tal sentido, ha señalado la doctrina que "quien resulta protegido por las normas de la propiedad industrial, o sea el titular del derecho, posee, con prescindencia de cualquier otra persona, el privilegio de explotar lo amparado, pudiendo en consecuencia oponerse a aquellas personas que de cualquier manera (por imitación o por otra vía) atenten contra su derecho"[3]. De ahí que, a lo largo de la Decisión 486 del 2000, encontremos enunciados los diferentes comportamientos a los cuales se pueden oponer los titulares y que, por tanto, si se realizan, estos podrían acudir ante el juez a fin de hacer valer su derecho de exclusiva mediante la acción por infracción de derechos de propiedad industrial. Esto ocurre, por ejemplo, cuando un tercero no autorizado usa un signo similar o idéntico a una marca, causando riesgo de confusión entre los consumidores[4]; o cuando un tercero no autorizado fabrica productos protegidos por una patente[5], entre otras hipótesis.

De lo anterior se deriva que, por regla general, quien quiera explotar o usar en el comercio —entre otras situaciones— un derecho de propiedad industrial, sin ser el titular de aquel, debe de manera previa adquirir autorización por parte de su titular, lo que se materializa mediante la concesión de una licencia. Esto se refleja en la Decisión

---

[2] Sin embargo, existen otros derechos, como los nombres comerciales y las enseñas comerciales, que se adquieren con el uso y no con el registro.

[3] Jesús M. Carrillo Ballesteros y Francisco Morales Casas, *La propiedad industrial* (Bogotá: Temis, 1973), 70.

[4] Decisión 486 del 2000, art. 155, lit. d.

[5] Decisión 486 del 2000, art. 52, lit. a, i.

486 del 2000 en diversas normas, como el artículo 162, en el cual se establece que "el titular de una marca registrada o en trámite de registro podrá dar licencia a uno o más terceros para la explotación de la marca respectiva […]". En el mismo sentido, el artículo 57 señala que "El titular de una patente concedida o en trámite de concesión podrá dar licencia a uno o más terceros para la explotación de la invención respectiva", entre otras.

En línea con lo anterior, se destaca que el objetivo de la licencia no es otra cosa que conceder la posibilidad de explotar el derecho de propiedad industrial. De acuerdo con Manuel Botana, "En un sentido amplio puede definirse la licencia como el instituto jurídico por cuya virtud un tercero, sin adquirir la titularidad de la patente, es autorizado por el titular de la patente o por la administración para realizar actos de explotación del objeto de la patente"[6]. Por su parte, explica García Pérez que

Mediante la concesión de una licencia, el titular de una marca concede al licenciatario, dentro de los límites estipulados por las cláusulas del contrato de licencia, el derecho a utilizar esa marca para los fines que corresponden al ámbito del derecho exclusivo conferido por dicha marca, a saber, la utilización comercial de esta de conformidad con las funciones que le son propias.[7]

Es decir, lo que otorga el titular por medio de la licencia es la posibilidad de que el tercero haga uso del derecho en el tráfico del mercado mediante la identificación de productos o servicios, o que fabrique y comercialice el producto patentado, entre otras posibilidades.

En ese orden de ideas, mediante la licencia no se otorga a un tercero el derecho de excluir a otros, pues no es ese su objeto. Con la licencia se otorga simplemente la posibilidad de usar el derecho de propiedad industrial con fines de explotación. Por tanto, si el licenciatario no adquiere la facultad de excluir, es claro que no tiene legitimación dentro de la acción por infracción de derechos de propiedad industrial, cuyo

---

[6] Carlos Fernández-Novoa, José Manuel Otero Lastres y Manuel Botana Agra, *Manual de la propiedad industrial* (Madrid, Barcelona y Buenos Aires: Editorial Marcial Pons, 2009), 193.

[7] Rafael García Pérez, *El derecho de marcas de la UE en la jurisprudencia del Tribunal de Justicia* (Madrid: Editorial Wolters Kluwer, 2019), 586.

objetivo principal es precisamente hacer efectiva la facultad de excluir a terceros. En tal sentido, puede afirmarse, incluso, que cuando el licenciatario de un derecho de propiedad industrial se enfrenta a una situación en la que otra persona está haciendo uso no autorizado de aquel, su derecho de explotación no sufre menoscabo, pues el uso infractor no lo frustra de continuar empleándolo. De tal suerte que aquella facultad que se le otorgó mediante la licencia permanece incólume y por tanto nada tiene que reclamar el licenciatario ante la jurisdicción.

La Superintendencia de Industria y Comercio de Colombia[8] (sic), en ejercicio de facultades jurisdiccionales, ya ha tenido que dar respuesta a la problemática planteada. En un proceso, en el que se debatía sobre la posible infracción de una patente, profirió sentencia en la que afirmó que

> la legitimación para presentar este tipo de demandas, como la que aquí estamos tramitando, está radicada exclusivamente en cabeza de quien es el titular, porque así expresamente lo consagró el legislador comunitario y no abrió la posibilidad, en ninguna norma, para que otros interesados pudieran iniciar la acción, como por ejemplo podría hacerlo el licenciatario, quien podría ser un interesado. Sin embargo, el legislador comunitario nada dijo acerca de los licenciatarios y se limitó a hablar siempre del titular del derecho, no se menciona a nadie distinto.[9]

En el mismo sentido, el Tribunal Superior del Distrito Judicial de Bogotá, al resolver la apelación de un auto que negó el decreto de una medida cautelar, expresó en providencia del 11 de mayo del 2018 que "ciertamente le asiste razón al *a quo*, toda vez que según lo establecido en el artículo 238 de la Decisión 486 del 2000 de la Comunidad Andina, el titular del derecho presuntamente infringido es el único que puede entablar acción de protección a la propiedad industrial"[10]. Es decir, que tanto la autoridad colombiana especializada en estos asuntos, como quien

---

[8] Entidad con facultades jurisdiccionales para adelantar procesos de infracción de derechos de propiedad industrial conforme al artículo 24 del Código General del Proceso.

[9] Superintendencia de Industria y Comercio de Colombia, Sent. abr. 1/2019. Exp. 2017-340180.

[10] Tribunal Superior de Distrito Judicial de Bogotá, S. Decisión Civil, Auto may. 11/2018. Exp. 110013199-001-2017-90718-01.

actualmente es su superior jerárquico, han reconocido legitimación solo al titular del derecho de propiedad industrial, basándose para ello en el tenor literal del artículo 238 de la Decisión 486 del 2000, circunstancia que resulta acertada si tenemos en cuenta que se trata de una norma con redacción clara, a propósito de lo cual vale recordar a Alessandri Rodríguez, quien afirmó que "el pensamiento se exterioriza con palabras; si aquel se hace visible claramente en estas, debe estarse al tenor literal de la ley. Lo contrario equivaldría a suponer que el legislador no sabe manifestar sus ideas, que es incapaz de escoger las palabras reveladoras de su pensamiento; en resumen, que no sabe expresarse. Y esto es inconcebible en quien hace leyes"[11].

Ahora bien, el problema planteado no se supera otorgando al licenciatario la facultad expresa de iniciar la acción por infracción de derechos de propiedad industrial, pues las normas procesales no pueden ser modificadas por quienes intervienen en el proceso. Hernán Fabio López explica que, aceptando la división entre derecho público y derecho privado, "se tiene que el derecho procesal es derecho público, sus normas son de aquellas en las cuales el interés de la comunidad exige que se cumplan obligatoriamente como factor básico, esencial, que son del orden social"[12]. Así, dado que lo relativo a la legitimación es un aspecto que forma parte del derecho procesal y que las acciones por infracción de derechos de propiedad industrial que se tramiten en Colombia deben seguir las normas contempladas en el Código General del Proceso, resulta claro que el titular y el licenciatario no podrían pactar modificaciones a las normas sobre legitimación, pues, además, tal restricción aparece en el artículo 13 del mencionado Código, en donde se prescribe que "Las normas procesales son de orden público y, por consiguiente, de obligatorio cumplimiento, y en ningún caso podrán ser derogadas, modificadas o sustituidas por los funcionarios o particulares, salvo autorización expresa de la ley".

---

[11] Arturo Alessandri Rodríguez y Manuel Somarriva Undurraga, *Curso de derecho civil* (Santiago de Chile: Nascimiento, 1961), 133.

[12] Hernán Fabio López Blanco, *Código General del Proceso: Parte general* (Bogotá: Dupré, 2016), 73.

Todo lo cual lleva a afirmar que, en definitiva, el licenciatario no tiene legitimación dentro de la acción por infracción de derechos de propiedad industrial.

La legitimación del otrora titular

Tomando como punto de partida lo explicado en el apartado anterior, se hace posible plantear el siguiente interrogante: ¿Si el titular del derecho es víctima de una infracción, debido a ella sufre perjuicios, pero, por alguna razón, cuando presenta la demanda ya no ostenta el derecho que en su momento fue infringido[13], nos encontramos frente a una falta de legitimación?

Para responder a este planteamiento, recordemos que la acción por infracción de derechos de propiedad industrial permite la formulación de pretensiones de diversa índole. Afirma Lizarazu Montoya que "Dentro de las pretensiones, el demandante podrá solicitar la indemnización de daños y perjuicios que ocasionó la conducta, así como la adopción de medidas de protección que trata el artículo 241 de la Decisión 486 del 2000"[14]. De manera que es variado el catálogo de peticiones que el demandante puede incluir en su demanda.

Resulta natural pensar que la primera pretensión a plantear en estos asuntos es aquella encaminada al cese de la infracción, es decir, a detener el uso no autorizado del derecho y evitar su prolongación en el tiempo. De acuerdo con Cabedo Serna, "la acción de cesación persigue un doble objetivo: conseguir que cese la violación que se está produciendo y prohibir que la misma vuelva a producirse en un futuro"[15]. Y es natural, por cuanto el primer interés del titular debe ser el de

---

[13] Piénsese por ejemplo que el titular hizo una cesión del derecho o este fue cancelado por parte de la autoridad de registro, entre otras hipótesis.

[14] Rodolfo Lizarazu Montoya, *Manual de propiedad industrial* (Bogotá: Legis, 2014), 367.

[15] Llanos Cabedo Serna, "La acción de remoción en la legislación española de propiedad industrial", en *Problemática actual de la tutela civil ante la vulneración de la propiedad industrial e intelectual*, coordinado por Juan Antonio Moreno Martínez (Madrid: Dykinson, 2017), 19.

mantener incólume la exclusividad que le otorga el régimen de propiedad industrial.

Sin embargo, como antes se mencionó, la acción por infracción no es un mecanismo encaminado, únicamente, al cese de los comportamientos considerados infractores, pues existe un variado catálogo de pretensiones que se pueden formular. El artículo 241 de la Decisión 486 del 2000 muestra un listado no agotado de las diversas pretensiones que el demandante puede elevar ante el juez que conoce de la presunta infracción. Estas pueden plantearse como a bien lo tenga el demandante, ya que la norma señala que pueden pedirse "entre otras, una o más de las siguientes medidas", lo que significa que no es forzoso que solicite alguna específica de las que allí aparecen. Por tanto, la que elija dependerá de las circunstancias particulares del uso no autorizado, de la afectación que haya sufrido con ocasión de la infracción o, simplemente, de lo que al demandante le interese reclamar en la instancia judicial.

En consonancia con esta idea, no es obligatorio que en la demanda se incluya como pretensión aquella contenida en el literal a del artículo 241, esto es, la solicitud de cese de los comportamientos infractores; sin que esto signifique que tal pretensión no goce de importancia, pues, de hecho, posiblemente sea esa la pretensión principal en la mayoría de los casos. Sin embargo, pese a su importancia, lo cierto es que no es de obligatoria proposición y la decisión de plantearla en el proceso no le corresponde a nadie distinto que al demandante.

Ahora bien, aceptando la no obligatoriedad de la pretensión de cese y el carácter facultativo de la diversidad de pretensiones que pueden ser formuladas dentro del proceso, es posible afirmar que el demandante puede acudir a la jurisdicción a fin de reclamar *únicamente* la indemnización de los perjuicios causados con la infracción, siendo esta una posibilidad permitida también por el literal b del artículo 241, en el cual de forma expresa se permite al demandante solicitar "la indemnización de daños y perjuicios". Así, quien sea víctima de infracción de un derecho de propiedad industrial puede, si lo desea, solicitar al juez que se condene al infractor a indemnizar los perjuicios que haya causado, sin necesidad de solicitar que se ordene el cese de la infracción, aspecto que, aunque podría resultar inusual o, incluso, contraintuitivo, reviste importancia para lo que se afirmará continuación, ya que según esa argumentación se puede decir que quien fue titular de un derecho de propiedad industrial, también puede entablar la acción por infracción, aun cuando para el momento en que presente la demanda ya no ostente la titularidad.

En efecto, si no es forzoso solicitar el cese de la infracción y además es posible solicitar únicamente la indemnización de los perjuicios causados con ella, puede concluirse que tampoco es forzoso que quien presente la demanda sea el *actual* titular del derecho de propiedad industrial, pues bien podría ser presentada por aquella persona que fue titular en algún momento[16] y ya no lo es, pero que sufrió perjuicios como consecuencia de la infracción. Empero, para ello, será indispensable que la demanda se encuentre dirigida solo a solicitar la indemnización de los perjuicios causados durante la época en que el demandante fue titular del derecho.

En línea con esto último, vale agregar que el otrora titular no solo no puede formular pretensiones encaminadas a que se indemnicen perjuicios causados con la infracción durante periodos que no comprendan el de su titularidad, sino que tampoco le es posible formular otro tipo de pretensiones, como el cese de la infracción o el retiro de los circuitos comerciales de los productos infractores, puesto que, aunque pueda reclamar por las afectaciones causadas a su patrimonio durante el tiempo de titularidad, no ocurre lo mismo con las pretensiones de cese, si tenemos en cuenta que están reservadas para quien tiene la facultad de excluir a terceros de usos no autorizados; es decir, reservadas para quien es titular del derecho al momento de presentarse la demanda.

Infracciones de derechos de propiedad industrial: casos difíciles en materia de signos distintivos

En este apartado procederemos a estudiar tres situaciones distintas acerca de infracciones de derechos de propiedad industrial que, en mi opinión, son de difícil resolución, pues implican ir *más allá* de la simple

---

[16] Téngase en cuenta, además, que la norma no habla del titular *actual* sino del titular.

aplicación de las normas que contienen los diferentes comportamientos que dan lugar a la configuración de las infracciones[17].

Conflictos entre derechos de propiedad industrial

Bajo las normas de la Decisión 486 del 2000, por regla general, los derechos de propiedad industrial se adquieren con el registro, pues se trata de un sistema atributivo de derechos. Este es precisamente el caso de las marcas, sobre las cuales dispone el artículo 154 que "El derecho al uso exclusivo de una marca se adquirirá por el registro de la misma ante la respectiva oficina nacional competente". De acuerdo con lo que explica Breuer Moreno: "En el sistema atributivo no existen derechos de ninguna especie sobre la marca si no hay registro. Estando todas las marcas existentes, inscriptas en los archivos oficiales, le resulta fácil al Estado comprobar, antes de proceder a inscribir la nueva marca, si ella es confundible con las marcas anteriores y si reúne los requisitos de validez. De ahí el examen previo"[18].

Sin embargo, esta, como la mayoría de las reglas generales, tiene también su excepción. Se trata, para lo que aquí interesa, del nombre comercial. Este derecho de propiedad industrial consagrado en la Decisión 486 del 2000 es definido en el artículo 190 como "[…] cualquier signo que identifique a una actividad económica, a una empresa o a un establecimiento mercantil". Acerca de la forma de adquirirlo afirma Castro García que "El derecho sobre el signo nace con su uso, se perpetúa con el uso que de él hace la empresa y desaparece en el momento en que no se usa más o en el que desaparezca la empresa. Es decir que la vigencia del derecho está ligada a la explotación comercial de la empresa"[19]. En ese sentido, el derecho sobre los nombres comerciales, a diferencia de lo que ocurre con las marcas, no se adquiere mediante el registro que de

---

[17] Me refiero, entre otros, a los comportamientos que aparecen en los artículos 52 (aplicable a las patentes), 129 (aplicable a los diseños industriales), 155 (aplicable a las marcas), de la Decisión 486 del 2000.

[18] Pedro C. Breuer Moreno, *Tratado de marcas de fábrica y de comercio* (Buenos Aires: Obis, 1946), 197.

[19] Juan David Castro García, *La propiedad industrial* (Bogotá: Universidad Externado de Colombia, 2009), 228.

este se haga en la respectiva oficina de propiedad industrial, sino que se adquiere gracias al primer uso.

Esta dualidad en el sistema andino, sobre la forma de adquirir derechos de propiedad industrial, ha generado situaciones en las que el titular de una marca presenta demanda por el uso no autorizado de un signo distintivo similar al suyo, planteando así un conflicto aparentemente sencillo de resolver. Sin embargo, se convierte en un caso difícil cuando al ser contestada la demanda el presunto infractor afirma haber utilizado dicho signo con anterioridad al registro de la marca, y que por tanto es también titular de un derecho de propiedad industrial, en este caso, de un nombre comercial.

Este escenario sugiere un posible conflicto entre dos derechos de propiedad industrial que debe ser resuelto por el juez de infracción, quien tendrá que determinar si, pese a las circunstancias planteadas por el demandado, este es un infractor o no y por tanto debe soportar las consecuencias que eso supone.

Para resolver el planteamiento, recordemos que de acuerdo con el artículo 191 de la Decisión 486 del 2000 "el derecho exclusivo sobre un nombre comercial se adquiere por su primer uso en el comercio y termina cuando cesa el uso del nombre o cesan las actividades de la empresa o del establecimiento que lo usa". Lo que implica que este derecho no se encuentra sometido a una decisión previa de la oficina de registro de la propiedad industrial para su existencia y titularidad en cabeza de una persona específica, pues se adquiere por el ejercicio de una serie de comportamientos, especialmente por el *primero uso* que de él se haga en el comercio.

Asimismo, el Tribunal de Justicia de la Comunidad Andina (TJCA) ha señalado una serie de requisitos que son necesarios para que el primer uso en el comercio de un signo distintivo pueda alcanzar la categoría de nombre comercial. En interpretación prejudicial proferida en el proceso 20-IP-97 citó los siguientes: "*ser personal*, es decir que la utilización y el ejercicio de la actividad que protege, sea por parte de su propietario; *público*, cuando se ha exteriorizado, es decir, cuando ha salido de la órbita interna; *ostensible*, cuando puede ser advertido por cualquier transeúnte; y *continuo*, cuando se usa de manera ininterrumpida"[20].

---

[20] Tribunal de Justicia de la Comunidad Andina, Proceso 20-IP-97. Interpretación prejudicial, feb. 13/1998. Énfasis en el original.

Partiendo de lo dicho, si adquiere un derecho de propiedad industrial quien ha ejercido el primer uso de un signo distintivo en el comercio, en ciertas condiciones, mal haría el juez de infracción en considerar que el registro de una marca de manera posterior a ese uso convierte al empresario, que gracias a su trabajo ha adquirido un derecho, en un infractor. Incluso, vale destacar que otras normas de la Decisión Andina dejan ver que la situación que estamos resolviendo es indeseable y que no debería presentarse. Así lo demuestra el artículo 136 que prescribe que no se pueden registrar como marca signos cuyo uso en el comercio pueda afectar indebidamente el derecho de un tercero, en particular cuando "b) sean idénticos o se asemejen a un nombre comercial protegido, o, de ser el caso, a un rótulo o enseña, siempre que, dadas las circunstancias, su uso pudiera originar un riesgo de confusión o de asociación". Nótese que el mismo sistema tiene un mecanismo para evitar que exista simultáneamente un derecho sobre un nombre comercial y una marca, lo que se logra mediante la existencia de una causal de irregistrabilidad.

Pero, pese a ello, si al momento de solicitarse el registro de la marca, la autoridad de registro no advierte de ninguna forma la existencia previa del nombre comercial, es posible que el signo similar solicitado como marca sea finalmente registrado, abriendo así la puerta para que el juez de infracción tenga que enfrentarse luego al deber de resolver este difícil caso.

La SIC ha dado respuesta a casos como el planteado, precisando que el derecho sobre el nombre comercial prevalece sobre el derecho marcario. Al respecto ha afirmado que

> el sistema registral pretende evitar que existan en el mercado dos signos similares o idénticos y por ello no permite que se registre una marca si previamente existe un nombre comercial. Sin embargo, si las circunstancias han llevado a que en todo caso la marca se registre, por ejemplo, por falta de oposición del titular del nombre comercial, el resto de la Decisión Andina permite corregir esa situación, haciendo prevalecer el derecho que tiene quien ha hecho el primer uso.[21]

---

[21] Superintendencia de Industria y Comercio de Colombia, Sent. jul. 28/ 2016. Exp. 2015-140485.

De tal suerte que la problemática planteada se resuelve descartando que el titular del nombre comercial incurra en infracción si su signo es similar o idéntico a una marca que fue registrada de manera posterior al primer uso, pues nada se le puede reprochar si la ley le ha conferido un derecho por ese primer uso del signo distintivo, que además ha explotado y posicionado a lo largo del tiempo y a la vista de todos. Es decir que, aunque el normal análisis del caso nos arrojaría que el demandado se encuentra haciendo uso no autorizado de un signo similar o idéntico a una marca, lo cierto es que este no sería responsable de cometer una infracción, pues ese aparente uso ilegítimo se encontraría amparado por el hecho de ser titular, también, de un derecho de propiedad industrial.

Para finalizar este punto vale agregar que, aunque la tesis expuesta pone fin al proceso y permite que se dicte una sentencia de fondo, es posible que el conflicto continúe vivo, pues después del trámite judicial el titular del nombre comercial y el titular de la marca van a continuar, ambos, con sus derechos plenamente vigentes, lo que genera un problema en la práctica que supera el ámbito jurisdiccional de la infracción. Esto último debido a que el juez que conoce de la acción por infracción de derechos de propiedad industrial no tiene competencia para pronunciarse acerca de la validez del registro marcario concedido de manera posterior a la existencia de un nombre comercial cuyo titular no formuló oposición en el trámite de concesión de la marca.

El uso en la razón social de signos distintivos registrados: ¿uso infractor?

El artículo 155 de la Decisión 486 consagra los diversos comportamientos que puede impedir, a terceros, el titular de una marca. Uno de los comportamientos de frecuente ocurrencia es el consagrado en el literal d, que señala que

El registro de una marca confiere a su titular el derecho de impedir a cualquier tercero realizar, sin su consentimiento, los siguientes actos: [...] *d) usar en el comercio* un signo idéntico o similar a la marca respecto de cualesquiera productos o servicios, cuando tal uso pudiese causar confusión o un riesgo de asociación con el titular del registro. Tratándose del uso de un signo idéntico para productos o servicios idénticos se presumirá que existe riesgo de confusión.[22]

Es posible que la mayoría de los casos se fundamente en esta prohibición debido a que la presencia de los infractores, por lo general, se advierte cuando ya estos se encuentran comercializando sus productos o sus servicios en el mercado y no antes.

Nótese que uno de los elementos que dan lugar a que se configure la infracción es el *uso en el comercio* de un signo similar o idéntico a la marca. Esto pone límites al derecho del titular, por cuanto no a todos los usos se puede oponer, a la luz de la norma mencionada, sino solamente a aquellos que tengan lugar en el escenario del comercio. Lo anterior plantea la dificultad de determinar si el uso de una expresión similar o idéntica a un signo registrado, en la razón social, da lugar a que se configure una infracción en los términos del literal ya citado.

Peña Nossa señala la necesidad de diferenciar el nombre comercial del nombre social. En relación con este último explica que

> [...] es un atributo que se encarga de identificar a la persona jurídica y de individualizar al comerciante como sujeto de derechos y obligaciones y, por esta razón, dentro del mismo encontramos la denominación o razón social. [...] el nombre social es un atributo de la personalidad que se registra ante la Cámara de Comercio; [...] el derecho en el nombre social surgirá de la escritura de constitución de la sociedad.[23]

Observemos que la razón social básicamente corresponde al nombre de la persona jurídica. Es aquel que aparece registrado ante la Cámara de Comercio. Si lo dijéramos de manera coloquial, hablaríamos del nombre de pila de la sociedad.

Más allá de esta definición, es importante tener en cuenta que es un deber de los comerciantes matricularse en el registro mercantil (C. Co., art.19, num. 1), en el cual aparecerá su razón social. Al respecto, señala Castro de Cifuentes que

---

[22] Énfasis propio.

[23] Lissandro Peña Nossa, *De las sociedades comerciales* (Bogotá: Ecoe, 2014), 27-28.

Los comerciantes, tanto personas físicas como jurídicas, deben incorporar en el registro mercantil que llevan las cámaras de comercio los datos concernientes a su persona y a los bienes que hayan organizado para el desarrollo de su actividad mercantil. Esta información es útil para toda la colectividad empresarial, que puede, para los fines lícitos de sus negocios, conocer quiénes son los actores del mercado en los distintos ramos de la economía.[24]

Pese a la existencia de este deber, y al igual que ocurre con los nombres de pila —siendo, de nuevo, coloquiales—, no es obligatorio para el empresario que la razón social con la que aparece registrado coincida con las expresiones que externamente utiliza para hacerse conocer en el escenario en el que ocurre la interacción entre la oferta y la demanda. En otras palabras, la razón social no debe coincidir necesariamente con los signos distintivos.

Lo anterior por dos razones principales: la primera de ellas es que el Código de Comercio no impone esa coincidencia como deber, y la segunda, porque las normas de propiedad industrial tampoco lo hacen. De hecho, la misma Decisión 486 prevé de forma expresa, en su artículo 190, que

una empresa o establecimiento podrá tener más de un nombre comercial. Puede constituir nombre comercial de una empresa o establecimiento, entre otros, su denominación social, razón social u otra designación inscrita en un registro de personas o sociedades mercantiles. Los nombres comerciales son independientes de las denominaciones o razones sociales de las personas jurídicas, pudiendo ambas coexistir.

Lo que deja claro que es facultativo usar la razón social como signo distintivo, aspecto que dependerá únicamente de la decisión que tome el empresario.

A partir de esta idea, en el desarrollo de un proceso judicial por infracción de derechos de propiedad industrial, a fin de acreditar el *uso en el comercio* de un signo idéntico o similar a una marca, no resulta

---

[24] Marcela Castro de Cifuentes, *Derecho comercial: Actos de comercio, empresas, comerciantes y empresarios* (Bogotá: Uniandes y Temis, 2010), 174.

suficiente allegar al juez los documentos que den cuenta del registro hecho por el presunto infractor ante la Cámara de Comercio, pues estos solamente conducirán a que el funcionario conozca la razón social de la parte demandada, pero no le permitirán determinar cómo se denomina el presunto infractor en el tráfico comercial, esto es, en el escenario del mercado.

Sobre el punto, ha explicado el TJCA que

> [...] al ser el comercio una actividad, es un conjunto de operaciones o tareas sistemáticamente ordenadas, que van a permitir la comercialización de un bien o servicio, que no es otra cosa que mover los bienes en el espacio y en el tiempo, del productor al consumidor. Por lo tanto, la expresión *usar* en el comercio se refiere a utilizar y disfrutar una marca o signo en cualquiera de los actos que configuran al comercio.[25]

Por su parte, expresa Metke Méndez que

> Una primera precisión que debe hacerse se refiere a la diferente manera de usar las marcas de productos y las marcas de servicios. Si bien su ámbito de protección es el mismo, por su propia naturaleza la forma de usarlas difiere. El uso de la marca de producto, en sentido estricto, tiene lugar cuando esta se aplica o se estampa al producto y este circula en el mercado. En cuanto a las marcas de servicios, por tratarse estos de actividades inmateriales y no de bienes tangibles, el uso de la marca siempre se hace de manera referencial en el momento que se ofrece o se presta el servicio de que se trate o bien cuando se promociona en publicidad [...] El uso infractor de la marca debe ser público, tener lugar en el tráfico económico y hacerse con fines comerciales.[26]

En otras palabras, el uso de una expresión en la razón social no se acomoda a lo que el literal d del artículo 155 denomina "usar en el comercio", pues lo que aparece en el respectivo registro mercantil

---

[25] Tribunal de Justicia de la Comunidad Andina, Proceso 80-IP-2014. Interpretación prejudicial, sep. 17/ 2014. Énfasis propio.

[26] Ricardo Metke Méndez, *Lecciones de propiedad industrial III* (Bogotá: Baker & McKenzie, 2006), 140-141.

corresponde a un uso que no trasciende del escenario meramente formal del registro y que no necesariamente va a coincidir con el uso de expresiones a título de signo distintivo, que son las que en realidad interesan en este tipo de procesos. Sobre esto último, no se pierda de vista que las normas de propiedad industrial también están orientadas a garantizar que los consumidores tengan claridad acerca del origen empresarial de aquello que adquieren, situación que no tiene lugar en escenarios de registro, sino en donde se produce el ofrecimiento y adquisición de bienes y servicios.

En suma, no debe confundirse el nombre del empresario en su registro mercantil, con el nombre del empresario en el tráfico comercial, aun cuando ellos puedan ser coincidentes. Según explica Antequera Parilli, es muy frecuente la confusión entre los conceptos de denominación o razón social y el de nombre comercial, frente a lo cual precisa que "la razón o denominación social constituye el medio de identificación de la empresa como persona jurídica y con la cual esta se desempeña como sujeto de derechos y obligaciones, según aparece en el registro correspondiente [...]"[27], mientras que el nombre comercial "es un medio identificador que distingue a un empresario en el ejercicio de su actividad comercial y que le permite diferenciarse, frente a los consumidores, de las actividades idénticas o similares que desarrollen sus competidores"[28]. Aspecto que no es menor, puesto que corresponde a uno de los elementos necesarios para que se pueda hablar de infracción.

Para finalizar, siguiendo la argumentación propuesta, a fin de demostrar la comisión de la infracción, el demandante debe llevar al proceso aquellas pruebas que le permitan al juez verificar la forma en que el presunto infractor se identifica en el mercado. Este objetivo se puede cumplir, verbigracia, con fotos o videos de sus establecimientos físicos, de sus medios publicitarios, de su página web, entre otras. Téngase en cuenta que, al menos en Colombia, el demandante cuenta con libertad probatoria y, en consecuencia, puede valerse de los diferentes medios de prueba que facilita el Código General del Proceso.

---

[27] Ricardo Antequera Parilli, *Estudios de derecho industrial y derechos de autor* (Bogotá: Temis, 2009), 347.

[28] *Ibid.*, 348.

Infracciones de marcas que contienen elementos
descriptivos, genéricos o de uso común

Para que un signo pueda ser registrado como marca, debe reunir varios
requisitos que aparecen consagrados en la Decisión 486 del 2000. Para
lo que aquí interesa, conforme al artículo 135, un signo no puede ser registrado como marca cuando es descriptivo, cuando es genérico o cuando
consiste en una designación común o usual del producto o del servicio.

Acerca de la prohibición de registrar signos descriptivos, explica Fernández-Novoa que esta se asienta sobre un doble fundamento:

> por un lado, en la falta de carácter distintivo de los signos descriptivos:
> porque lejos de denotar el origen empresarial de los productos o servi-
> cios, los signos descriptivos proporcionan el público información acerca
> de las propiedades y características de los pertinentes productos y servi-
> cios. La prohibición analizada se apoya, por otro lado, en la necesidad
> de mantener libremente disponibles los signos descriptivos a fin de que
> puedan ser utilizados por todos los empresarios que operan en el corres-
> pondiente sector del mercado. Este segundo fundamento se entronca con
> las exigencias del propio sistema competitivo.[29]

Por su parte, en lo que respecta a los signos genéricos, señala Pachón
Muñoz que

> En el derecho marcario, las denominaciones genéricas son las que con
> anterioridad a la fecha de solicitud de la marca designan el género de
> productos o servicios al que pertenece el producto o el servicio o una
> especie a que corresponde el producto o el servicio. La denominación
> genérica, como lo señalaba don Miguel Antonio Caro, "siendo común
> a muchos, no pertenece a nadie"; por lo cual constituye una violación a
> los derechos que pertenecen a la comunidad, el otorgar a una persona
> un derecho exclusivo sobre el signo.[30]

---

[29] Carlos Fernández-Novoa, *Tratado sobre derecho de marcas* (Madrid: Marcial
Pons, 2004), 186.

[30] Manuel Pachón Muñoz, *Manual de propiedad industrial* (Bogotá: Temis, 1984),
102.

Finalmente, acerca de las designaciones de uso común, afirman Bertone y Cabanellas que "El supuesto de caída de un signo en el uso general se da cuando —aun sin ser descriptivo— se ha tornado en la designación usual del producto o servicio a distinguir. Caen así estos signos en el dominio público, y por ende su apropiación por un individuo es imposible"[31].

Pese a estas prohibiciones es posible registrar signos que contengan partículas, en principio, no registrables. Al respecto ha explicado el TJCA que

> Al conformar una marca su creador puede valerse de toda clase de elementos como: palabras, prefijos o sufijos, raíces o terminaciones, que individualmente consideradas pueden estimarse como expresiones descriptivas, genéricas o de uso común, por lo que no pueden ser objeto de monopolio o dominio absoluto por persona alguna. [...] Al momento de realizar el correspondiente examen de registrabilidad no deben tomarse en cuenta los elementos genéricos a efectos de determinar si existe confusión; esta es una excepción al principio de que el cotejo de las marcas debe realizarse atendiendo a una simple visión de los signos que se enfrentan. En el caso de los elementos genéricos, la distintividad se busca en el elemento diferente que integra el signo.[32]

Además, ha expresado que "si bien la norma transcrita prohíbe el registro de signos conformados exclusivamente por designaciones comunes o usuales, las palabras o partículas de uso común al estar combinadas con otras pueden generar signos completamente distintivos, caso en el cual se puede proceder a su registro"[33]. En esta misma interpretación prejudicial se señaló que "la norma transcrita prohíbe el registro de signos que sean designaciones o indicaciones descriptivas. Sin embargo, los signos compuestos, formados por uno o más vocablos descriptivos,

---

[31] Luis Eduardo Bertone y Guillermo Cabanellas de las Cuevas, *Derecho de marcas. Tomo I: Marcas, designaciones y nombres comerciales* (Buenos Aires: Heliasta, 1989), 361-362.

[32] Tribunal de Justicia de la Comunidad Andina, Proceso 016-IP-2012. Interpretación prejudicial, may. 10/2012.

[33] Tribunal de Justicia de la Comunidad Andina, Proceso 29-IP-2013. Interpretación prejudicial, abr. 25/2013.

tienen la posibilidad de ser registrados siempre que formen un conjunto marcario suficientemente distintivo"[34]. Sobre esta base encontramos que, aunque no sea posible obtener el registro de signos genéricos, de uso común, o descriptivos, sí es posible que logren incluirse en una marca, siempre y cuando se acompañen de otros elementos que permitan que el signo en su conjunto adquiera carácter distintivo.

En este contexto, los casos difíciles surgen a la hora de determinar la infracción de una marca en la que aparecen registradas partículas descriptivas, genéricas o de uso común, ya que no hacer de manera correcta el análisis podría llevar a otorgar derechos de exclusiva sobre elementos que son inapropiables.

Para resolver el planteamiento, debemos traer a colación el concepto de *marca débil*. Bertone y Cabanellas, refiriéndose a este tema, explican lo siguiente: "Acabamos de ver que, en general, mientras más se aproxime un signo marcario al signo de utilización libre, menor fuerza tendrá para impedir que otros hagan lo propio, es decir, escojan signos vecinos también al de libre uso, y en consecuencia también parecidos a la marca de referencia"[35]. A esto agregan que "la presencia de una locución genérica no monopolizable resta fuerza al conjunto en que aparece; nadie, en efecto, puede monopolizar una raíz genérica, debiendo tolerar que otras marcas la incluyan, aunque podrán exigir que las desinencias u otros componentes del conjunto marcario sirvan para distinguirlo claramente del otro"[36]. Es así como una marca puede ser considerada débil por cuenta de los elementos que la componen, ya que, si en ella aparecen partículas que son en sí mismas inapropiables, como ocurre con las partículas genéricas, las descriptivas y las de uso común, tales elementos, al no ser susceptibles de exclusividad, deben estar disponibles para que cualquier otra persona los utilice, afectándose de esta forma la fuerza distintiva de la marca y tornándola, entonces, en una marca débil, cuya protección judicial, en el ámbito de la infracción, también lo será.

Como bien lo explica Otamendi

---

[34] *Ibid.*

[35] Luis Eduardo Bertone y Guillermo Cabanellas de las Cuevas, *Derecho de marcas. Tomo II: Marcas, designaciones y nombres comerciales* (Buenos Aires: Heliasta, 1989), 79.

[36] *Ibidem.*

Una partícula de uso común no puede ser monopolizada por persona alguna, es de libre empleo y no puede invocarse privilegio sobre ella. El titular de una marca que contenga una partícula de uso común no puede impedir su inclusión en marcas de terceros, y fundar en esa sola circunstancia la existencia de confundibilidad, ya que entonces se estaría otorgando al oponente un privilegio inusitado sobre una raíz de uso general o necesario. Esto necesariamente tendrá efectos sobre el criterio que se aplique en el cotejo. Y por ello se ha dicho que esos elementos de uso común son marcariamente débiles y que los cotejos entre marcas que los contengan deben ser efectuados con criterio benevolente. El elemento de uso común, por todo lo dicho, pierde relevancia a los efectos del cotejo [...].[37]

Siguiendo esta idea, el titular de una marca de aquellas que se consideran débiles, si bien puede demandar cuando sea infringida por un tercero, lo cierto es que debe ser cuidadoso acerca de la forma como plantea la comisión de la infracción. Lo anterior, en el sentido que la reclamación ante el juez no puede versar exclusivamente sobre el uso no autorizado de las partículas genéricas, descriptivas o de uso común incluidas en la marca débil, pues sobre ellas no versa ninguna exclusividad al ser inapropiables.

Al resolver un caso en el que se presentó la situación propuesta, la SIC señaló:

Pues bien, rememoremos, que la expresión "Srs Airbag" incluida en la marca [...] es débil, pues está integrada por un elemento que tiene un carácter genérico o de uso común, tal como antes se explicó. Por esta circunstancia, la expresión "Srs Airbag" contenida en la marca, no es susceptible de apropiación exclusiva, y por ello el señor [...] no puede fundamentar la existencia de confusión, y por tanto su acción de infracción, en los términos del artículo 155, simplemente en el hecho de que se use una expresión igual a ese elemento genérico, pues de ser así, se le

---

[37] Jorge Otamendi, *Derecho de marcas* (Buenos Aires: Abeledo-Perrot, 1995), 208.

estaría otorgando exclusividad sobre una expresión cuyo uso debe estar permitido en el sector automotriz.[38]

Así las cosas, el juez que conoce de la infracción de una marca débil, lo primero que debe hacer es identificar cuáles son los elementos genéricos, descriptivos o de uso común contenidos en la marca. Hecho esto, debe excluirlos del cotejo, en tanto sobre ellos no versa exclusividad alguna. Agotado este ejercicio, puede procederse, ahora sí, a estudiar la infracción, considerando para ello los elementos que tienen carácter distintivo.

LOS PERJUICIOS DERIVADOS DE LAS INFRACCIONES DE DERECHOS DE PROPIEDAD INDUSTRIAL[39]

Un tema de gran importancia y que ha generado literatura en diversos sentidos es el relacionado con la indemnización de los perjuicios que se causan cuando se infringe un derecho de propiedad industrial, en especial en lo que respecta a la necesidad de probarlos y la dificultad de hacerlo. Afirma Fernández-Novoa que "[...] el ejercicio de las acciones de indemnización de los daños y perjuicios causados por el infractor de la marca ha venido tropezando tradicionalmente con dificultades probatorias"[40]. Por su parte, Moreno Martínez señala que

Ante la especial vulnerabilidad de los bienes inmateriales, la articulación de los correspondientes mecanismos de protección se erige en un instrumento especialmente necesario en una sociedad desarrollada, dado que sin la efectividad de los mismos se debilita claramente la innovación y

---

[38] Superintendencia de Industria y Comercio de Colombia, Sent. sep. 6/ 2016. Exp. 2015-254462.

[39] Sobre este tema se puede consultar el artículo escrito por este mismo autor, "Indemnización de daños causados con la infracción de derechos de propiedad industrial: Un sistema que escapa de la tradición", *Revista La Propiedad Inmaterial* 23, (2017): 47-68. En este capítulo se hace, en cierta medida, una actualización de dicho artículo, teniendo en cuenta que posterior a su publicación la Superintendencia de Industria y Comercio profirió una sentencia en la que separó los conceptos de *daño* y *perjuicio*.

[40] Fernández-Novoa, Otero Lastres y Botana Agra, *Manual de la propiedad*, 678.

creación. Pues bien, partiendo de tales premisas, y ante las indudables dificultades probatorias que para el titular del derecho representa la demostración de la pérdida de ganancias ante cualquier infracción de su derecho, debe saberse que la jurisprudencia alemana a finales del siglo XIX ideó ciertos mecanismos para contrarrestar la problemática generada.[41]

Otamendi, al hablar de los diferentes daños que se pueden sufrir con ocasión de una infracción explica que,

es verdad que en la mayoría de los casos es imposible probar que las ventas del producto original disminuyeron o que estas dejaron de aumentar por causa de la aparición en el mercado del producto o servicio con marca en infracción, tampoco habrá siempre prueba concluyente sobre que de no haber sido por el uso de la marca en infracción el vendedor ilegal no hubiera vendido lo que vendió.[42]

Nótese cómo distintos autores han puesto de presente la dificultad que existe a la hora de demostrar, en el escenario judicial, los perjuicios que se derivan de la infracción a los derechos de propiedad industrial, lo que trae como consecuencia que los titulares se vean frustrados de obtener una indemnización.

Esta es una legítima preocupación, pues la dificultad de demostrar el perjuicio que se sufre con la infracción de bienes inmateriales, derivada posiblemente de esa naturaleza inmaterial, no debería ser la razón para que los titulares vean frustrada su indemnización y que, de paso, los infractores queden, en cierta medida, impunes, pese al provecho que seguramente lograron con el uso no autorizado de un derecho de propiedad industrial.

Pero esta preocupación, aunque válida, ¿justifica sostener que, de la sola infracción se derive la existencia de un perjuicio, como si fuera inherente a ella, o como si se tratara de una especie de presunción de su

---

[41] Juan Antonio Moreno Martínez, "La evaluación de la indemnización ante la infracción de los derechos de propiedad industrial e intelectual: Últimas tendencias legislativas y problemática actual", en *Problemática actual de la tutela civil ante la vulneración de la propiedad industrial e intelectual*, coordinado por Juan Antonio Moreno Martínez (Madrid: Dykinson, 2017), 165-166.

[42] Otamendi, *Derecho de marcas*, 326-327.

existencia? La respuesta a esta pregunta, desde mi óptica, debe ser que no, pues a la luz de las normas procesales y sustanciales, aplicables a estos casos, no es posible establecer que es inherente a la infracción la causación de un perjuicio, ni que exista una presunción que releve al titular de demostrarlo, como ahora pasará a explicarse.

Lo primero que debemos tener en cuenta, es que no debe confundirse la infracción del derecho con las consecuencias derivada de esa infracción. Son varios los artículos de la Decisión 486 del 2000 que señalan los comportamientos a los que se pueden oponer los titulares de derechos de propiedad industrial[43]. Entre otros, el artículo 155 prohíbe comercializar, sin autorización, productos o servicios haciendo uso de un signo similar o idéntico a una marca registrada (lit. d). Por su parte, el artículo 129 prohíbe utilizar comercialmente productos que incorporen o reproduzcan un diseño industrial. Quien realice estas conductas habrá infringido el respectivo derecho de propiedad industrial.

Sin embargo, el hecho de ejecutar alguna de las conductas infractoras no va a causar, indefectiblemente, una consecuencia negativa sobre el titular del derecho de propiedad industrial. Por supuesto, no puede desconocerse que existe la probabilidad de que esa consecuencia negativa se produzca, pero también hay que aceptar que la probabilidad de que no ocurra también existe. Pensemos, por ejemplo, que un consumidor adquiere un reloj, al parecer, de una prestigiosa marca, pero que en realidad se trata de una versión que no corresponde a la original. Este consumidor no tiene conocimiento de la situación y por ello adquiere el producto, pues lo encontró a un precio que le pareció asequible. Frente a esto, cabe preguntarnos: si este consumidor hubiera encontrado el reloj legítimamente marcado, el cual tiene un precio que supera diez veces el que pagó, ¿de todas formas lo hubiera adquirido? Es posible que no, y si eso es así, no podríamos afirmar con vehemencia que el titular de esta prestigiosa marca de relojes sufrió un lucro cesante. O pensemos en un caso en el que el titular de una marca de lubricantes reconocida a nivel mundial encuentra que en un pequeño taller ubicado en el centro de un pequeño municipio de Colombia se ha hecho uso no autorizado de sus marcas durante un par de meses. ¿Será que este uso no

---

[43] Al respecto véanse, entre otros, los artículos 52, 99, 129, 155, 192 de la Decisión 486 del 2000.

autorizado, durante un corto tiempo, tendría la capacidad de lograr que el intangible pierda valor económico? No necesariamente, ya que con tan baja magnitud de la infracción y con tan corta duración, es posible que no se haya logrado afectar el valor que tiene una marca de reconocimiento mundial. De tal suerte que, la infracción no siempre va a traer consigo una consecuencia negativa para el titular.

Este escenario impone al demandante la necesidad de demostrar al juez, de un lado, que su derecho de propiedad industrial fue infringido, debido a su uso o explotación no autorizado; del otro, en caso de querer reclamar el reconocimiento de una indemnización, que como consecuencia de la infracción se causó un perjuicio. Esto último en tanto que, como la infracción no necesariamente genera consecuencias negativas, no basta entonces probar que se cometió la infracción para hacerse acreedor a una indemnización, y en esa medida, el éxito para obtenerla dependerá de su demostración dentro del proceso.

Lo dicho incluso encuentra respaldo en el TJCA. Este organismo, refiriéndose al artículo 243 de la Decisión 486 del 2000, afirmó que

> El mencionado artículo establece criterios no exhaustivos que deberán tomarse en cuenta para el cálculo de la indemnización de los daños y perjuicios sufridos, cuya existencia haya sido oportunamente probada en el curso del proceso por el actor. Este deberá aportar igualmente la cuantía de los daños y perjuicios en referencia o, al menos, las bases para fijarla [...] Se entiende que será indemnizable el daño que, sufrido por el titular, se encuentre causalmente enlazado con la conducta del infractor.[44]

Notemos que el Tribunal mantiene claridad sobre la diferencia entre la infracción y las consecuencias que de ella se derivan, no en vano asegura que solamente se indemnizará el daño sufrido por el titular, si este tiene relación de causalidad con la conducta infractora, imponiendo además la obligación de demostrarlo.

Algunos doctrinantes, como Rengifo García, han sostenido una tesis distinta. Según este autor

---

[44] Tribunal de Justicia de la Comunidad Andina, Proceso 377-IP-2018. Interpretación prejudicial, feb. 26/2019.

[…] la infracción del derecho de propiedad intelectual es la causa del fenómeno indemnizatorio. La violación del derecho de propiedad intelectual constituye el perjuicio mismo, dado que la lesión jurídica consiste en el ejercicio indebido de un derecho que pertenece en forma exclusiva al titular, a quien le interesa determinar la oportunidad y el modo en que va a explotar su derecho de manera individual o autorizando su explotación por otro u otros.[45]

Esta postura, aunque de cierta forma soluciona la preocupación asociada a la dificultad de demostrar los perjuicios en este tipo de procesos, no resulta apropiada si tenemos en cuenta la precisión hecha en líneas anteriores acerca de la diferencia entre la infracción y las consecuencias derivadas de ella.

La autoridad colombiana especializada en estos asuntos no ha sido ajena a la problemática de los perjuicios. Ello se muestra en la tesis que actualmente sostiene y que ha sido producto de un proceso evolutivo que se ha estado consolidando desde el momento en que el legislador le concedió facultades jurisdiccionales en lo relativo a las acciones por infracción. Tal evolución puede ser estudiada en las distintas sentencias proferidas por la Delegatura para Asuntos Jurisdiccionales de la SIC, aunque fue sintetizada en la Sentencia 1600 del 27 de diciembre del 2018.

Lo primero que se debe destacar de esta providencia es la separación que se hizo de los conceptos de *daño* y de *perjuicio*. Acerca del primero, explicó la entidad que "en esta materia el daño se ve materializado en la infracción del derecho de propiedad industrial, esto es, en la vulneración de las prerrogativas exclusivas que ostenta el titular. Lo anterior en tanto que el uso no autorizado constituye una afrenta a la exclusividad que confieren las normas contenidas en la Decisión 486 del 2000"[46]. En lo que respecta al segundo, precisó que,

> En materia de infracción de derechos de propiedad industrial, el perjuicio corresponde a la consecuencia derivada de la infracción, el cual, para

[45] Ernesto Rengifo García y Luis Carlos Pombo, *Valuación de activos intangibles de propiedad intelectual: Fundamentos económicos, jurídicos, financieros y contables* (Bogotá: Universidad Externado de Colombia, 2015), 221.

[46] Superintendencia de Industria y Comercio de Colombia, Sent. 1600, dic. 27/2018. Exp. 2016-185373.

que sea indemnizable, debe ser demostrado dentro del respectivo proceso, pues es esa la carga de quien lo alega conforme al art. 167 C. G. P. y porque en materia de propiedad industrial ninguna norma establece una presunción que avale la posibilidad de relevarse de tal prueba.[47]

Desde esta postura, la autoridad mantiene separada la infracción del derecho, de las consecuencias que se derivan de esa infracción, frente a lo cual enfatiza en la necesidad de su demostración, debido a la inexistencia de presunciones y al deber que les asiste a las partes de demostrar el supuesto de hecho de aquello que reclaman.

El segundo aspecto por destacar de esta providencia tiene que ver con las tipologías de perjuicio indemnizables en asuntos de infracción a la propiedad industrial. Para hacerlo, la entidad explicó los criterios contenidos en el artículo 243 de la Decisión 486 del 2000[48], frente a lo cual precisó que

el primero de ellos hace referencia al daño emergente y al lucro cesante, lo que permite concluir que cuando la norma utiliza la palabra "criterios" está haciendo referencia en realidad a "tipologías de perjuicios", pues es evidente que ni el daño emergente ni el lucro cesante son una cosa distinta a ello […]. Partiendo de esa idea, se compadece con la lógica concluir que los demás "criterios" contenidos en los literales b y c, también corresponden, en realidad, a tipologías de perjuicio como ocurre con el literal a, pues entenderlos de forma distinta restaría sentido a un listado que, al tener un encabezado común, debería corresponder a lo mismo. Por tanto, los beneficios obtenidos por el infractor, así como el valor de una licencia hipotética, son en sí mismos perjuicios indemnizables en asuntos de especial relevancia como los que tienen que ver con la protección de la propiedad industrial, los cuales, aunque resultan disímiles a los que ordinariamente se conocen, lo cierto es que el legislador fue quien estableció estas especiales categorías.[49]

---

[47] Superintendencia de Industria y Comercio de Colombia, Sent. 1600.

[48] En el artículo de mi autoría, "Indemnización de daños", puede leerse sobre la problemática que causa la redacción del artículo 243 de la Decisión 486 del 2000.

[49] Superintendencia de Industria y Comercio de Colombia, Sent. 1600.

De esta forma, quedó explicado que en materia de propiedad industrial existen unas tipologías especiales de perjuicios, establecidas por el
legislador comunitario, que son indemnizables solo en este tipo de procesos. Sobre dichas tipologías, ya otros autores, como el profesor Massaguer, habían explicado que

> la acción de daños en materia de propiedad industrial acoge un concep-
> to normativo o abstracto de daño, que se justifica materialmente por el
> entendimiento de que esta acción es un medio para la defensa de la inte-
> gridad del derecho de propiedad industrial infringido. Bajo este aspecto,
> beneficio obtenido por el infractor y precio de la licencia hipotética ex-
> presan un daño que, más allá de las consideraciones de orden práctico
> que han llevado a su reconocimiento, no resulta de la naturaleza de las
> cosas, sino de la decisión del legislador de concretar en ellos el valor
> objetivo de la lesión del derecho de propiedad industrial experimentada
> por su titular y que debe compensar el infractor, con independencia del
> impacto real que tuviere sobre el patrimonio del titular.[50]

Si pensamos de manera detenida en estas categorías especiales de
perjuicios, podemos concluir que facilitan la obtención de la indemnización al titular del derecho infringido. En efecto, probablemente no
sea fácil demostrar, en un caso de infracción de una marca destinada a
identificar chocolates, cuántas y cuáles personas compraron el producto
infractor bajo el errado entendimiento de estar adquiriendo el chocola-
te legítimamente marcado. Esta dificultad proviene, entre otras, de la
imposibilidad de identificar a cada uno de los compradores para poder
llevarlos a declarar en el proceso, y por esa vía establecer el lucro cesante sufrido por el titular de la marca. Por el contrario, resultará más
sencillo demostrar que el hecho de que el infractor haya comercializado los productos con un signo similar o idéntico a la marca registrada
le generó un beneficio a este, cualquiera que sea, independientemente
de su magnitud, ya que con la sola obtención del beneficio se entiende
configurado el perjuicio (art. 243, lit. b). Frente a esto vale precisar que,

---

[50] José Massaguer, "La acción de daños en materia de propiedad industrial", en *Liber amicorum: Juan Luis Iglesias*, coordinador por Javier García de Enterría (Madrid:
Arazandi, 2014), 745.

bajo esta tipología, el beneficio obtenido por el infractor no debe ser equivalente a la disminución de los beneficios del titular, pues, de entenderse así, estaríamos indemnizando bajo la modalidad de lucro cesante (art. 243, lit. a), cuando lo cierto es que la indemnización que se logra mediante el literal b corresponde a un perjuicio distinto, que se configura con la sola obtención de beneficios por parte del infractor. Lo propio ocurre con el literal c del artículo 243, en tanto que en este caso el perjuicio se entiende configurado con la sola demostración de la falta de obtención de una licencia por parte del demandado, caso en el cual el titular deberá recibir el monto correspondiente al precio que el infractor habría tenido que pagar por concepto de la licencia si la hubiera solicitado.

Notemos que, gracias a la existencia de estas tipologías de perjuicios, es posible superar la dificultad de lograr una indemnización en el marco de un proceso por infracción de derechos de propiedad industrial, siendo este un sistema que, además, está en perfecta armonía con el sistema procesal civil colombiano, en la medida que respeta la figura de la carga de la prueba y evita tener que debatir sobre la existencia de presunciones respecto de los perjuicios que se derivan de la infracción de derechos de propiedad industrial.

Para finalizar este punto, resta agregar que, una vez demostrado cualquiera de los perjuicios reconocidos en el artículo 243, o incluso otros distintos, el siguiente paso es su cuantificación. En Colombia, se cuenta con tres sistemas distintos encaminados a lograr este propósito.

El primero es el del *juramento estimatorio*, que aparece contemplado en el artículo 206 del Código General del Proceso, en el que se señala que "quien pretenda el reconocimiento de una indemnización, compensación o el pago de frutos o mejoras, deberá estimarlo razonadamente bajo juramento en la demanda o petición correspondiente, discriminando cada uno de sus conceptos. Dicho juramento hará prueba de su monto mientras su cuantía no sea objetada por la parte contraria dentro del traslado respectivo". En este caso, con el cumplimiento de los requisitos del artículo mencionado por parte del demandante, si su juramento no es objetado por el infractor, se entiende probada la *cuantía del perjuicio*. Por el contrario, si se objeta el juramento (segundo sistema), el demandante se verá obligado a demostrar la cuantía del perjuicio utilizando para ello los medios de prueba que le permite el Código General del Proceso.

Por último, el tercer sistema se encuentra en la Ley 1648 del 2013[51] y en el Decreto 1074[52] del 2015, en los cuales se establece un sistema de indemnizaciones preestablecidas, únicamente aplicable a la infracción de marcas. Bajo dicho sistema, al titular le basta expresar en su demanda que se acoge a él para quedar relevado de demostrar la *cuantía* del perjuicio. En tal caso, será el juez quien proceda a hacer la cuantificación sin establecerla en menos de tres salarios mínimos legales mensuales vigentes y sin sobrepasar, en ningún caso, los doscientos salarios mínimos por cada marca infringida. A fin de determinar la cuantía del perjuicio que otorgará como indemnización, el juez deberá analizar circunstancias como la duración de la infracción y su amplitud, entre otros.

Conclusiones

1. Los licenciatarios no cuentan con legitimación dentro de la acción por infracción de derechos de propiedad industrial, ni siquiera si el titular del derecho los habilita expresamente para demandar.
2. Quien fue titular de un derecho de propiedad industrial, pero no lo es al momento de presentar la demanda, tiene legitimación dentro de la acción por infracción, siempre y cuando esta se utilice para formular pretensión por los perjuicios causados durante el tiempo de titularidad.
3. La dualidad del sistema de propiedad industrial sobre la manera en que se adquieren este tipo de derechos genera la posibilidad de que, en un proceso judicial, el titular de una marca demande por presunta infracción a quien resulta ser titular de un nombre comercial, lo que se convierte en un caso difícil que se resuelve descartando que el titular del nombre comercial incurra en infracción.
4. No cualquier uso de una expresión similar o idéntica a una marca da lugar a la configuración de la infracción, pues para que así ocurra dicho uso debe ser realizado en el escenario del comercio,

---

[51] Art. 3.

[52] Arts. 2.2.2.21.1. y 2.2.2.21.2.

lo que descarta la comisión de infracciones por el simple uso que se haga en la razón social.

5. Es posible registrar marcas que contengan partículas genéricas, descriptivas o de uso común. Sin embargo, este tipo de signos se consideran débiles, lo que impactará a la hora de estudiar su posible infracción, pues para establecerla no se tendrán en cuenta dichas partículas, al no ser susceptibles de apropiación exclusiva.

6. En materia de perjuicios causados por la infracción de derechos de propiedad industrial debe diferenciarse la infracción (daño) de las consecuencias que de ella se derivan (perjuicio), siendo necesaria la demostración de ambas dentro del proceso, puesto que no existe ninguna presunción que releve al demandante de la carga de demostrarlas.

Referencias

Alessandri Rodríguez, Arturo y Manuel Somarriva Undurraga. *Curso de derecho civil*. Santiago de Chile: Nascimiento, 1961.

Antequera Parilli, Ricardo. *Estudios de derecho industrial y derechos de autor*. Bogotá: Temis, 2009.

Bertone, Luis Eduardo y Cabanellas de las Cuevas, Guillermo. *Derecho de marcas. Tomo I: Marcas, designaciones y nombres comerciales*. Buenos Aires: Heliasta, 1989.

Bertone, Luis Eduardo y Cabanellas de las Cuevas, Guillermo. *Derecho de marcas. Tomo II: Marcas, designaciones y nombres comerciales*. Buenos Aires: Heliasta, 1989.

Breuer Moreno, Pedro C. *Tratado de marcas de fábrica y de comercio*. Buenos Aires: Obis, 1946.

Cabedo Serna, Llanos. "La acción de remoción en la legislación española de propiedad industrial". En *Problemática actual de la tutela civil ante la vulneración de la propiedad industrial e intelectual*, coordinado por Juan Antonio Moreno Martínez, 13-54. Madrid: Dykinson, 2017.

Carrillo Ballesteros, Jesús M. y Francisco Morales Casas. *La propiedad industrial*. Bogotá: Temis, 1973.

Castro de Cifuentes, Marcela. *Derecho comercial: Actos de comercio, empresas, comerciantes y empresarios*. Bogotá: Ediciones Uniandes y Temis, 2010.

Castro García, Juan David. *La propiedad industrial.* Bogotá: Universidad Externado de Colombia, 2009.

Comisión de la Comunidad Andina. Decisión 486. Régimen Común sobre Propiedad Industrial (2000).

D. 1074/ 2015.

Fernández-Novoa, Carlos. *Tratado sobre derecho de marcas.* Madrid: Marcial Pons, 2004.

Fernández-Novoa, Carlos, José Manuel Otero Lastres y Manuel Botana Agra. *Manual de la propiedad industrial.* Madrid, Barcelona, Buenos Aires: Editorial Marcial Pons, 2009.

García Pérez, Rafael. *El derecho de marcas de la UE en la jurisprudencia del Tribunal de Justicia.* Madrid: Editorial Wolters Kluwer, 2019.

L. 1564/2012.

L. 1648/2013.

Lizarazu Montoya, Rodolfo. *Manual de propiedad industrial.* Bogotá: Legis, 2014.

López Blanco, Hernán Fabio. *Código General del Proceso: Parte general.* Bogotá: Dupré, 2016.

Massaguer, José. "La acción de daños en materia de propiedad industrial". En *Liber amicorum: Juan Luis Iglesias*, coordinador por Javier García de Enterría, 739-780. Madrid: Arazandi, 2014.

Metke Méndez, Ricardo. *Lecciones de propiedad industrial III.* Bogotá: Baker & McKenzie, 2006.

Moreno Martínez, Juan Antonio. "La evaluación de la indemnización ante la infracción de los derechos de propiedad industrial e intelectual: Últimas tendencias legislativas y problemática actual". En *Problemática actual de la tutela civil ante la vulneración de la propiedad industrial e intelectual*, coordinado por Juan Antonio Moreno Martínez, 165-166. Madrid: Dykinson, 2017.

Otamendi, Jorge. *Derecho de marcas.* Buenos Aires: Abeledo-Perrot, 1995.

Pachón Muñoz, Manuel. *Manual de propiedad industrial.* Bogotá: Temis, 1984.

Peña Nossa, Lissandro. *De las sociedades comerciales.* Bogotá: Ecoe, 2014.

Rengifo García, Ernesto y Luis Carlos Pombo. *Valuación de activos intangibles de propiedad intelectual: Fundamentos económicos, jurídicos, financieros y contables.* Bogotá: Universidad Externado de Colombia, 2015.

Sandoval Gutiérrez, J. F. "Indemnización de daños causados con la infracción de derechos de propiedad industrial: Un sistema que escapa de la tradición". *Revista La Propiedad Inmaterial* 23, (2017): 47-68.

Superintendencia de Industria y Comercio de Colombia. Sent. abr. 1/2019. Exp. 2017-340180.

Superintendencia de Industria y Comercio de Colombia. Sent. 1600, dic. 27/2018. Exp. 2016-185373.

Superintendencia de Industria y Comercio de Colombia. Sent. jul. 28/2016. Exp. 2015-140485.

Superintendencia de Industria y Comercio de Colombia. Sent. sep. 6/2016. Exp. 2015-254462.

Tribunal de Justicia de la Comunidad Andina. Proceso 20-IP-97. Interpretación prejudicial, feb. 13/1998.

Tribunal de Justicia de la Comunidad Andina. Proceso 016-IP-2012. Interpretación prejudicial, may. 10/2012.

Tribunal de Justicia de la Comunidad Andina. Proceso 29-IP-2013. Interpretación prejudicial, abr. 25/2013.

Tribunal de Justicia de la Comunidad Andina. Proceso 80-IP-2014. Interpretación prejudicial, sep. 17/2014.

Tribunal de Justicia de la Comunidad Andina. Proceso 377-IP-2018. Interpretación prejudicial, feb. 26/2019.

Tribunal Superior de Distrito Judicial de Bogotá, S. Decisión Civil, Auto may. 11/2018. Exp. 110013199-001-2017-90718-01.

Las acciones de protección de la propiedad industrial tutelan los derechos de los consumidores[*]

Xiomara Romero Carvajal
Juan Francisco Ortega Díaz

Introducción

Cuando se vulnera la propiedad industrial se analiza si dicha conducta viola, además, las normas de lealtad que deben gobernar la actividad mercantil. En caso positivo, se trata de evitar la competencia desleal (Ley 256 de 1996), para velar, en un principio, por el derecho de la libre empresa y la libertad de la competencia. Así las cosas, se reconoce que el "ámbito de derecho de propiedad industrial es muy concreto, mientras la competencia desleal abarca toda clase de actividad del mercado, pudiendo afirmarse que el derecho de propiedad industrial se encuentra en relación de especialidad respecto del derecho de concurrencia desleal"[1].

Una lectura del artículo 1.° de la Ley 256 de 1996 atiende a que el objeto de esta es velar por "todos los que participen en el mercado", para garantizar la libre y leal competencia. En este sentido, se ha desplazado el concepto individualista de protección de la competencia desleal por los empresarios y se ha llevado a un nivel de interés público, toda vez que cualquier acto de competencia desleal implica no solo una afectación a los competidores, sino una afección negativa del interés de los consumidores. Por ello, el presente capítulo tiene como objetivo

---

[*] Para citar este capítulo: http://dx.doi.org/10.15425/2022.664

[1] Sebastián García Menéndez, *Competencia desleal: Actos de desorganización del competidor* (Buenos Aires: Lexis-Nexis, 2004), 98-114.

analizar a profundidad cuál es el derecho que se cuida tras las acciones de protección de la propiedad industrial.

De esta forma, el texto abordará el papel del consumidor dentro de la protección de la propiedad industrial en relación con la competencia desleal, teniendo en cuenta que es por y para el consumidor que se mueve el mercado económico y es él el árbitro en las relaciones de mercado. En consecuencia, las acciones de competencia desleal, descritas en la Ley 256 de 1996, tienen como objetivo garantizar que la decisión que tomen los consumidores en el mercado se base "en razón del esfuerzo competitivo del oferente y no de un actuar incorrecto que, de alguna manera, viniera a viciar tal decisión"[2].

Por lo tanto, se parte por considerar que cuando se cae en una conducta de competencia desleal por infracción a la propiedad industrial se vulneran una pluralidad de intereses, y se requiere la intervención judicial para reparar los mismos. Existe, además, una necesidad de corregir el tráfico económico para que exista una sana competencia (ámbito empresarial), así como una reparación en el mercado para que el empresario y el consumidor puedan adoptar una decisión libre de vicio.

Así las cosas, en la actualidad, la protección de la propiedad industrial se fundamenta en salvaguardar la doble condición que ostenta el consumidor, que por un lado es ser el árbitro del mercado, al efectuar la elección de productos entre los competidores, y por el otro, el ser un potencial perjudicado por la comisión de actos desleales.

Un claro ejemplo de esta última situación es la publicidad[3] engañosa, en la cual los anuncios rompen con la debida lealtad y falsean la competencia, desencadenando una afectación directa sobre los competidores y consumidores, que da lugar a que el anunciante adquiera una ventaja competitiva desleal frente a los competidores[4]. A su vez, frente

---

[2] José Antonio García-Cruces (dir.), *Tratado de derecho de la competencia y de la publicidad* (Valencia: Tirant lo Blanch, 2014), 1096-1098.

[3] El anuncio publicitario se define como aquel "creado por y para un tipo de actividad social y económica con el fin de persuadir a los posibles consumidores, mediante un proceso argumentativo". Gloria Peña Pérez, "Elementos contextuales en el discurso publicitario", *Círculo de Lingüística Aplicada a la Comunicación*, n.° 31 (2009): 34-51.

[4] Carlos Fernández-Novoa, "La directiva comunitaria sobre prácticas comerciales desleales", *La Ley: Revista jurídica española de doctrina, jurisprudencia y bibliografía*, n.° 1 (2006): 1335-1340.

a los consumidores se lesiona la capacidad de decisión, toda vez que se basa en hechos o suposiciones falsas que conllevan a elecciones erradas. De esta forma, el consumidor es un actor, cuyos derechos están en constante riesgo de lesión, y por ello resulta ser el eje de protección de la actual regulación de la propiedad industrial.

¿Por qué se protegen los derechos de los consumidores en la propiedad industrial y no en los derechos de autor?

La propiedad intelectual es el campo "que se relaciona con las creaciones de la mente: invenciones, obras literarias y artísticas, así como símbolos, nombres e imágenes utilizados en el comercio"[5]; es decir que recae sobre los bienes intangibles. Se define entonces como la disciplina jurídica que tiene por objeto la protección de bienes inmateriales, de naturaleza intelectual y de contenido creativo, así como de sus actividades conexas[6].

Esta se divide en dos categorías: la propiedad industrial, que abarca las patentes de invención, las marcas, los diseños industriales y las indicaciones geográficas, y los derechos de autor, que comprenden las obras literarias, artísticas, audiovisuales y diseño arquitectónicos, así como los derechos conexos correspondiente a los de los artistas intérpretes y ejecutantes sobre sus interpretaciones o ejecuciones, los de los productores de fonogramas sobre sus grabaciones y los de los organismos de radiodifusión respecto de sus programas de radio y televisión.

De esta forma, si bien las dos ramas pertenecen al campo intelectual, tienen regulaciones distintas, que se fundamentan, en principio, por los derechos que confieren y los sujetos que protegen. Por una parte,

> El derecho de autor es reconocido como un derecho humano en la Declaración Universal de los Derechos Humanos y su consideración como tal significa que tiene la condición de atributo inherente a la persona, que no puede ser desconocido ni vulnerado.

[5] Organización Mundial de la Propiedad Intelectual, *¿Qué es la propiedad intelectual?*, 2, https://tind.wipo.int/record/44180

[6] Ricardo Antequera Parilli, *El derecho de autor y los derechos conexos en el marco de la propiedad intelectual: El desafío de las nuevas tecnologías. ¿Adaptación o cambio?* (Quito: Organización Mundial de la Propiedad Intelectual, 1995), 6-8.

Por su parte la propiedad industrial concede protección a ciertos bienes intangibles en razón de su aplicación en la industria y el comercio, y no se percibe en ella una consideración como la que reconoce el derecho de autor a la relación íntima entre autor y obra, ni ha sido reconocida como derecho humano.[7]

En este sentido, en el derecho de autor se protege al creador de la obra, quien ha expresado sus ideas en una manifestación formal, la cual constituye la obra en sí. De lo anterior se desprenden dos afirmaciones: primero, que el derecho de autor no protege las ideas sino las expresiones que se encuentran incluidas en las obras (sean literarias, artísticas o científicas)[8]. Segundo, no se protege el contenido, "es decir, no garantiza que no han de ser utilizadas, aplicadas y aprovechadas por otros las ideas que se exponen en una forma literaria, sino el sistema y la vestidura formal en que esas ideas se expresan"[9].

Por ende, la finalidad de los derechos de autor es tutelar y proteger a los autores para impedir que terceros plagien, reproduzcan, copien o realicen un uso indebido de la obra. Se debe recordar que no se puede impedir que terceros utilicen las ideas que en dichas obras encuentran su expresión, sino la alteración de la manifestación de la obra en la cual se encuentran incorporadas. Por lo tanto, el objeto del derecho de autor es la obra y, en consecuencia, se tutela al autor de la misma, quien, de acuerdo al artículo 3 de la Decisión 351 de 1993 de la Comunidad Andina (CAN), debe ser una persona física.

Además, la obra se protege por su aspecto artístico, pero cuando esta llega a tener una funcionalidad aplicada, como en el caso del diseño industrial, se cruza la línea del derecho de autor y se puede llegar a

---

[7] Alfredo Vega Jaramillo, *Manual de derecho de autor* (Bogotá: Dirección Nacional de Derecho de Autor, 2010), 10-11.

[8] Al respecto véase el artículo 7 de la Decisión 351 de 1993, de la Comunidad Andina de Naciones, en la cual se dispone que "queda protegida exclusivamente la forma mediante la cual las ideas del autor son descritas, explicadas, ilustradas o incorporadas a las obras. No son objeto de protección las ideas contenidas en las obras literarias y artísticas, o el contenido ideológico o técnico de las obras científicas, ni su aprovechamiento industrial o comercial".

[9] Ernesto Rengifo García, *Criterios orientadores del derecho de autor* (Bogotá: Universidad Externado de Colombia, 1996), 109-110.

la propiedad industrial. Al respecto, la Decisión 351 de 1993 de la CAN estipuló que las obras de arte aplicado (art. 4, lit. j) están protegidas por el derecho de autor, siempre que se trate de una obra en términos de derecho de autor, ostente un carácter artístico y que el autor sea capaz de señalar de buena fe su proceso artístico[10].

En este sentido, en varias creaciones se puede estar en una línea gris de doble protección (derechos de autor y propiedad industrial), pero como ya se indicó, cuando se está en el área del derecho de autor, la protección recae exclusivamente sobre el creador o quien ostente los derechos sobre la misma. Por otra parte, el campo de la propiedad industrial tiene una connotación más amplia, en el sentido que la afectación de ella puede implicar no solo la vulneración del titular del derecho sino de terceras personas, como los consumidores, toda vez que una confusión o publicidad engañosa (sea en un medicamento, diseño industrial o marca) puede desencadenar una afectación al mercado y, por ende, al consumidor.

LA INCORPORACIÓN DEL DERECHO DEL CONSUMIDOR EN LA PROPIEDAD INDUSTRIAL

La ley colombiana ha obedecido al cambio internacional en la incorporación de los intereses de los consumidores dentro de las normas de protección a la propiedad industrial. En un principio,

> Las normas sobre competencia desleal nacen vinculadas a las reglas sobre protección de los bienes de propiedad industrial y pronto adquieren un marcado enfoque profesional, en el sentido que su objetivo primordial reside en poner coto a las prácticas desleales entre competidores. Sin embargo, con el paso del tiempo estas normas han ido evolucionando para incluir dentro de su ámbito de tutela a otros sujetos e intereses. Se habla

---

[10] David Felipe Álvarez Amézquita, "Derecho de autor y diseño industrial, ¿cómo dibujar una línea? La protección en Colombia de las obras de arte aplicado a la industria", *Estudios Socio-Jurídicos* 17, n.º 02 (2015): 199-232, https://doi.org/10.12804/%20esj17.02.2015.02

así del tránsito de un modelo paleoliberal, hacia un modelo profesional, y de este a un modelo social de derecho de la competencia desleal.[11]

Conforme con lo anterior, en la actualidad nos encontramos en un modelo social de derecho, que desencadenó en que las legislaciones protegieran el orden económico del mercado, no solo en cuanto a la tutela de los intereses individuales de los competidores, sino también en relación con los derechos del consumidor. A su vez, "el cambio se produce respecto de las conductas reprimidas, admitiéndose ciertas actividades antes consideradas desleales, ya que al tenerse en cuenta otros intereses dignos de protección, se permiten algunas prácticas que resultan beneficiosas para el consumidor"[12]. Al mismo tiempo, se entra a castigar ciertas conductas empresariales, las cuales vulneran los derechos de los consumidores y, además, representan una afectación del libre mercado, toda vez que el consumidor toma decisiones basadas en el error.

Reflejo de lo anterior es la imitación, la cual en principio es libre, no obstante, "se considerará desleal cuando genere confusión acerca de la procedencia empresarial de la prestación o comporte un aprovechamiento indebido de la reputación ajena"[13]. Dicha conducta se debe estudiar a partir de las características de las prestaciones, las cuales "deben tener suficiente fuerza identificadora de su origen, de modo que el público atribuya al original y a la copia la misma y única procedencia"[14].

En consecuencia, lo que la norma pretende es evitar que el consumidor adquiera cierto bien o servicio, asumiendo que viene de determinada empresa, cuando en realidad proviene de otra que ha imitado a la primera. En este sentido, la imitación que genera confusión al consumidor tutela los derechos de este, y es un claro ejemplo de cuándo una misma conducta desleal protege los derechos de empresarios y consumidores.

De acuerdo con lo anterior, el consumidor, al ser el árbitro en las decisiones de adquisición o compra, resulta ser el perjudicado o beneficiario de las actividades empresariales. De esta forma, la perspectiva

---

[11] García-Cruces, *Tratado de derecho*, 1646.

[12] García Menéndez, *Competencia desleal*, 16.

[13] L. 256/1996, art. 14.

[14] Delio Gómez Leyva, *De las restricciones, del abuso y de la deslealtad en la competencia económica* (Bogotá: Cámara de Comercio de Bogotá, 1998), 379-380.

actual es que el consumidor es el rey del mercado, toda vez que con su elección (de adquisición de productos o servicios) es quien determina el éxito de los competidores[15].

En este entendido, se prosigue a reconocer cómo ha sido la incorporación de los derechos de los consumidores en la protección de la propiedad industrial, analizando primero el caso de España, donde rige la Ley de Competencia Desleal más social y progresista de Europa, toda vez que "no solo se impone el criterio valorativo de la buena fe, sino que también se prescinde de la necesidad de que exista una relación de competencia entre sujeto activo y pasivo"[16]. Luego se estudiará el contexto colombiano.

Perspectiva española

Los antecedentes en el campo de la protección de los intereses económicos de los consumidores se enmarcan, en un primer momento, en la regulación de la publicidad engañosa. Como bien se indicó, la publicidad engañosa recae directamente en los consumidores e indirectamente sobre los competidores que operan de manera legítima[17].

Bajo este entendido, el derecho comunitario europeo ha proferido ciertas directivas, con el fin de que los Estados miembros las incorporen, dando cierto margen de actuación en la transposición de las normas, para que puedan acoplarlas a los requerimientos nacionales. En primer lugar, la Directiva 84/450/CEE del Consejo de la Unión Europea, del 10 de septiembre de 1984, profirió la regulación sobre publicidad engañosa y comparativa. Esta Directiva fue el primer acercamiento a la armonización en los Estados miembros y obedeció a:

> La necesidad de regular una actividad comercial susceptible de llevar al consumidor a tomar unas decisiones que pueden ser perjudiciales para

---

[15] Alberto Bercovitz Rodríguez-Cano, *Apuntes de derecho mercantil* (Pamplona: Editorial Aranzadi, 2006), 25-28.

[16] García Menéndez, *Competencia desleal*, 18.

[17] Juan Carlos Martínez-Salcedo, "Derecho comunitario europeo sobre la publicidad y su transposición al derecho español", *Opinión jurídica* 15, n.º 29 (2015): 112, https://t.ly/wTnA

él y la necesidad de contar con una regulación armonizada en un ámbito que puede ocasionar una sensible distorsión en el funcionamiento del mercado interior, habida cuenta de la importante disparidad detectada hasta ese momento en la regulación nacional de los distintos Estados miembros.[18]

Después de ello se denotó que los Estados miembros tenían disparidades en la aplicación de la mencionada Directiva, en particular, provocó "incertidumbre en cuanto a cuáles son las normas nacionales aplicables a las prácticas comerciales desleales que perjudican los intereses económicos de los consumidores y crean numerosas barreras que afectan a las empresas y a los consumidores"[19]. A raíz de aquellas diferencias y a la dificultad en la circulación transfronteriza de bienes y servicios, el Parlamento Europeo y el Consejo de la Unión Europea profirieron la Directiva 2005/29/CE.

El mayor cambio de esta Directiva fue la incorporación de ciertas prácticas comerciales que deben ser consideradas desleales (no se limitó a la publicidad engañosa) y se ciñó en establecer su ámbito de aplicación exclusivamente a las relaciones entre empresarios y consumidores, cuando afecten sus intereses económicos. El último punto es el cambio trascendental de la Directiva, toda vez que,

Conforme al principio de proporcionalidad, la Directiva protege a los consumidores de las consecuencias de dichas prácticas comerciales desleales cuando estas son sustanciales, si bien reconoce que, en determinados casos, la incidencia para el consumidor puede ser insignificante. No comprende ni atañe a las leyes nacionales sobre prácticas comerciales desleales que perjudican solo a los intereses económicos de los competidores o que se refieren a transacciones entre comerciantes; para tener plenamente en cuenta el principio de subsidiariedad, los Estados miembros seguirán teniendo la capacidad de regular esas prácticas, de conformidad con el derecho comunitario, si así lo deciden.[20]

---

[18] García-Cruces, *Tratado de derecho*, 1650.

[19] Directiva 2005/29/CE, consideración 4.

[20] Directiva 2005/29/CE, consideración 6.

En este sentido, la Directiva 2005/29/CE se configuró como una *norma marco* y *norma de armonización*[21], que amplió el campo de aplicación y reguló todas aquellas prácticas comerciales de las empresas en sus relaciones con los consumidores. Así mismo, estableció una cláusula general, en el artículo 5, "Prohibición de las prácticas comerciales desleales", en la cual se dispone que

1. Se prohibirán las prácticas comerciales desleales.
2. Una práctica comercial será desleal si:
   a) es contraria a los requisitos de la diligencia profesional, y
   b) distorsiona o puede distorsionar de manera sustancial, con respecto al producto de que se trate, el comportamiento económico del consumidor medio al que afecta o al que se dirige la práctica, o del miembro medio del grupo, si se trata de una práctica comercial dirigida a un grupo concreto de consumidores.
3. Las prácticas comerciales que puedan distorsionar de manera sustancial, en un sentido que el comerciante pueda prever razonablemente, el comportamiento económico únicamente de un grupo claramente identificable de consumidores especialmente vulnerables a dichas prácticas o al producto al que se refieran, por padecer estos últimos una dolencia física o un trastorno mental o por su edad o su credulidad, deberán evaluarse desde la perspectiva del miembro medio de ese grupo. Ello se entenderá sin perjuicio de la práctica publicitaria habitual y legítima de efectuar afirmaciones exageradas o afirmaciones respecto de las cuales no se pretenda una interpretación literal.
4. En particular, serán desleales las prácticas comerciales que:
   a) sean engañosas según lo establecido en los artículos 6 y 7, o
   b) sean agresivas según lo establecido en los artículos 8 y 9.
5. En el anexo I figura una lista de las prácticas comerciales que se considerarán desleales en cualquier circunstancia. La misma lista única

---

[21] Constituye una *norma marco*, en el sentido que "sus disposiciones se postergan ante la aplicación preferente de otras disposiciones del derecho europeo que regulen aspectos concretos de las prácticas comerciales desleales, y, lo que es más importante, se trata de una *norma de armonización plena*, por lo que los Estados miembros han de abstenerse de aprobar o mantener en su ordenamiento disposiciones que eleven el nivel de protección que establece la Directiva". García-Cruces, *Tratado de derecho*,1661.

se aplicará en todos los Estados miembros y solo podrá modificarse mediante una revisión de la presente Directiva.

Así las cosas, la cláusula general es una "prohibición general de las prácticas comerciales desleales, llamada a operar como cláusula general en el ámbito armonizado y a sustituir a las vigentes en las legislaciones internas, desarrollada y concretada para las prácticas comerciales engañosas y las prácticas comerciales agresivas"[22]. Dicha cláusula tiene un carácter abstracto, lo cual permite ajustarla a las nuevas prácticas desleales que surjan en el mercado. A su vez, actúa "como una red de seguridad, evitando que la regulación de esta materia quede obsoleta y se vea superada por la práctica comercial"[23].

La Directiva se incorporó en España bajo la Ley 29 del 30 de diciembre del 2009, la cual no solo ha transpuesto la mencionada Directiva (de prácticas comerciales desleales), sino que adicionó, además, la Directiva 2006/114/CE, del 12 de diciembre del 2006, sobre publicidad engañosa y publicidad comparativa. A su vez, la Ley 29 del 2009 reformó, entre otras[24], la Ley de Competencia Desleal (LCD) o Ley Especial 3 de 1991, ampliando el espectro de protección de esta, equiparando la protección de los consumidores con la de los intereses de los operadores económicos.

El objeto de la protección de la LCD sigue siendo el mismo, "la protección de la competencia en interés de todos los que participan en el mercado", pero en la práctica se produce una verdadera ampliación de la protección,

> Cuyo primer reflejo se encuentra en la cláusula general, que, aun no habiéndose modificado (sigue siendo desleal todo acto que resulte

---

[22] José Massaguer Fuente, "Las prácticas comerciales engañosas en la Directiva 2005/29/CE sobre las prácticas comerciales desleales". *Actualidad jurídica Uría Menéndez* 13, (2006): 14-15, https://t.ly/Q6Qj

[23] García-Cruces, *Tratado de derecho*, 1683.

[24] La Ley 29 del 2009 modificó: (1) la Ley 3 del 10 de enero de 1991, de competencia desleal; (2) la Ley 34 del 11 de noviembre de 1988, ley general de publicidad; (3) la Ley General para la Defensa de los Consumidores y Usuarios y otras leyes complementarias, aprobada por el Real Decreto Legislativo 1 del 16 de noviembre del 2007, y (4) la Ley 7 del 15 de enero de 1996, de ordenación del comercio minorista.

objetivamente contrario a las exigencias de la buena fe), se ve acompañada de una enrevesada definición de lo que deberá considerarse contrario a la buena fe frente a los consumidores (artículo 4, párrafo segundo), por oposición a la buena fe para el resto de operadores (artículo 4, párrafo primero). Conforme a esta definición, en resumen, va en contra de las exigencias de buena fe con los consumidores el comportamiento contrario a la diligencia profesional, siempre que sea susceptible de distorsionar de forma significativa el comportamiento económico del consumidor medio.[25]

En la jurisprudencia, el Tribunal Supremo de España reconoció, en la exposición de motivos de la Sentencia del 14 de julio del 2003 (RJ 2003, 4634), caso "Suministros científico-técnicos", que la LCD incorpora como novedad el modelo tríptico de protección, para velar por los intereses privados de los empresarios, el colectivo de los consumidores y el público en general, en aras de mantener un orden de concurrencia debidamente saneado. Así las cosas, la aplicación de la LCD no se supedita a una relación entre sujeto activo y pasivo, sino que cambia el orden de prevalencia y el consumidor pasa a ser un sujeto tutelado.

Perspectiva colombiana

Los derechos del consumidor son tutelados en las acciones de competencia desleal desde dos vertientes. La primera, como sujeto legitimado para emprender las acciones derivadas de la competencia desleal, y la segunda (en un sentido más abstracto), como sujeto ganador de la libre competencia, toda vez que al acceder al mercado tienen a su alcance variedad en precios y productos para satisfacer de manera efectiva sus necesidades e intereses.

---

[25] Marta Delgado-Echevarría, "Beneficios para los consumidores de la reforma de la Ley de Competencia", *Iuris*, (2010): 49, https://t.ly/bFnn

Legitimación del consumidor para actuar en las acciones
por competencia desleal

En la primera vertiente, como sujeto legitimado para emprender acciones derivadas de la competencia desleal, el artículo 21 de la Ley 256 de 1996 identifica como titulares a los siguientes: (1) cualquier persona que participe o demuestre su intención para participar en el mercado, cuyos intereses económicos resulten perjudicados o amenazados por los actos de competencia desleal; (2) las asociaciones o corporaciones profesionales y gremiales cuando resulten gravemente afectados los intereses de sus miembros; (3) las asociaciones que, según sus estatutos, tengan por finalidad la protección del consumidor: la legitimación quedará supeditada en este supuesto a que el acto de competencia desleal perseguido afecte de manera grave y directa los intereses de los consumidores, y (4) el procurador general en nombre de la nación, respecto de aquellos actos desleales que afecten gravemente el interés público y en procura de la conservación de un orden económico de libre competencia.

A continuación, se analizarán los sujetos mencionados en el numeral 1 y 3, toda vez que son los casos en los cuales los derechos de los consumidores se ven involucrados. Con relación al numeral 2, es una prerrogativa de la competencia misma, ya que son las agremiaciones o asociaciones empresariales las que pueden ver afectados sus intereses como colectividad.

La primera condición, se entiende como la general, pues está legitimada para actuar cualquier persona que se involucre o demuestre su intención de participar en el mercado. En este entendido, la Superintendencia de Industria y Comercio[26] (SIC), ha dicho que

> Una persona participa en un mercado, cuando compite en este, buscando
> disputar o adquirir para sí una clientela. En tal sentido, el mercado no es
> un lugar abstracto e ilimitado, sino que frente a cada situación requiere
> ser precisado, teniendo como base el mercado en el cual se desempeña

---

[26] El Decreto 2153 de 1992 determinó la naturaleza de la Superintendencia de Industria y Comercio, dándole las siguientes características: (1) es un organismo de carácter técnico; (2) está adscrito al Ministerio de Comercio, Industria y Turismo; (3) tiene autonomía administrativa, financiera y presupuestal, y (4) no cuenta con personería jurídica.

el actor, quiénes son los potenciales compradores de los bienes o servicios que se ofrecen y cuáles son los factores que determinan la posible adquisición por parte de ellos.[27]

Así las cosas, en un primer momento se determina que el consumidor participa en el mercado, entendiendo este último como un mercado relevante[28], el cual tiende a analizar (dentro del campo de la competencia) los productos que son considerados por el consumidor sustituibles e intercambiables entre sí, en virtud de su precio, características y uso. La anterior interpretación ha sido cuestionada por cierta parte de la doctrina, en la cual se afirma que para la legitimación debe estimarse si quien demanda participa o tiene intención de participar en el mercado como oferente o demandante, simplemente eso, sin ir más allá con conceptos como el de mercado relevante.

Para neutralizar las posiciones sobre cómo entender el mercado, es plausible tener en cuenta la Sentencia 11 del 10 de noviembre del 2006 de la SIC, la cual dispuso:

La doctrina especializada en la disciplina de la competencia desleal resalta que el concepto de mercado ínsito en el ámbito objetivo de aplicación de la ley de competencia desleal "debe interpretarse además de en sentido lato, de forma que el acto o conducta desleal no solo deba producirse en el mercado sino que bastaría con que sus consecuencias afecten de algún modo el ámbito del mercado". El mercado no puede ser considerado simplemente como el espacio físico en el cual se realizan transacciones, sino, más bien, como el espacio jurídico en el cual cada empresario que busca atraer clientela para sus productos o servicios realiza las ofertas que conducen a la celebración de negocios jurídicos, acudiendo a través de diversos instrumentos para tal efecto. Así, cuando un acto es adecuado para evitar la adhesión de consumidores a favor del otro competidor, se trata de una conducta realizada en el mercado,

---

[27] Superintendencia de Industria y Comercio de Colombia, Rad. 03059697 (2005).

[28] Un mercado relevante se define de manera tradicional en el ámbito del derecho de la competencia como un producto o grupo de productos y un área geográfica en el cual es producido o vendido.

pues opera "para obstaculizar los desarrollos que en el mismo deben o pueden tener otros concurrentes".

En conclusión, se deben contemplar como los intervinientes del mercado todos aquellos que participan en el tráfico económico, considerando así el mercado en un sentido más amplio y no exclusivamente el relevante en sentido estricto (para el análisis de mercado se debe contemplar el área geográfica y producto). En otras palabras, el análisis del mercado incluye el relevante, pero no se limita a este.

Por lo tanto, los consumidores, al ser los destinatarios finales de los productos y ser los árbitros del mercado, intervienen en este y son destinatarios finales de todas las actuaciones y conductas que emprenden los empresarios. Nótese que la participación en el mercado bajo un concepto de economía dista de lo ya afirmado, toda vez que los economistas analizan el comportamiento de los empresarios intervinientes a la luz de la teoría del mercado relevante. No obstante, desde un criterio amplio, el consumidor sí interviene en el mercado, pues son sus decisiones y comportamientos los que definen su curso. De todas maneras, para cada caso en concreto, se deberá analizar cómo se afectó o se amenazó a los consumidores, con el fin de que la sic detenga la práctica o indemnice los perjuicios ciertos y directos ocasionados.

Por otra parte, el numeral 3, relativo a las asociaciones que, según sus estatutos, tengan por finalidad la protección del consumidor, también están legitimados para actuar. Nótese que esta situación no exige la intención o participación efectiva en el mercado, lo cual la diferencia de la primera situación. Ahora bien, se exige que se constituya una asociación, descrita doctrinalmente como una persona jurídica, cuya base fundamental es el elemento personal y tiene objeto distinto al lucro.

La característica de este tipo de asociaciones o ligas de consumidores es que debe tener en sus estatutos la finalidad de proteger los derechos de los consumidores y, además, su constitución está reglamentada por los decretos 1441 y 3467 de 1982. Así las cosas, al momento de incoar una acción, pueden ser sujetos activos siempre que acrediten su naturaleza jurídica.

Es notable reconocer que con el Estatuto del Consumidor (Ley 1480 del 2011) se les otorgó más participación a las asociaciones, tales como integrar la Red Nacional de Protección al Consumidor (art. 75) y representar a los consumidores, sin necesidad de actuar por intermedio de un abogado, en los procesos que versen sobre violación a los derechos de los consumidores, establecidos en normas generales o especiales, a excepción de la responsabilidad por producto defectuoso y de las acciones de grupo o las populares (art. 58).

Es importante resaltar que si bien existen actos que perjudican los intereses del consumidor de manera directa (tales como los actos de desviación de la clientela, engaño y confusión), esto no implica que las asociaciones no puedan intervenir en otras ocasiones. En este sentido, las asociaciones y ligas de consumidores están facultadas para actuar cuando los derechos de los mismos se vean amenazados o sean, en efecto, vulnerados. Podrán emprender las acciones pertinentes, sea mediante las acciones del consumidor propiamente dichas o las de competencia desleal.

Beneficio de la competencia para los consumidores en sentido amplio

La teoría social del Estado realizó un giro en la forma de concebir las acciones de competencia desleal e identificó que la competencia protege y beneficia al consumidor. Al respecto, el artículo 333 de la Constitución Política de Colombia reconoció que la libre empresa involucra una serie de derechos, dentro de los cuales se encuentra la libre participación de las empresas en el mercado, el bienestar de los consumidores y la eficiencia económica.

En tal sentido se pronunció la Corte Constitucional en la Sentencia C-389 del 2002, la cual determinó:

> Como el derecho a la libre competencia no constituye un obstáculo a la intervención del Estado en la economía ni al logro de los fines que le son propios al Estado Social de Derecho, puede afirmarse entonces, que ella debe apreciarse en dos dimensiones: de un lado, desde la perspectiva del derecho que tienen las empresas como tales; y, de otro, desde el punto de vista de los consumidores, usuarios y de la comunidad en general que son quienes en últimas se benefician de un régimen competitivo y eficiente, pues de tal forma se garantiza la posibilidad de elegir libremente entre varios competidores, lo que redunda en una mayor calidad y mejores tarifas por los servicios recibidos.

Es preciso manifestar que Colombia no ha sido ajena al fenómeno internacional de reconocimiento de los derechos del consumidor dentro de la esfera de la libre competencia. Al respecto,

> Se han presentado fallos alrededor del globo de una novedad manifiesta, marcada por la toma de decisiones claramente "prosociales", en las cuales los argumentos económicos han pasado a un segundo plano, como es el caso de United States v. Brown University y otros (Universidades: Columbia, Cornell, Dartmouth, Harvard, Princeton, Yale y Pennsylvania), United States Court of Appeals, Third circuit. -5F.3d 658 (3d Cir. 1993), con decisión del 17 de septiembre de 1993, en el que, en principio, se procesó a las instituciones educativas enunciadas por violación de la Ley Sherman, al haber realizado un acuerdo colusorio en virtud del cual se limitaron las ayudas financieras que dichas Universidades podrían otorgar a los estudiantes, trasladando así una parte importante de la aleatoriedad propia de la actividad competitiva nacida de la actuación individual, por un consenso en capacidad de deformar el sector. El Tribunal que conoció del caso interpretó que su objetivo no debía ser determinar si el acuerdo entre las universidades resultaba eficiente en términos económicos, ya que según sus argumentos, el propósito principal de la Ley Sherman era beneficiar a los consumidores en términos generales y a la sociedad de la cual formaban parte. Razón por la cual falló, de forma insólita para muchos —adeptos a la escuela de Chicago— aceptando que el acuerdo en mención mejoraba la calidad de la educación y que a su vez favorecía el acceso a la misma, brindando nuevas oportunidades a los ciudadanos. El Tribunal defendió que todos aquellos elementos eran parte del bienestar social, esencial en los sistemas de defensa de la competencia y que, por tanto, el acuerdo no resultaba contrario a la Ley de Defensa de la Competencia norteamericana.[29]

Así las cosas, Colombia se ha acogido a los fallos internacionales en los cuales se resalta el carácter multidisciplinar de las normas de libre competencia, y se menciona el carácter social que cumplen estas

---

[29] Jesús Alfonso Soto-Pineda. "La protección al consumidor como finalidad primordial de la defensa de la competencia: La experiencia de Estados Unidos, la Unión Europea y Colombia", *Díkaion* 23, n.º 2 (2014): 351-421.

mismas. Por lo tanto, el sentido amplio de las normas colombianas incluye la perspectiva de protección a los derechos del consumidor cuando se vulnera la libre competencia.

Conclusiones

Las acciones que inician los empresarios por violación a la propiedad industrial tienden a proteger, en primer lugar, los derechos económicos de las empresas y consecuentemente los derechos de los consumidores. Así las cosas, la libre competencia se acoge en un sentido amplio y multidisciplinar, dejando a un lado la interpretación económica del mercado.

En este sentido, Colombia se acoge a la perspectiva de salvaguardar los intereses de los consumidores, no solo por medio de las normas contenidas en la Ley 1480 del 2011 (Estatuto del Consumidor), sino mediante todas las acciones y conductas tendientes a vulnerar la libre competencia, las cuales de manera directa o indirecta afectan la decisión y juicio voluntario del consumidor dentro del mercado.

Por lo tanto, en la actualidad el consumidor desempeña un papel trascendental en el mercado, toda vez que juega como árbitro, y, al ostentar tal papel, tiene una protección especial y amplia, pues tiende a mantener un ecosistema competitivo eficiente.

Referencias

Álvarez Amézquita, David Felipe. "Derecho de autor y diseño industrial, ¿cómo dibujar una línea? La protección en Colombia de las obras de arte aplicado a la industria". *Estudios Socio-Jurídicos* 17, n.° 2 (2015): 199-232. https://doi.org/10.12804/esj17.02.2015.02.

Antequera Parilli, Ricardo. *El derecho de autor y los derechos conexos en el marco de la propiedad intelectual: El desafío de las nuevas tecnologías. ¿Adaptación o cambio?* Quito: Organización Mundial de la Propiedad Intelectual, 1995.

C. Const., Sent. C-389, may. 22/2002. M. P. Clara Inés Vargas Hernández.

Comisión del Acuerdo de Cartagena. Régimen Común sobre Derecho de Autor y Derechos Conexos (1993): Decisión Andina 351. *Gaceta oficial del Acuerdo de Cartagena* n.° 600.

Comisión del Acuerdo de Cartagena. Régimen Común sobre Propiedad Industrial (2000): Decisión Andina 486. *Gaceta oficial de la Comunidad Andina*.

Consejo de la Unión Europea. Directiva 2005/29/CE, may. 11/2005.

Consejo de la Unión Europea. Directiva 84/450/CEE, sep. 10/1984.

D. 1441/1982.

D. 2153/1992.

D. 3467/1982.

Delgado-Echevarría, Marta. "Beneficios para los consumidores de la reforma de la Ley de Competencia". *Iuris*, (2010): 48-54. https://t.ly/bFnn

Fernández-Novoa, Carlos. "La directiva comunitaria sobre prácticas comerciales desleales". *La Ley: Revista jurídica española de doctrina, jurisprudencia y bibliografía*, n.º 1 (2006): 1335-1340.

García Menéndez, Sebastián. *Competencia desleal: Actos de desorganización del competidor*. Buenos Aires: Lexis-Nexis, 2004.

García-Cruces, José Antonio (dir.). *Tratado de derecho de la competencia y de la publicidad*. Valencia: Tirant lo Blanch, 2014.

Gómez Leyva, Delio. *De las restricciones, del abuso y de la deslealtad en la competencia económica*. Bogotá: Cámara de Comercio de Bogotá, 1998.

L. 1480/2011.

L. 23/1982.

L. 256/1996.

Martínez-Salcedo, Juan Carlos. "Derecho comunitario europeo sobre la publicidad y su transposición al derecho español". *Opinión jurídica* 15, n.º 29 (2015): 101-122. https://t.ly/wTnA

Massaguer Fuente, José. "Las prácticas comerciales engañosas en la Directiva 2005/29/CE sobre las prácticas comerciales desleales". *Actualidad jurídica Uría Menéndez* 13, (2006): 13-25. https://t.ly/Q6Qj

Organización Mundial de la Propiedad Intelectual. *¿Qué es la propiedad intelectual?* https://tind.wipo.int/record/44180

Peña Pérez, Gloria. "Elementos contextuales en el discurso publicitario". *Círculo de Lingüística Aplicada a la Comunicación*, n.º 31 (2009): 34-51.

Rengifo García, Ernesto. *Criterios orientadores del derecho de autor*. Bogotá: Universidad Externado de Colombia, 1996.

Rodríguez-Cano, Alberto Bercovitz. *Apuntes de derecho mercantil*. Pamplona: Editorial Aranzadi, 2006.

Soto-Pineda, Jesús Alfonso. "La protección al consumidor como finalidad primordial de la defensa de la competencia: La experiencia de Estados Unidos, la Unión Europea y Colombia". *Díkaion* 23, n.º 2 (2014): 351-421.

Superintendencia de Industria y Comercio de Colombia, Rad. 03059697 (2005).

Superintendencia de Industria y Comercio de Colombia, Sent. 11, nov. 10/ 2006.

Vega Jaramillo, Alfredo. *Manual de derecho de autor*. Bogotá: Dirección Nacional de Derecho de Autor, 2010. https://t.ly/03gl

Responsabilidad civil por infracción a los derechos de propiedad intelectual: un sistema mixto de reparaciones y restituciones[*]

Diego Fernando Ramírez Sierra

Introducción

En los últimos años Colombia ha llevado a cabo un conjunto de reformas legales en materia de derechos de propiedad intelectual (derechos de autor y conexos, y derechos de propiedad industrial). Por medio de este ha buscado no solo actualizar la regulación existente, sino además dar cumplimiento a los compromisos internacionales que le imponen, entre otras obligaciones, contar con "procedimientos de observancia de los derechos de propiedad intelectual"[1]. Estos procedimientos deben contemplar "medidas eficaces contra cualquier acción infractora"[2] y garantizar, cuando así proceda, la indemnización de los daños, perjuicios y afectaciones sufridos por el perjudicado como consecuencia del uso infractor de sus derechos.

A pesar de que, como resultado de esta armonización, el régimen de protección de los derechos de propiedad intelectual exhibe un grado notorio de uniformidad con la regulación internacional (de lo que da cuenta, en especial, la tipología de los daños y perjuicios aplicable a los

---

[*] Para citar este capítulo: http://dx.doi.org/10.15425/2022.665

[1] Acuerdo sobre los Aspectos de los Derechos de Propiedad Intelectual relacionados con el Comercio (Acuerdo sobre los ADPIC, conocido en inglés como Agreement on Trade-Related Aspects of Intellectual Property Rights [TRIPS]), art. 41. Este instrumento fue incorporado a nuestro ordenamiento mediante la Ley 170 de 1994.

[2] *Ibid.*

eventos de infracción), expone —como contrapartida— un conjunto de particularidades que retan los presupuestos tradicionales de la responsabilidad civil[3]. La tipología de daños y perjuicios recogida en sus normas ha dado lugar a una profusa discusión sobre la naturaleza y alcance de los mecanismos allí incorporados (tal como acontece con la reclamación de los beneficios obtenidos por el infractor, el pago de la regalía hipotética o el reconocimiento de las indemnizaciones preestablecidas); la naturaleza indemnizatoria o sancionatoria de estos mecanismos, y sobre la posibilidad de acumular o no las condenas respectivas.

El presente capítulo tiene por propósito examinar el régimen o conjunto de mecanismos de reparación y restitución aplicable a los eventos de infracción de los derechos de propiedad intelectual. Su nota característica es la de incluir, al lado de las formas tradicionales de reparación de los daños y perjuicios causados por la infracción, criterios, mecanismos o medidas complementarias o alternativas que facultan al afectado para demandar, por ejemplo, la restitución del provecho obtenido por el infractor, el pago de una indemnización preestablecida o la adjudicación directa de los bienes vinculados con la infracción. El adecuado entendimiento del sistema de responsabilidad civil por infracción a los derechos de propiedad intelectual implica reconocer que se trata de un sistema de responsabilidad mixto. Característica que está dada porque a un mismo tiempo incorpora medidas de reparación del daño y formas de restitución de las ganancias obtenidas por el infractor (propias de la teoría del enriquecimiento sin causa). De esta manera, las condiciones o requisitos de cada una de estas formas, y la posibilidad de acumularlas, están determinados por su naturaleza y propósito.

El capítulo está organizado de la siguiente manera: en la primera sección se consideran brevemente los postulados básicos del sistema tradicional de reparación del daño. En la segunda sección se examinan las principales normas de protección de los derechos de exclusiva. En la tercera sección se exponen los diferentes criterios o mecanismos que se

---

[3] Ernesto Rengifo García, "Valoración de perjuicios en la infracción de las patentes", en *Derecho de patentes*, editado por Juan David Castro García *et al.* (Bogotá: Universidad Externado de Colombia, 2016), 841-895; José Fernando Sandoval Gutiérrez, "Indemnización de daños causados con la infracción de derechos de propiedad industrial: Un sistema que escapa de la tradición", *La propiedad inmaterial*, n.° 23 (2017): 47, https://doi.org/10.18601/16571959.n23.03.

conceden al afectado en los casos de infracción a los derechos de propiedad intelectual y se muestra cómo pueden ser armonizados bajo la comprensión de la naturaleza mixta de este régimen. En la última sección se recogen las principales conclusiones del capítulo.

PRESUPUESTOS TRADICIONALES DEL SISTEMA DE REPARACIÓN DEL DAÑO

Concepto de responsabilidad civil

En términos generales, la responsabilidad civil puede ser entendida como la obligación que se le asigna a una persona (el responsable) de reparar aquellos daños que conforme al ordenamiento jurídico otra persona (el afectado) no se encuentra en la obligación de soportar. Dicho instituto "evoca la idea de un daño sufrido por alguien y la obligación de repararlo a cargo de alguien más"[4]. Bajo sus pautas se establecen las condiciones para hacer jurídicamente responsable a alguien de los daños que otra persona ha experimentado; los derechos e intereses que son susceptibles de protección, y el propósito y alcance de la obligación resarcitoria a cargo del responsable.

En nuestro sistema de responsabilidad extracontractual el propósito de la responsabilidad civil es eminentemente resarcitorio, más que sancionatorio o punitivo. Esta idea se expresa tanto a nivel de los presupuestos del juicio de responsabilidad, como a nivel de la fijación de la obligación resarcitoria. Como resultado, de un lado, para que exista responsabilidad es indispensable que el afectado haya sufrido —o pueda sufrir— un daño, y, del otro, el *quantum* del daño (el perjuicio) constituye, en línea de principio, el límite superior e inferior de la obligación resarcitoria (la reparación debe ser integral y no puede propiciar el enriquecimiento del afectado).

---

[4] Giovanna Visintini, *¿Qué es la responsabilidad civil?: Fundamentos de la disciplina de los hechos ilícitos y del incumplimiento contractual* (Bogotá: Universidad Externado de Colombia, 2015), 13.

En torno a lo primero (los elementos del juicio de responsabilidad), la visión más tradicional sostiene que el propósito del sistema de responsabilidad civil es eminentemente resarcitorio. En consecuencia, la responsabilidad civil, a diferencia de otras responsabilidades (por ejemplo, la penal), no fija como propósito principal sancionar la conducta del promotor del daño, sino restablecer los derechos o intereses del perjudicado, al tratar de ponerlo en el lugar más cercano al que se encontraría si el daño no hubiese trucado el curso normal de su existencia. Su objetivo "no es castigar al autor del perjuicio, sino resarcir a la víctima"[5]. En línea con lo anterior, se considera que la reparación o compensación, entendidas en sentido amplio, deberían permitir "reestablece[r] el equilibrio preexistente, alterado por el hecho dañoso"[6]. Y si bien la responsabilidad civil puede desempeñar también una función sancionatoria o punitiva[7], esta se expresa, al menos en nuestro ordenamiento, como una función de segundo orden, pues dicho instituto está principalmente orientado a cumplir un propósito resarcitorio y preventivo del daño. Como resultado de lo anterior, si un comportamiento no ha lesionado ni afectado los derechos o intereses lícitos de una persona, ni amenaza con lesionarlos, no podrá ser examinado bajo las pautas de la responsabilidad civil por más censurable o reprochable que resulte.

Del carácter resarcitorio de la responsabilidad se sigue no solo que el daño sea considerado una condición necesaria para poder predicar responsabilidad, sino incluso que haya sido catalogado como el primer elemento de la responsabilidad, su requisito "más importante [...], al punto que sin su ocurrencia y demostración, no hay lugar a reparación alguna"[8]; o —con otra expresión— "su centro de gravedad, el fundamento del fenómeno resarcitorio, siendo necesarias su presencia y su

---

[5] Marcela Castro de Cifuentes, "El hecho ilícito. Nociones fundamentales", en *Derecho de las obligaciones*, coordinado por Marcela Castro de Cifuentes (Bogotá: Universidad de los Andes y Temis, 2009), tomo II, volumen 1, 20.

[6] Ramón Daniel Pizarro, *La reparación del daño patrimonial derivado de conductas antijurídicas lucrativas. Situación actual: Perspectiva* (Córdoba: Academia Nacional de Derecho y Ciencias Sociales de Córdoba, 2009), 4.

[7] Como expresión de esta función se citan, por ejemplo, los artículos 737 y 997 del C. C.

[8] CSJ, Cas. Civil. Sent. nov. 11/2013, Rad. 08001-3103-008-1994-26630-01. M. P. Arturo Solarte Rodríguez.

justificación, para que se abra paso la indemnización de perjuicios"[9]. Sucedáneo de lo anterior, si después del evento dañoso el afectado se encuentra en una situación igual o más favorable de la que se hallaba antes, no habrá obligación resarcitoria que imponer.

Presupuestos de la reparación

Acreditados los presupuestos esenciales de la responsabilidad (es decir, daño, hecho, vínculo de causalidad y factor de atribución) surgirá para el responsable la obligación de reparar el *perjuicio* sufrido por el afectado. Cabe señalar que aquello que se repara o indemniza no es propiamente el daño, esto es, la afectación o aminoración material, física o fenomenológica, sino las diversas expresiones o consecuencias nocivas que de esta se siguen para los derechos e intereses de una persona. Sobre este punto, Béniot explica que mientras "el daño es un hecho: es toda afrenta a la integridad de una cosa, de una persona, de una actividad, o de una situación [...] el perjuicio lo constituye el conjunto de elementos que aparecen como las diversas consecuencias que se derivan del daño para la víctima del mismo"[10]. De esta manera, aunque el evento dañoso se muestre unitario en su manifestación, puede resultar plural en sus efectos. Así, por ejemplo, un mismo evento (como la destrucción de una obra de arte) puede dar lugar a diferentes clases de perjuicios (entre otros, daño emergente, lucro cesante, daños morales) e irradiar o vincular a diferentes personas (autor, licenciatario, entre otros).

En la fase de reparación, el daño adquiere protagonismo en tanto el perjuicio constituye el límite inferior y superior de la obligación resarcitoria a cargo del responsable. En efecto, el *quantum* del daño (esto es el perjuicio) constituye el límite inferior y superior de la indemnización. Lo primero, por cuanto el objetivo de la responsabilidad civil es reparar en su integridad el daño experimentado por el afectado, lo que no se lograría si el valor a cargo del responsable resultara inferior al mon-

---

[9] csj, Cas. Civil. Sent. dic. 7/2017, Rad. SC20448-2017. M.P. Margarita Cabello Blanco.

[10] Citado en Juan Carlos Henao Pérez, *El daño: Análisis comparativo de la responsabilidad extracontractual del Estado en derecho colombiano y francés* (Bogotá: Universidad Externado de Colombia, 2007), 76-77.

to de la afectación padecida (*infrarresarcimiento*). Lo segundo, porque las sumas entregadas en exceso dejarían de guardar la necesaria correspondencia con el daño que se pretende aniquilar (*suprarresarcimiento*).

De esta manera se sostiene que debe existir "una razonable equivalencia entre el daño y la reparación"[11]. Esta equivalencia se explica desde el entendido que "indemnizar equivale, en su más simple significado, a borrar en la medida de lo posible los efectos nocivos de un hecho, procurando que la víctima recupere el estado anterior en que se hallaba"[12]. Al respecto se afirma que "si bien el autor del perjuicio no debe indemnizar menos de lo que debe, es lo cierto que tampoco está obligado a indemnizar más de lo que es"[13].

En consecuencia, bajo la visión tradicional, el afectado no puede pretender obtener mediante la responsabilidad civil más que aquello que resulte estrictamente necesario para recomponer, resarcir, reparar, restaurar o indemnizar el daño experimentado. Se considera que "si bien toda lesión patrimonial [...] debe ser reparada en forma integral, esta reparación se limita a la pérdida efectivamente sufrida"[14], según la conocida expresión de Toulemon y Moore de acuerdo con la cual debe repararse *el daño, todo el daño y nada más que el daño*[15].

Como resultado, la indemnización no debe prohijar una ventaja o provecho al perjudicado, a expensas del responsable, más allá del daño en efecto experimentado por aquel. Al respecto, "como regla, el perjuicio (material o moral) sufrido por el damnificado constituye un límite más allá del cual no es posible pasar, so riesgo de convertir al daño en una fuente de lucro para el dañado y de correlativa expoliación para el responsable"[16]. En otras palabras, "la indemnización no puede ser fuente de enriquecimiento para la víctima del daño; ella

---

[11] Pizarro, *La reparación*, 4.

[12] Arturo Solarte Rodríguez, "Reparación integral del daño y restitución de los beneficios obtenidos por el civilmente responsable", x Encuentro Internacional de Responsabilidad Civil (Bogotá, 2015), 6.

[13] *Ibid.*, 6. Esta equivalencia está asimismo concebida para asegurar que el responsable "no habrá de asumir un límite mayor del daño causado". Pizarro, *La reparación*, 4.

[14] Castro de Cifuentes, "El hecho ilícito", 21.

[15] Solarte Rodríguez, "Reparación integral", 3.

[16] Pizarro, *La reparación*, 1.

está encaminada en forma exclusiva a remediar en la justa medida el perjuicio irrogado"[17]. En consecuencia, bajo la visión tradicional de la reparación se sostendrá que si como resultado del evento dañoso el responsable se ha procurado "un provecho o beneficio superior al daño sufrido por la víctima: esta no podrá pretender una reparación mayor, ni aún fundada en el enriquecimiento de aquel, puesto que no ha sufrido ningún empobrecimiento"[18].

MARCO GENERAL DE PROTECCIÓN POR INFRACCIÓN DE LOS DERECHOS DE PROPIEDAD INTELECTUAL

En la sección anterior consideramos los postulados tradicionales del sistema de reparación del daño. En la presente sección nos ocuparemos de la infracción a los derechos de propiedad intelectual[19], con especial

---

[17] Castro de Cifuentes, "El hecho ilícito", 20.

[18] Arturo Alessandri Rodríguez, "La reparación del daño", en *Del daño*, editado por José N. Duque Gómez, 2.ª ed. (Bogotá: Editorial Jurídica Bolivariana, 2003), 497-510.

[19] La propiedad intelectual se divide en dos grandes campos. De un lado, se encuentra el derecho de autor y los derechos conexos. Del otro, se halla la propiedad industrial (esta comprende: las nuevas creaciones y los signos distintivos). El derecho de autor incorpora las obras de la literatura, "como 'novelas, poemas y obras teatrales, películas y obras musicales; obras de arte, como las pinturas y dibujos, fotografías y esculturas, diseños arquitectónicos y obras realizadas por medios tecnológicos como los programas informáticos y las bases de datos' (1967)"; "y extiende la protección a los artistas, intérpretes y ejecutantes". Fernando Ángel LHoeste, *Propiedad intelectual: Aproximaciones conceptuales y normatividad jurídica* (Bogotá: Universidad de la Salle, 2016), 29-30; 34. Por derechos conexos "deben entenderse el conjunto de prerrogativas, de orden moral y/o patrimonial, reconocidas ya no a los autores de obras artísticas y literarias, sino a los intérpretes o ejecutantes, productores de fonogramas y organismos de radiodifusión, en relación con sus interpretaciones o ejecuciones, fonogramas y emisiones, respectivamente". Jorge Mario Olarte Collazos y Miguel Ángel Rojas Chavarro, *La protección del derecho de autor y los derechos conexos en el ámbito penal* (Bogotá: Dirección Nacional de Derecho de Autor y Ministerio del Interior y de Justicia, 2010), 14. La propiedad industrial incluye "'las patentes, las marcas, los diseños industriales y las indicaciones geográficas'"; "los modelos de utilidad, los nombres y las enseñas comerciales". Ángel LHoeste, *Propiedad intelectual*, 29, 34. Dentro de las nuevas creaciones están "las patentes de invención, los modelos de utilidad, los esquemas de trazado de circuitos integrados y los diseños industriales". Ángel LHoeste, *Propiedad intelectual*, 79. Además de "otras figuras como el secreto empresarial y la protección

atención a las formas o mecanismos de resarcimiento. Estos, como veremos, configuran un régimen de responsabilidad especial, particular y concreto, en la medida que ponen en suspenso algunos de los postulados tradicionales de nuestro sistema de responsabilidad civil extracontractual. Entre estos, el de la necesaria conmutatividad entre el daño y la indemnización, y el carácter exclusivamente resarcitorio de la responsabilidad civil.

Ahora bien, mediante el reconocimiento de los derechos de propiedad intelectual se "busca proteger las producciones del talento, del esfuerzo, del ingenio y de la destreza humana"[20], confiriendo a "su titular el monopolio y la exclusividad sobre ellas, de tal forma que se le retribuya el tiempo, el esfuerzo y los recursos invertidos para desarrollarlas"[21]. Dichas prerrogativas se verían frustradas si el perjudicado no contara con mecanismos adecuados para obtener la reparación de los daños y perjuicios derivados del uso infractor, y anular cualquier ventaja obtenida por el usurpador como consecuencia de la intromisión a los derechos de monopolio.

Como veremos, la especificidad del régimen de responsabilidad por afectación a los derechos de propiedad intelectual está dada por la introducción de condenas *no indemnizatorias* a favor del titular de los derechos de propiedad intelectual. Esta característica se expresa en los siguientes mecanismos, adicionales a la compensación estricta, que se reconocen a favor del afectado dependiendo del ámbito en el que se produce la infracción[22]: (1) el establecimiento de medidas de cesación del daño; (2) la posibilidad de que el afectado persiga la restitución de las

---

de la variedad vegetal". Rodolfo Lizarazu Montoya, *Manual de propiedad industrial* (Bogotá: Legis, 2014), 4. Dentro de los signos distintivos se incluyen "las marcas y los lemas comerciales, los nombres comerciales y las enseñas y las indicaciones geográficas". Ángel LHoeste, *Propiedad intelectual*, 79. Asimismo, "los signos notoriamente conocidos". Lizarazu Montoya, *Manual de propiedad industrial*, 4.

[20] Lizarazu Montoya, *Manual de propiedad industrial*, 3. Al respecto, se sostiene que la propiedad intelectual "hace referencia a las creaciones del ingenio humano: invenciones, 'obras literarias y artísticas, así como símbolos e imágenes utilizadas en el comercio' (1967)". Ángel LHoeste, *Propiedad intelectual*, 29.

[21] Lizarazu Montoya, *Manual de propiedad industrial*, 3.

[22] Estos "mecanismos" no se reconocen por igual frente a todos los derechos de propiedad intelectual.

utilidades obtenidas por el infractor o el pago del valor de las regalías a cambio de las cuales habría sido autorizada la explotación del derecho; (3) el establecimiento de indemnizaciones preestablecidas "como una alternativa a la indemnización basada en los daños reales [...] en una cantidad suficiente para compensar al titular del derecho por el daño causado por la infracción y que se constituyan en disuasorios frente a futuras infracciones"; (4) la introducción de medidas de reparación no pecuniarias (como ocurre con la obligación de publicación de la sentencia), y (5) la opción concedida al afectado para que pueda solicitar la adjudicación anticipada de los productos, materiales y bienes vinculados con la infracción, es decir, dispensada de la petición de ejecución de la sentencia y remate de los bienes del deudor.

Estas disposiciones se aplican sobre todo en los eventos en los cuales entre el causante del daño y el titular de los derechos de propiedad intelectual no media un vínculo negocial o contractual válidamente celebrado, pues, en caso de existir, será el marco que fija el contrato el escenario natural para determinar si la utilización, empleo o explotación de aquellos derechos respeta o no las previsiones de las partes y, en caso de incumplirlas, cuáles son las sanciones que proceden considerando, en primer lugar, el designio de los contratantes y, de manera subsidiaria, las consecuencias legalmente establecidas por el incumplimiento contractual. En otras palabras, las sanciones establecidas en las normas que acá se analizan tienen aplicación preponderante en aquellos eventos en los cuales la infracción a los derechos de exclusiva tiene lugar sin que medie ningún vínculo negocial entre el causante del daño y el titular de los derechos que resultan infringidos.

Marco normativo de protección de los derechos de propiedad intelectual

El marco general de reparaciones y restituciones derivado de la infracción a los derechos de propiedad intelectual se encuentra conformado principalmente por las siguientes disposiciones:

1. El Acuerdo sobre los Aspectos de los Derechos de Propiedad Intelectual relacionados con el Comercio de la OMC (Acuerdo

sobre los ADPIC[23]), aprobado mediante la Ley 170 de 1994[24]. Al respecto, son especialmente relevantes los artículos 41, numeral 1 y 45. El primero de ellos, incorpora la obligación de los Estados miembros de contar con disposiciones internas que "establezcan procedimientos de observancia de los derechos de propiedad intelectual [...], con inclusión de recursos ágiles para prevenir las infracciones y de recursos que constituyan un medio eficaz de disuasión de nuevas infracciones". Por su parte, en relación con los perjuicios ocasionados al titular del derecho por el uso infractor, el artículo 45 establece, primero, la obligación a cargo del infractor de pagar los daños y perjuicios que se sigan de la vulneración del derecho de exclusiva, para lo cual ha de considerarse la tipología tradicional de perjuicios (num. 1); segundo, la obligación de pagar los honorarios de abogado asumidos por el afectado (num. 2), y tercero, incorpora dos mecanismos atípicos al sistema tradicional, a saber, el reconocimiento a favor del afectado de los beneficios obtenidos por el infractor (que la doctrina ha dado en llamar culpa lucrativa o ilícitos lucrativos) y el acceso a perjuicios tarifados (o *statutory damages*).

2. La Decisión Andina 351 de 1993 de la Comisión del Acuerdo de Cartagena o "Régimen común sobre derecho de autor y derechos conexos". En su artículo 57 reconoce el derecho del titular de ser adecuadamente reparado "en compensación por los daños y perjuicios sufridos con motivo de la violación de su derecho". En relación con estos derechos, de acuerdo con lo previsto en el artículo 238 de la Ley 23 de 1982[25] (sobre derechos de autor) la acción civil orientada al "resarcimiento del daño o perjuicio causado por la infracción de esta ley puede ejercerse dentro del

---

[23] El anexo 1C del Acuerdo "reguló de manera integral los asuntos de la propiedad intelectual, 'cubriendo la mayoría de las disciplinas de la PI que los tratados anteriores consideraban separadamente'". Carlos David Tamayo Cárdenas, *Análisis de la responsabilidad civil extracontractual por infracción de patentes de invención: Un estudio jurídico del daño pecuniario y la función del instituto* (Bogotá: Universidad Externado de Colombia), 100.

[24] L. 170/1994.

[25] L. 23/1982.

proceso penal, o por separado, ante la jurisdicción civil competente, a elección del ofendido"[26].

3. La Decisión 486 del 2000 de la Comunidad Andina de Naciones
    o "Régimen común sobre propiedad industrial"[27]. Especialmen-
    te relevantes resultan los artículos 238, 241 y 243. El prime-
    ro de ellos incorpora de manera expresa la facultad que tiene
    todo titular de un derecho de propiedad industrial reconocido
    en esta regulación para "entablar acción ante la autoridad na-
    cional competente contra cualquier persona que infrinja su de-
    recho" o "ejecute actos que manifiesten la inminencia de una
    infracción". Los dos restantes contienen un abanico de medidas
    a favor del afectado con la infracción del derecho de propiedad
    industrial, dentro de las cuales se incluyen: órdenes dirigidas a
    que cese la infracción (art. 241, lit. a) y medidas simbólicas a fa-
    vor del afectado (art. 241, lit. f). Debe resaltarse, además, que la
    norma no establece un conjunto cerrado de medidas a favor del
    afectado (*numerus clausus*), sino que enuncia solamente unos
    criterios de reparación "entre otros" (art. 243). Dentro de estos
    se mencionan los mecanismos tradicionales de compensación
    del perjuicio pecuniario ("daño emergente y lucro cesante", lit.
    a), la posibilidad para el afectado de reclamar "el monto de los
    beneficios obtenidos por el infractor" (lit. b) o el precio que se
    "habría pagado por concepto de una licencia contractual" (lit.
    c). Las medidas enlistadas en los literales a, b y c corresponden
    al denominado sistema del triple cómputo del daño. Por último,
    la norma incorpora el derecho del afectado a pedir la adjudica-
    ción sumaria de los productos derivados de la infracción y de
    los medios empleados para cometerla.

4. La Ley 44 de 1993[28]. Al respecto, los artículos 57 y 56 regu-
    lan, en su orden, los criterios para tener en cuenta al momento

---

[26] Karen Isabel Cabrera Peña, "Consideraciones sobre la determinación del monto
del daño por infracciones al derecho de autor en entornos digitales", *Ius et Praxis* 21,
(2015): 507.

[27] Comisión de la Comunidad Andina, Decisión 486, sep. 14/2000.

[28] L. 44/1993, "por la cual se modifica y adiciona la Ley 23 de 1982 y se modifica
la Ley 29 de 1944". Dicha normativa está en armonía con el artículo 57 de la Decisión
Andina 351 de 1993, "que faculta a las autoridades nacionales, en este caso autoridades

de tasar los perjuicios materiales derivados de la infracción de los derechos de autor, y la posibilidad de adjudicarle al afectado, por cuenta de la indemnización, los bienes incautados destinados "directa o indirectamente" a la infracción.

5. El Acuerdo de Promoción Comercial suscrito entre la República de Colombia y Estados Unidos de América (TLC)[29]. El artículo 16.11, numerales 7, 8 y 9, se ocupa de la "observancia de los derechos de propiedad intelectual". Esta norma incorpora, en primer lugar, el derecho del afectado a ser adecuadamente compensado por "los daños sufridos como resultado de la infracción" (num. 7, clausula i); además, reconoce el derecho del afectado a solicitar "las ganancias, obtenidas por el infractor imputables a la infracción y que no fueran tomadas en cuenta al calcular el monto de la indemnización a que se refiere la cláusula (i)" (num. 7, clausula ii); y en tercer lugar, prevé el establecimiento de indemnizaciones preestablecidas "como una alternativa a la indemnización basada en los daños reales [...]" (num. 8). Con excepción de las medidas de compensación, que se reconocen en todos los casos de infracción a los derechos de propiedad intelectual, los restantes mecanismos o alternativas solamente se aplican en el caso de infracciones al "derecho del autor o derechos conexos, y en el caso de falsificación de marcas". Por su parte, el numeral 9 reitera la obligación de reconocer en los procesos judiciales las costas procesales y los honorarios razonables de los abogados.

6. El Acuerdo Comercial entre la Unión Europea y sus Estados Miembros, por una Parte, y Colombia y el Perú, por Otra, aprobado por el Congreso de Colombia mediante la Ley 1669 del 2013[30]. Se resaltan los artículos 242, 243, 244, 245 y 246 que forman parte del capítulo 4, que trata sobre la observancia de

---

judiciales, para que ordenen el pago de una indemnización cuando el autor/titular sufre un daño a su derecho". Cabrera Peña, "Consideraciones sobre la determinación", 507.

[29] Acuerdo de Promoción Comercial entre la República de Colombia y Estados Unidos de América (TLC), firmado el 22 de noviembre del 2006, Capítulo 16: Derechos de propiedad intelectual.

[30] L. 1669/2013. El Gobierno colombiano, mediante el Decreto 1513 del 18 de julio del 2013, dispuso dar aplicación provisional al Acuerdo Comercial a partir del 1.° de agosto del 2013.

los derechos de propiedad intelectual. Dicha normatividad incorpora, primero, las multas coercitivas, figura conocida por la doctrina como *astreintes* (arts. 242 y 243); segundo, el derecho a la compensación por los daños y perjuicios derivados de la infracción (art. 244, num. 1, lit. a); tercero, la posibilidad de tener en cuenta al momento de la condena "cualquier beneficio ilegítimo obtenido por el infractor" (art. 244, num. 1, lit. a, y num. 2); cuarto, la inclusión de perjuicios no pecuniarios "tales como [el] daño moral causado al titular del derecho por la infracción" (art. 244, num. 1, lit. a); quinto, como una alternativa a los anteriores mecanismos, la fijación de una suma global o "alzada" que considere, "al menos, el importe de las regalías o tasas debidas si el infractor hubiere solicitado autorización" (art. 244, num. 1, lit. b), y sexto, la utilización de indemnizaciones preestablecidas para cubrir los daños y perjuicios (art. 244, num. 2). También incorpora la obligación de pagar los gastos razonables del proceso "incluidos honorarios de abogados" (art. 245) y la publicación, total o parcial de la sentencia, para asegurar la difusión de la información (art. 246).

7. La Ley 1648 del 2013[31], por medio de la cual se "establecen medidas de observancia a los derechos de propiedad industrial", que incorpora al ordenamiento nacional el mecanismo de las indemnizaciones preestablecidas para los eventos de infracción marcaria (art. 3).

8. El Decreto 1074 del 2015[32], por medio del cual se expide el Decreto Único Reglamentario del Sector Comercio, Industria y Turismo. En los artículos 2.2.2.21.1 y 2.2.2.21.2. regula el mecanismo de las indemnizaciones preestablecidas para los casos de infracción marcaria, fija los topes de dicha indemnización y establece los criterios a tener en cuenta para su determinación.

---

[31] L. 1648/2013.

[32] D. 1074/2015. Este decreto abrogó el Decreto 2264 del 2014, por el cual se reglamentaba la indemnización preestablecida por infracción a los derechos de propiedad marcaria.

9. La Ley 1915 del 2018[33], que incorpora a la legislación interna el sistema de indemnizaciones preestablecidas como "consecuencia de la infracción a los derechos patrimoniales de autor y derechos conexos o por las conductas descritas en la presente ley, relacionadas con las medidas tecnológicas y la información para la gestión de derechos" (art. 32). Sin embargo, este mecanismo se encuentra supeditado a la reglamentación que expida el Gobierno nacional, cosa que no ha ocurrido aún.

10. Por último, está el artículo 615 del Código de Comercio que, como recuerda Rengifo, faculta a los colombianos y extranjeros domiciliados en el país para solicitar, en los asuntos judiciales, la aplicación interna de los tratados sobre propiedad industrial[34].

Indemnizaciones y restituciones derivadas de la infracción de los derechos de propiedad intelectual

En el presente apartado se examinan los criterios, mecanismos o tipologías de daño incluidos en las anteriores disposiciones. Estos dan lugar a un régimen de responsabilidad especial, particular y concreto, no derivable en su integridad de los postulados tradicionales del sistema de responsabilidad civil extracontractual.

Cabe resaltar que la legitimación por activa para reclamar las reparaciones o restituciones pertinentes corresponde al titular inicial o derivativo del derecho o interés afectado por la infracción a los derechos de propiedad intelectual. De esta manera se encuentran legitimados, entre otros, el propietario del intangible, el cesionario del derecho sobre este[35],

---

[33] L. 1915/2018.

[34] Rengifo García, "Valoración de perjuicios". En efecto, de acuerdo con el artículo 615, "Los colombianos y los extranjeros domiciliados en Colombia podrán solicitar de las correspondientes autoridades judiciales o administrativas, la aplicación de toda ventaja que resulte de una convención suscrita y ratificada por Colombia en materia de propiedad industrial". C. Co., D. 410/1971.

[35] Para Lizarazu, "si el titular del derecho lo ha cedido a un tercero y el contrato de cesión se encuentra registrado, el cesionario está legitimado para iniciar la acción". Lizarazu Montoya, *Manual de propiedad industrial*, 368-369.

el copropietario y el licenciatario exclusivo[36]. Lo anterior guarda concordancia con la distinción entre daño y perjuicio. De esta manera, es posible que una misma infracción (daño) dé lugar a perjuicios de diferente naturaleza (pecuniarios y no pecuniarios), y que concurran distintas personas en calidad de perjudicados[37], mediante la acumulación subjetiva de pretensiones, con la condición de que cada demandante resulte ser titular de una prerrogativa, interés o derecho lesionado por el uso infractor. Con todo, la acción podrá ser ejercida siempre y cuando el uso o explotación infractora no se encuentren contractual o legalmente autorizados. De allí que su viabilidad haya sido descartada cuando el uso esté precedido por "la concesión de una licencia [...] un contrato de franquicia, venta de la marca a través de traspaso o afectación de dicho signo, entre otras formas (Superintendencia de Industria y Comercio, 2015, concepto 15269188, 28 de diciembre)"[38].

A continuación, se examina cada uno de los criterios o mecanismos de reparación a disposición de los afectados en los casos de infracción a los derechos de propiedad intelectual.

Medidas inhibitorias de la infracción y de conminación en caso de incumplimiento

Las medidas de cesación constituyen auténticas condenas en asuntos de responsabilidad civil[39]. Como expresión de la función inhibitoria

---

[36] Juan David Castro García, *La propiedad industrial* (Bogotá: Universidad Externado de Colombia, 2009), 153. Se considera que el licenciatario se encuentra legitimado para promover la acción salvo que la licencia le "restrinja al licenciatario el ejercicio de acciones por infracción de derechos; en tal caso, no se podrá entablar la acción". Lizarazu Montoya, *Manual de propiedad industrial*, 99.

[37] En el caso de los derechos de autor se reconoce que aun cuando "la protección en principio es dirigida a los creadores (autores) la titularidad de algunos derechos (los patrimoniales) puede radicarse en personas naturales o jurídicas diferentes del autor, en virtud de una transferencia de derechos que puede operar por acto entre vivos: cesión convencional, obra por encargo, transferencia de servidores públicos, o por causa de muerte". Olarte Collazos y Rojas Chavarro, *La protección del derecho*, 10.

[38] Ángel LHoeste, *Propiedad intelectual*, 99.

[39] Como lo recuerda Cortés, por medio de la acción inhibitoria se "pretende bloquear o impedir la realización del hecho ilícito capaz de producir el daño, o no permitir

del daño[40], la acción por infracción puede ser empleada tanto para prevenir la consumación del daño (es decir, ante la amenaza de lesión), como para evitar su agravación[41]. En línea con lo anterior, la Decisión 486 del 2000[42] faculta al titular de los derechos de propiedad industrial para promover la acción por infracción no solo contra aquella persona que "infrinja su derecho", sino también cuando "ejecute actos que manifiesten la inminencia de una infracción" (art. 238). En virtud de lo anterior, el interesado se encuentra autorizado para solicitar, entre otras medidas, el "[...] cese de los actos que constituyen la infracción" (art. 241). Similar previsión se halla en el Acuerdo Comercial suscrito entre Colombia, Perú y la Unión Europea[43], en el cual se dispone que, en los casos de infracción de un derecho de propiedad intelectual, la autoridad judicial podrá "dictar contra el infractor un mandato judicial destinado a impedir la continuación de la infracción" (art. 242).

Ahora bien, atendiendo el propósito que persigue esta medida, las condenas respectivas pueden consistir en obligaciones de hacer o de abstención a cargo del infractor. De esta manera, una vez se constate que el tercero ha llevado a cabo alguna de las conductas infractoras el juez podrá emitir distintas clases de órdenes encaminadas a que cesen los actos infractores. Dentro de estas se incluyen, por ejemplo: (1) la orden al infractor para que se abstenga de continuar ejecutando el comportamiento

---

su continuación"; eso implica la imposición "a un sujeto determinado de un comportamiento para el futuro". Edgar Cortés, *Responsabilidad civil y daños a la persona: El daño a la salud en la experiencia italiana, ¿un modelo para América Latina?* (Bogotá: Universidad Externado de Colombia, 2009), 64.

[40] La doctrina no es pacífica a la hora de determinar si las medidas inhibitorias forman parte o no del ámbito de la responsabilidad civil. A favor de esta inclusión está Tamayo Jaramillo, quien considera que la "supresión del ilícito" es una forma de reparación en la responsabilidad extracontractual. Javier Tamayo Jaramillo, *De la responsabilidad civil. Tomo IV* (Bogotá: Temis, 1999). Véase también Tamayo Cárdenas, *Análisis de la responsabilidad*, 67. Por el contrario, Cortés considera que la "acción inhibitoria" no forma parte de la responsabilidad. Cortés, *Responsabilidad civil.*

[41] Tal como explica Tamayo Jaramillo, "Si la acción dañina se prolonga en el tiempo, la víctima tiene derecho a reclamar la supresión del fenómeno que le está produciendo el daño". Tamayo Jaramillo, *De la responsabilidad civil*, 261.

[42] Comisión de la Comunidad Andina, Decisión 486, sep. 14/2000.

[43] Acuerdo Comercial entre la Unión Europea y sus Estados Miembros por una Parte, y Colombia y el Perú, por Otra, firmado el 26 de junio del 2012.

infractor; (2) el retiro del circuito de comercio de los productos infracto-res ("incluidos los envases, embalajes, etiquetas, el material impreso o de publicidad u otros materiales, así como los elementos y medios que sirvieron predominantemente para cometer la infracción"[44]); (3) la or-den para que el producto o modelo de utilidad infractor "sea removido de aquel producto comercializado bajo una marca o signo protegido"[45]; (4) la prohibición de importación o exportación de los productos, ma-teriales o medios resultantes de la infracción[46]; (5) la destrucción de los productos infractores; (6) el cierre del establecimiento de comercio; (7) "la prohibición al infractor de reanudar la explotación o actividad infractora"[47], y (8) cualquier otra medida que pueda resultar útil para el cese de las conductas[48], "evitar un perjuicio mayor"[49] o "impedir la re-petición de la infracción"[50]; todo lo cual dependerá de las circunstancias particulares del caso.

Interesante resulta la previsión del artículo 242 del Acuerdo Comer-cial suscrito entre Colombia, Perú y la Unión Europea[51], que permite

---

[44]   Lizarazu Montoya, *Manual de propiedad industrial*, 374. Algún sector de la doc-trina propone ser cautos al aplicar las medidas de inhibición cuando pudieran resultar desproporcionadas. Pino cita como ejemplo el caso de "un libro de 300 fotografías, de las cuales una vulnera derechos de propiedad intelectual", en su criterio "la destrucción o apartación del comercio de 200 ejemplares será una medida desproporcionada para el infractor, pudiéndose eventualmente satisfacer al titular de los derechos mediante la indemnización de perjuicios o removiendo la parte del ejemplar que constituye la infracción —en caso de que ello sea posible—". Alberto Pino-Emhart, "Las acciones civiles por infracciones al derecho de propiedad intelectual", *Revista chilena de derecho y tecnología* 8, n.° 2 (2019), 41.

[45]   Lizarazu Montoya, *Manual de propiedad industrial*, 374.

[46]   Ernesto Rengifo García, "Los perjuicios en la infracción de los derechos de pro-piedad intelectual", *Ámbito Jurídico*, (2015): 21.

[47]   Pino-Emhart, "Las acciones civiles", 39.

[48]   Entre las órdenes que puede impartir el juez para hacer cesar el daño o impedir que este se produzca en los casos de lesión a los derechos morales de autor podría incluirse "que un libro que contiene afirmaciones inexactas respecto de una persona se complete con los documentos justificativos del caso en los ejemplares restantes y en las ediciones futuras". Alessandri Rodríguez, "La reparación del daño".

[49]   Lizarazu Montoya, *Manual de propiedad industrial*, 373.

[50]   Castro García, *La propiedad industrial*, 329.

[51]   Acuerdo Comercial entre la Unión Europea y sus Estados Miembros por una Parte, y Colombia y el Perú, por Otra, firmado el 26 de junio del 2012.

la imposición de "una multa coercitiva" al infractor, con el propósito de asegurar el cumplimiento de la orden judicial. Dicha condena puede ser conmutada por una suma única, cuando al no existir dolo ni culpa del infractor la ejecución de tal medida pudiere causar "un daño despro-porcionado y […] la reparación pecuniaria a la parte perjudicada [pare-ciere] razonablemente satisfactoria" (art. 243). El establecimiento de la indicada multa resulta novedoso en nuestro ordenamiento, dado que en este no está prevista la figura de las *astreintes*. Este es un mecanismo propio de otros ordenamientos, con el cual se autoriza de manera expresa al juez a fijar una suma única o periódica, no dependiente del monto de la condena y adicional a esta, con destino al acreedor, con el propósito de constreñir el cumplimiento de la sentencia por parte del deudor[52]. En nuestro ordenamiento, en general, a la orden de suspensión de la infrac-ción o hecho dañino se sigue solamente la posibilidad del afectado de "cobrar [los] perjuicios que hasta el momento de la supresión del ilícito le hayan sido causado[s]"[53].

A pesar de la innegable utilidad que esta medida tendría en aquellos casos en los cuales pueda existir riesgo de incumplimiento de la sen-tencia por parte del obligado, es de hacer notar que la potestad que se incorpora en el Acuerdo Comercial suscrito entre Colombia, Perú y la Unión Europea no tiene aplicación inmediata, en tanto se encuentra su-peditada a su incorporación en la legislación nacional (art. 242).

Medidas de reparación o indemnizatorias (el derecho
a la compensación adecuada por los daños sufridos
como resultado de la infracción)

En general las normas enlistadas reconocen el derecho del afectado a obtener el "resarcimiento", según el artículo 45 del Acuerdo sobre los ADPIC[54], o "indemnización adecuada"[55], que permita compensar los

---

[52] Jorge Forgues Valverde, "La astreinte en la legislación boliviana", *Revista Ciencia y Cultura* 10, (2002): 25-33.

[53] Tamayo Jaramillo, *De la responsabilidad civil*, 261.

[54] L. 170/1994.

[55] TLC, Capítulo 16: Derechos de propiedad intelectual, art. 16.11.

daños y perjuicios que haya sufrido como resultado de la infracción de su derecho de propiedad intelectual. Dentro de esta compensación se mencionan, entre otros perjuicios, el "daño emergente y el lucro cesante sufrido por el titular del derecho como consecuencia de la infracción" (Decisión 486 del 2000[56], art. 243, lit. a) y "elementos distintos de los factores económicos, tales como [el] daño moral causado al titular del derecho por la infracción"[57].

Con la idea de *compensación* o *indemnización adecuada* se incorpora el derecho del perjudicado a ser resarcido por las afectaciones pecuniarias y no pecuniarias que sean consecuencia de la infracción. Para tal fin ha de acudirse a las categorías o tipologías tradicionales de daños propias de la responsabilidad civil. En nuestro entorno, se distingue entre daños pecuniarios (o materiales) y daños no pecuniarios (o inmateriales). Los primeros se entienden como "aquellos que atentan contra bienes o intereses de naturaleza económica, es decir, medibles o mesurables en dinero"[58]. Dentro de estos se incluyen el daño emergente, el lucro cesante[59] y la pérdida de oportunidad. Los segundos son aquellos no susceptibles de ser medidos, intercambiados o valorados en términos monetarios. Algunos de ellos son el daño moral, el daño a la vida de relación (o alteración a las condiciones de existencia) y, en el desarrollo actual de la jurisprudencia, la reparación de la lesión a los derechos de especial relevancia constitucional[60]. Estos perjuicios deberán ser reparados siempre y cuando guarden la necesaria relación de causalidad con la infracción de los derechos de propiedad intelectual. Como se explica más adelante, por responder a otros propósitos, no se pueden entender incluidas aquí las pretensiones del afectado dirigidas a la restitución de los beneficios obtenidos por el infractor o el pago de la regalía hipotética.

---

[56] Comisión de la Comunidad Andina, Decisión 486, sep. 14/2000.

[57] Acuerdo Comercial entre la Unión Europea y sus Estados Miembros por una Parte, y Colombia y el Perú, por Otra, firmado el 26 de junio del 2012, art. 244.

[58] Henao Pérez, *El daño*, 195.

[59] Ángela María Murcia Ramos, *La subsistencia del perjuicio a partir de la aplicación de la* compensatio lucri cum damno *y de la reparación integral* (Bogotá: Universidad Externado de Colombia, 2017), 44.

[60] CSJ, Cas. Civil. Exp. 2003-00660-01.

Dado el carácter compensatorio de estas medidas, adquiere plena vigencia lo ya explicado en torno a que el perjuicio experimentado por la víctima constituye el límite inferior y superior de la obligación indemnizatoria. En consecuencia, dentro de las categorías de perjuicios que se incluyen en esta sección es imposible obtener un monto superior a aquel que permita la adecuada y equitativa reparación de los daños y perjuicios experimentados por el afectado. Este derecho a la compensación implica, siguiendo la expresión de Toulemon y Moore, que la condena económica no puede tener un objeto distinto a reparar el daño, todo el daño y nada más que el daño[61]. El propósito de estos mecanismos es exclusivamente compensar la lesión que ha tenido lugar, poniendo al perjudicado en la situación más próxima a la que se encontraría si la infracción no hubiese tenido lugar.

En consecuencia, con el propósito de ser compensado de forma adecuada el afectado podrá solicitar la reparación de los perjuicios que se analizan a continuación.

Daño emergente

Tal como lo precisa la doctrina, hay "daño emergente cuando un bien económico (dinero, cosas, servicios) salió o saldrá del patrimonio de la víctima"[62]. La jurisprudencia nacional define este perjuicio como "la pérdida misma de elementos patrimoniales, los desembolsos que hayan sido menester o que en el futuro sean necesarios y el advenimiento de pasivo[s], causados por los hechos de los cuales trata de deducirse la responsabilidad"[63]. En este caso la afectación económica que experimenta el perjudicado se expresa tanto en la destrucción o deterioro de los bienes que integran su patrimonio, como en la necesidad de asumir erogaciones que la víctima no habría tenido que realizar de no ser por el evento dañoso. Las erogaciones o pasivos pueden corresponder, por ejemplo, al "costo de la reparación necesaria del daño causado y a los

---

[61] Citado en Solarte Rodríguez, "Reparación integral del daño y restitución de los beneficios obtenidos por el civilmente responsable", 3.

[62] Tamayo Jaramillo, *De la responsabilidad civil*, 136.

[63] csj, Cas. Civil, Sent. may. 7/1968.

gastos en que se incurre con ocasión del daño"[64]. Sin embargo, cuando estos "no sean necesarios, proporcionados y razonables, el responsable solo estará obligado a responder hasta el límite proporcional y razonable, no más"[65].

En el caso de infracción de los derechos de propiedad intelectual, el afectado podrá pedir que se obligue al demandado a reembolsar o cubrir, entre otros: (1) los gastos de investigación en que haya incurrido para detectar la infracción, identificar a los responsables u obtener pruebas de la comisión de la infracción o amenaza de esta; (2) los gastos de publicidad y difusión en que incurrió o incurrirá para hacer frente a la infracción; (3) el detrimento del valor de la marca, obra, producto, etc., originado en el uso infractor[66], y (4) el valor de los honorarios de los abogados[67], siempre que los valores causados sean "razonables y proporcionales"[68]. Este último concepto responde a la exigencia de una compensación adecuada de los daños experimentados por el demandante, pues, tal como lo reconoce la doctrina, tal rubro no suele ser adecuadamente resarcido bajo el concepto de las "agencias en derecho", debido a que "ha hecho carrera en la práctica judicial que no se reconozcan los honorarios efectivos que el titular ha pagado por la defensa de su derecho"[69]. Nótese que los gastos de apoderamiento pueden consistir o verse reflejados no solo en una erogación, sino también en el advenimiento de un pasivo[70].

---

[64] Vicente Domingo, citado en María Cristina Isaza Posse, *De la cuantificación del daño: Manual teórico práctico*, 2.ª ed. (Bogotá: Temis, 2011), 23.

[65] Isaza Posse, *De la cuantificación*, 23.

[66] Piénsese, por ejemplo, el caso en el que la creación intelectual sea irreversiblemente deformada o mutilada, perdiendo su valor económico.

[67] L. 170/1994; Comisión de la Comunidad Andina, Decisión 486, sep. 14/2000; TLC, Capítulo 16: Derechos de propiedad intelectual.

[68] Unión Europea, República de Colombia, y República del Perú, Acuerdo Comercial entre la Unión Europea y sus Estados Miembros por una Parte, y Colombia y el Perú, por Otra. (26 de junio del 2012), art. 245, y TLC, art. 16.11.

[69] Rengifo García, "Valoración de perjuicios", 859.

[70] Sobre la razonabilidad de este cobro, se ha dicho que "La parte que tiene razón en su pretensión indemnizatoria, si paga de su bolsillo y no repite luego la tasa de justicia [por ejemplo, un arancel], honorarios, gastos periciales, etc., en definitiva, cobra menos indemnización". Edgardo López Herrera, *Teoría general de la responsabilidad civil* (Buenos Aires: Lexis Nexis, 2006), 459.

Por tratarse de una deuda de valor y no de "dinero" el monto a reconocer a favor del afectado debe establecerse en términos de igual poder adquisitivo. En este sentido, sobre el valor de los daños experimentados por el titular del derecho de propiedad intelectual ha de reconocerse la respectiva actualización monetaria. Tratándose de daños futuros estos deberán ser traídos a valor presente de acuerdo con las fórmulas financieras reconocidas por la jurisprudencia.

Lucro cesante

A su turno, "hay lucro cesante cuando un bien que debía ingresar en el curso normal de los acontecimientos no ingresó ni ingresará en el patrimonio de la víctima"[71]. Este perjuicio se identifica con aquello "que no se ganó o indefectiblemente no se ganará"[72]. Con este rubro se busca reparar las ganancias, utilidades, rentas o beneficios de los que se vio o se verá privado el afectado como consecuencia del evento dañoso. Ahora bien, en los casos en los cuales la percepción de la renta o ingreso respectivo requiere de la realización de una erogación (costos o gastos), para su precisa cuantificación será necesario descontar los valores que de ordinario se asocian a la producción del beneficio, con el propósito de obtener la utilidad neta a la que propiamente tiene derecho el afectado[73].

En los casos de infracción de los derechos de exclusiva está legitimado para perseguir la reparación de esta clase de daños tanto el titular del respectivo derecho de propiedad intelectual, como el licenciatario exclusivo, quien por virtud del contrato adquiere la facultad de explotación del intangible (por ser a este "a quien corresponde la auténtica pérdida del beneficio"[74]), siempre que con ocasión de la infracción resulte

---

[71] Tamayo Jaramillo, *De la responsabilidad civil*, 136.

[72] La doctrina explica que para determinar el lucro cesante "[…] debe descontarse del valor del lucro, el valor de los gastos indispensables para obtenerlo". Isaza Posse, *De la cuantificación*, 27.

[73] *Ibid.*, 30.

[74] Mariano Yzquierdo Tolsada y Vicente Arias Máiz, *Daños y perjuicios en la propiedad intelectual: Por una nueva regulación* (Madrid: Trama Editorial, 2006), 125.

privado de los ingresos que en el curso normal de los acontecimientos habría obtenido. Los valores respectivos deben ajustarse para responder a las variaciones derivadas de la pérdida de poder adquisitivo, o traerse a valor presente, según las fórmulas financieras reconocidas por la jurisprudencia.

Dentro de este rubro puede reclamarse, por ejemplo: (1) el valor de los ingresos frustrados (presentes o futuros) derivados de la reproducción y distribución no autorizada de fonogramas, obras musicales, audiovisuales, literarias y *software*; (2) en materia de patentes, pueden reclamarse los ingresos que podría haber obtenido el titular por la venta del producto[75] o de las "mercancías sobre las cuales la patente forma una parte inherente"[76], y (3) las utilidades que se dejarán de percibir a futuro, con la condición de que se demuestre que se trata de un daño cierto y no meramente hipotético o eventual.

Pérdida de oportunidad

Con esta expresión se hace referencia a aquellas circunstancias en las cuales, como consecuencia del evento dañoso, el perjudicado pierde la posibilidad de asegurar un beneficio, obtener una ganancia o evitar una pérdida que a pesar de no haberse consolidado obtendría con una alta o significativa probabilidad. Ahora bien, en tanto no se trata de una circunstancia cierta, sino probable o altamente probable, "su reparación nunca puede plantearse en los mismos términos que si el daño no se hubiera producido y el resultado hubiera sido favorable al perjudicado"[77]. Para calcular la magnitud de la afectación se suele hacer una proyección o estimación de la probabilidad de éxito, beneficio o no pérdida, con el

---

[75] Castro García, *La propiedad industrial*, 329.

[76] Rengifo García, "Valoración de perjuicios", 863. Para que proceda esta reparación "es necesario que se demuestre que los elementos patentados del producto constituyen el atractivo principal de la demanda y que [...] el éxito comercial del producto depende de dichos elementos". *Ibid.*, 863.

[77] Marcelo López y Trigo Represas, *Tratado de responsabilidad civil*, 84-84, citado en Isaza Posse, *De la cuantificación*, 46-47.

propósito de determinar "lo que hubiera ocurrido eliminando hipotéticamente el hecho dañoso"[78].

Aunque la pérdida de oportunidad ha sido utilizada para resarcir lesiones pecuniarias y no pecuniarias[79], en asuntos de propiedad intelectual la pérdida de oportunidad estará típicamente representada por la frustración de un ingreso. En este caso el perjuicio habrá de calcularse teniendo en cuenta la probabilidad de haber obtenido el beneficio correspondiente siguiendo el curso ordinario de las circunstancias. Como es natural, también en este evento habrán de descontarse los costos y gastos asociados a la percepción del ingreso.

Para efectuar la tasación de las diferentes modalidades de daño pecuniario (daño emergente, lucro cesante y pérdida de oportunidad) el perjudicado podrá acudir a los distintos medios probatorios. Sin embargo, es preciso señalar que, de acuerdo con la regulación procesal vigente, en principio el demandante deberá realizar el correspondiente juramento estimatorio. Para ello será necesario discriminar bajo juramento cada uno de los conceptos cuya indemnización pretende; así como soportar los valores, periodos y operaciones que los fundamentan[80]. En este sentido, solamente se acudirá a los restantes medios de prueba (entre ellos dictamen pericial, inspección judicial, prueba documental), en aquellos casos en los cuales el demandado objete la estimación realizada por el demandante.

Daño moral

El daño moral "es aquel producido generalmente en el plano síquico interno del individuo, reflejado en los dolores o padecimientos sufridos

---

[78] Isaza Posse, *De la cuantificación*, 47.

[79] Esta figura ha sido utilizada para reclamar los perjuicios derivados de la frustración de un ingreso por no haber obtenido un trabajo o una mejora en el mismo, celebrado un contrato o percibido unos "cánones de arrendamiento". Tamayo Cárdenas, *Análisis de la responsabilidad*, 45. Asimismo, por no ganar un proceso "por negligencia del abogado". Isaza Posse, *De la cuantificación del daño*, 50. También para reclamar la pérdida de oportunidades de curación de una enfermedad. *Ibid.*, 50.

[80] Código General del Proceso, art. 206; L. 1564/2012, art. 206.

a consecuencia de la lesión a un bien"[81]. Este tipo de perjuicio puede provenir tanto de "la muerte o lesiones causadas a la víctima directa o a las personas cercanas a la víctima directa"[82], como por la afectación, "avería o pérdida de cosas, y también por las lesiones al honor o buen nombre"[83]. En este caso, las sumas que se reconocen al afectado no pretenden reparar la lesión experimentada sino compensar o procurar una satisfacción o facilidad para el perjudicado. Tal como explica la doctrina, con el fin de fijar la suma pertinente, corresponde "al juez tasar discrecionalmente la cuantía de su reparación, teniendo en cuenta las condiciones particulares de la víctima y la gravedad objetiva de la lesión"[84].

Ahora bien, en nuestro ordenamiento "el daño moral solo ha sido reconocido para las personas morales y no para las jurídicas"[85]. En este sentido, en caso de que el evento dañoso afecte el buen nombre o reputación de una persona jurídica la pretensión resarcitoria deberá encausarse mediante la afectación pecuniaria de la marca, al *good will*, a los ingresos, entre otros. En contraste, esta modalidad de reparación se muestra perfectamente aplicable en los casos en los cuales se ha infringido el derecho de autor, escenario en el que la lesión a las prerrogativas de paternidad o integridad puede dar lugar a perjuicios morales. Considérese, por ejemplo, el literal b del artículo 30 de la Ley 23 de 1982, que en relación con los derechos morales del autor consagra la facultad del titular de oponerse a "toda deformación, mutilación u otra modificación de la obra, cuando tales actos puedan causar o acusen perjuicio a su honor o a su reputación, o la obra se demerite, y a pedir reparación por estos"[86].

También podría derivar este daño de la vulneración del *derecho de inédito*, lo que acontece cuando se lesiona la prerrogativa del autor a decidir las condiciones de tiempo y modo en las cuales la obra habrá

---

[81] Murcia Ramos, *La subsistencia del perjuicio*, 45.

[82] *Ibid.*, 46.

[83] *Ibid.*, 46.

[84] Isaza Posse, *De la cuantificación del daño*, 57.

[85] Murcia Ramos, *La subsistencia del perjuicio*, 46.

[86] L. 23/1982. El Convenio de Berna para la Protección de las Obras Literarias y Artísticas también reconoce el derecho del autor "de oponerse a cualquier deformación, mutilación u otra modificación de la misma o a cualquier atentado a la misma que cause perjuicio a su honor o a su reputación". L. 33/1987.

de ser divulgada, siempre que de ello se siga una afectación psíquica o
una afrenta al buen nombre o reputación del titular. Basta agregar que,
en tanto esta clase de perjuicios pueden derivar también de la afectación a bienes materiales, no queda excluida su invocación, por ejemplo,
como consecuencia de "la angustia que supone para un comerciante o
industrial el ver que sus productos están siendo falsificados, o que su
empresa está siendo abocada a la ruina en razón de la actividad culposa de un tercero"[87].

Daño a la vida de relación y daño a los derechos de especial relevancia constitucional

El daño a la vida de relación es un perjuicio distinto del daño moral.
Dicho perjuicio incide en la órbita externa de interacción de la víctima
afectando su capacidad de relacionarse con los demás, con el medio
ambiente o impidiéndole realizar actividades comunes, habituales e incluso rutinarias. En este evento, como consecuencia del hecho dañino
"la víctima encontrará injustificadamente en su camino obstáculos, pre-
ocupaciones y vicisitudes que antes no tenía, lo que cierra o entorpece
su acceso a la cultura, al placer, a la comunicación, al entretenimiento,
a la ciencia, al desarrollo y, en fin, a todo lo que supone una existencia
normal, con las correlativas insatisfacciones, frustraciones y profundo
malestar"[88]. La determinación del importe de la compensación correspondiente ha sido dejada al arbitrio judicial.

Por su parte, la Corte Suprema de Justicia, en fallo del 5 de agosto del
2014, señaló que los daños no pecuniarios comprenden, además del daño
moral y el daño a la vida de relación, la afectación a "bienes jurídicos
de especial protección constitucional tales como la libertad, la dignidad,
la honra y el buen nombre, que tienen el rango de derechos humanos
fundamentales"[89]. Ahora bien, siempre que se cumplan los presupues-

---

[87] Tamayo Jaramillo, *De la responsabilidad civil*, 417.

[88] csj, Cas. Civil, Sent. may. 13/2008, Rad. 11001-3103-006-1997-09327-01. M.P.
César Julio Valencia Copete. Reiterada en csj, Cas. Civil, Sent. dic.19/2017, Rad.
SC22036-2017. M.P. Aroldo Wilson Quiroz Monsalvo.

[89] csj, Cas. civil, Exp. 2003-00660-01.

tos para su reconocimiento, y en tanto la afectación respectiva guarde la necesaria relación de causalidad con la infracción a los derechos de propiedad intelectual, podrá el afectado solicitar tanto la reparación del daño a la vida de relación, como la indemnización por afectación a "bienes jurídicos de especial protección constitucional".

Medidas de restitución o anulación de los beneficios obtenidos por el infractor

Por medio de la "restitución de los beneficios" obtenidos por el responsable y el pago de la "regalía hipotética", se busca ofrecer una respuesta a los denominados "ilícitos lucrativos" o "culpa lucrativa"[90]. La nota característica de estos eventos consiste en que, en tales supuestos, "subsiste a favor del dañador, luego de pagadas las indemnizaciones, un beneficio económico derivado de su conducta antijurídica"[91]. Tal beneficio o rédito puede consistir "en el ingreso de bienes a su patrimonio o en el ahorro de gastos necesarios para evitar el menoscabo"[92]. En estos supuestos el valor de la indemnización resulta inferior a los beneficios obtenidos por el infractor, por lo que la causación del daño le resulta económicamente favorable.

En vista de lo anterior, se ha considerado adecuado establecer, frente a supuestos específicos de daño[93], la posibilidad de que el beneficio

---

[90] Solarte Rodríguez, "Reparación integral del daño", 12.

[91] Pizarro, *La reparación del daño*, 5.

[92] *Ibid.*, 12.

[93] La "anulación de ganancias" está reconocida en varios territorios: (1) en el derecho español, en relación con las intromisiones ilegítimas a los derechos al honor, a la intimidad familiar y a la propia imagen; para calcular la indemnización "también se valorará el beneficio que haya obtenido el causante de la lesión como consecuencia de la misma". Ley de Protección Civil, art. 9.3, cfr. Arturo Solarte Rodríguez, "Responsabilidad civil y equidad en el Código Civil peruano de 1984. Análisis desde la perspectiva del derecho comparado", en *Derecho civil extrapatrimonial y responsabilidad civil*, coordinado por Fernando de Trazegnies (Lima: Gaceta Jurídica, 2015), 301. (2) En el derecho italiano, la Ley 349 de 1986 "consagra la posibilidad de que el juez determine una indemnización mayor al valor del daño efectivamente sufrido por la vulneración del interés colectivo afectado, en aquellos casos en los que se evidencia que el infractor obtuvo un beneficio económico con su conducta dolosa o culposa". Cfr. Solarte Rodríguez, "Reparación

patrimonial experimentado por el autor de la infracción pase "a beneficiar a la víctima del ilícito, independiente y adicionalmente a las cantidades que se reconozcan por daños patrimoniales, específicamente por
lucro cesante"[94].

Mediante este mecanismo se persigue anular las ganancias obtenidas
por el infractor bien a título de beneficios (*lucrum emergens*), bien por
gastos evitados (*damnum cessans*)[95]. Los primeros se concretan en las
utilidades resultado del uso infractor, mientras que los segundos se refle-
jan en la no asunción de alguna de las inversiones económicas requeridas
de ordinario para, por ejemplo, hacer uso lícito de la marca, patente o
producto, desarrollarlo, diseñarlo o posicionarlo, entre otros[96]. Con estas medidas se busca disuadir y sancionar la infracción de los derechos
ajenos, lo que no se obtendría según las pautas clásicas de la responsabilidad civil, cuando la víctima no puede acreditar un perjuicio, o este
resulta inferior a los beneficios obtenidos por el infractor o, incluso, el
titular experimenta un provecho[97].

El origen de estos criterios, como forma de indemnizar al titular de
los derechos de propiedad intelectual, se encuentra en la sentencia del
8 de agosto de 1895, también conocida como sentencia Ariston[98]. Estos
criterios (pago de los beneficios obtenidos por el infractor y pago de la

---

integral", 20. (3) En el derecho alemán, el artículo 812.1 del BGB establece la "obligación
de restituir los beneficios por parte de quien, a expensas de otro y sin su consentimiento,
los ha obtenido". Cfr. Solarte Rodríguez, *Responsabilidad civil*, 16.

[94] Solarte Rodríguez, *Responsabilidad civil*, 42.

[95] Emiliani Roman explica que los beneficios pueden consistir "tanto en un *lucrum
emergens* como en un *damnum cessans*, esto es, tanto en un 'enriquecimiento que aparece como en un empobrecimiento que se evita'". Citado en Tamayo Cárdenas, *Análisis
de la responsabilidad*, 235.

[96] Castro García, *La propiedad industrial*, 371.

[97] A este respecto resulta paradigmático el caso Ariston, pues en este, como consecuencia de la infracción, el titular y la obra ganaron cierta popularidad.

[98] Díez-Picazo resume el caso de la siguiente manera "[...] el demandado era in-
ventor y constructor de un aparato mecánico que reproducía composiciones musicales y
utilizó en dicho aparato una composición de la que era autor el demandante sin permiso
de este. El problema para la viabilidad de la acción de indemnización es que no existía
daño, por lo menos en el sentido de la teoría de la diferencia. Ocurría más bien lo contrario: el demandante y su obra habían ganado cierta popularidad merced a la intromisión.
Por ello el RG denegó la acción de indemnización, pero, con base en la Ley de Derecho

regalía hipotética) constituyen, junto con los mecanismos tradicionales de reparación (compensación de los daños y perjuicios pecuniarios), el sistema del triple cómputo del daño (*dreifache Schadensberechnung*), propuesto y desarrollado en el derecho alemán[99]. Sin embargo, estas medidas no encajan de manera perfecta dentro del sistema de responsabilidad civil continental, edificado sobre la idea de que el daño experimentado por la víctima, mas no el beneficio asegurado por el infractor, constituye el fundamento y límite de la obligación resarcitoria[100].

A pesar de la amplia discusión que se ha generado sobre la naturaleza de estos criterios o pretensiones[101], aspecto cuya importancia no es solo teórica, dado que la postura que se adopte incidirá en la manera como son concebidos y armonizados dentro del esquema y categorías tradicionales de reparación del daño, es del caso señalar que en tanto estos criterios o mecanismos: (1) se imponen con prescindencia del daño efectivamente experimentado por la víctima e incluso a pesar de que esta no pueda acreditar la percepción de ninguna lesión de orden pecuniario o no pecuniario; (2) no siempre presuponen un reproche a la conducta del agente (pues no es indispensable acreditar dolo o culpa del infractor), y (3) siempre tienen por límite los beneficios obtenidos por el responsable (positivos o negativos); puede razonablemente cuestionarse, respectivamente, que tales criterios (1) sean simples instancias del daño emergente o del lucro cesante[102]; (2) que correspondan o puedan

---

de Autor, reconoció el derecho al enriquecimiento experimentado por el demandado". Citado en Solarte Rodríguez, "Reparación integral", 18-19.

[99] Tamayo Cárdenas, *Análisis de la responsabilidad*, 225.

[100] De acuerdo con la postura clásica de la responsabilidad, el beneficio obtenido por el infractor "no debería contar, sino únicamente medirse la indemnización por el daño causado". López Herrera, *Teoría general*, 52.

[101] Entre las distintas propuestas de explicación se cuentan las siguientes: (1) que estas figuras son expresiones simplemente del daño emergente o del lucro cesante; (2) que se trata de daños punitivos; (3) que se deben entender desde la teoría del enriquecimiento sin causa, *condictio* por intromisión; (4) que se trata de daños puros o "daños normativos"; (5) que encajan dentro de la teoría de la accesión, por virtud de la cual los frutos pertenecen al dueño de la cosa y, por eso, puede reivindicarlos, y (6) que pueden corresponder a la figura de gestión de negocios ajenos.

[102] Según el Tribunal de Justicia de la Comunidad Andina, los beneficios obtenidos por el infractor (lit. b) y el valor del licenciamiento presuntivo (lit. c) previstos en el artículo 243 de la Decisión 486 "[...] constituyen un desarrollo de lo que se considera

ser concebidos como "penas privadas"[103], y (3) que impliquen una función punitiva idéntica a los *punitive damages* propios de algunos ordenamientos del *common law*.

Más aún, en tanto estos criterios tienen por límite el enriquecimiento del infractor y derivan de la lesión de los derechos de monopolio, pueden ser entendidos y analizados como expresiones de la teoría del enriquecimiento sin causa por intromisión en los derechos de propiedad. La comprensión de estos mecanismos bajo la teoría del enriquecimiento sin justa causa no se ve afectada porque en tales casos su aplicación no esté condicionada a que exista un empobrecimiento fáctico del afectado recíproco y equivalente al enriquecimiento del infractor[104]; pues, en primer lugar, tal condicionamiento incorpora una restricción contraria a la comprensión amplia e histórica que ha tenido esta figura[105] y, en segundo lugar, pasa por alto que la correlatividad del empobrecimiento y

---

'lucro cesante'. Es decir, lo que pudo haber ganado el titular de no haber existido usurpación: lo que ganó el usurpador es lo que el titular debió haber ganado y el precio de la licencia es lo que hubiera podido obtener si lo hubiera licenciado". Tribunal de Justicia de la Comunidad Andina, Proceso 204-IP-2013. Interpretación prejudicial, ago. 25/2014, citado en Rengifo García, "Valoración de perjuicios", 877.

[103] Se trata de casos en los cuales "la víctima obtiene una reparación superior al daño". Se denominan "penas, porque su objeto no es tanto reparar el daño [...] como castigar al culpable, y son privados, porque [...] se imponen en interés de la víctima y no de la sociedad". Alessandri Rodríguez, "La reparación del daño", 508-509.

[104] Rengifo, explica que "[...] para los anglosajones el criterio del beneficio del infractor como factor indemnizatorio se circunscribe a la figura del enriquecimiento injusto o *unfair enrichment*, es decir que el pago de los beneficios obtenidos por el infractor al titular del derecho correspondería a la teoría del enriquecimiento injusto". Rengifo García, "Valoración de perjuicios", 875. Para este autor, dicha teoría sería inaplicable en nuestro ámbito, donde se exige conmutatividad entre el enriquecimiento y el empobrecimiento.

[105] Solarte Rodríguez, "Reparación integral"; María Paz García Rubio, "Restitución de beneficios obtenidos por intromisión en derecho ajeno, por incumplimiento contractual y por ilícito extracontractual", en *Derecho de daños*, editado por Enrique Barros Bourie, María Paz García Rubio y Antonio M. Morales Moreno (Madrid: Fundación Coloquio Jurídico Europeo, 2009), 79-134; Marcelo Barrientos Zamorano, "El sistema indemnizatorio del triple cómputo en la Ley de Propiedad Industrial", *Ius et Praxis* 14, n.° 1 (2008): 123-43, https://doi.org/10.4067/S0718-00122008000100005

el enriquecimiento debe examinarse desde un punto de vista normativo más que fáctico[106].

El establecimiento de estas medidas de restitución, que claramente excede la lógica compensatoria propia de la responsabilidad civil, corrobora que el sistema de responsabilidad por infracción de los derechos de exclusiva constituye un sistema de responsabilidad mixto, híbrido o complejo, que persigue tanto la reparación del daño experimentado por el afectado (visión clásica de la responsabilidad), como la sustracción de los beneficios obtenidos por el infractor como consecuencia de la infracción (medidas de restitución). Ahora bien, dado que estas medidas tienen una finalidad distinta de las medidas de reparación, resulta desacertado exigir frente a estas los mismos requisitos que se exigen frente a las pretensiones de compensación (y viceversa). Por esto, es equivocado exigirle al titular la prueba del lucro cesante como condición para reclamar a su favor el pago de las utilidades que el infractor obtuvo o para demandar el pago de la regalía hipotética.

Como se sigue de lo anterior, si el demandante opta por esta opción no le corresponderá probar el perjuicio sufrido (demostrar que, como consecuencia de la infracción, por ejemplo, han disminuido o disminuirán sus ingresos), pues estas medidas no tienen por finalidad compensar el daño causado, sino evitar el aprovechamiento indebido del derecho de exclusiva y constituirse en un elemento de disuasión de las conductas infractoras. Exigir la prueba del perjuicio constituye un requerimiento extraño o ajeno a esta clase de mecanismos. Esto no significa, sin embargo, que su prosperidad esté dispensada de toda carga. Por el contrario, le corresponde al afectado demostrar, cuanto menos, el uso injustificado o ilegítimo del derecho de exclusiva por parte del infractor y el beneficio por él obtenido (este puede consistir bien en la percepción de utilidades o en la evitación de erogaciones).

Estas alternativas resultan particularmente útiles en los casos en los cuales el titular no sufre perjuicios como consecuencia de la infracción, o los percibe en un monto inferior a las utilidades obtenidas por el infractor o a lo que sería el valor de la regalía hipotética. Así, por ejemplo, puede ocurrir que los productos infractores tengan los mismos niveles de calidad que los originales (caso en el cual podría no

---

[106] Ernest Joseph Weinrib, *La idea de derecho privado* (Madrid: Marcial Pons, 2017).

existir un daño por afectación a la marca); o que sean comercializados en una zona o mercado donde el titular no hacía presencia ni tenía intención de ingresar; o se trate de productos descatalogados por el titular; o el diseño industrial sea utilizado en productos diferentes a los comercializados por el afectado (caso en el cual las utilidades del titular no se verían disminuidas con la conducta infractora); o las utilidades que podría reclamar el afectado resulten menores a las que percibió el infractor, lo cual suele ocurrir por tener aquel un esquema de costos mayor que este. Finalmente, el titular podría acudir a estos mecanismos también por razones probatorias (dificultad de obtener la prueba) o estratégicas (cuando la demostración del perjuicio signifique revelar secretos empresariales).

A continuación, se examina cada uno de estos mecanismos.

El derecho a la restitución de los beneficios obtenidos por el infractor

Bajo este rubro se reconoce el derecho del afectado a reclamar el pago de los beneficios, utilidades o réditos que el infractor ha percibido como resultado de la infracción del derecho de propiedad intelectual, caso en el cual no es necesario que el titular haya sufrido pérdidas, pues basta con que el infractor haya obtenido beneficios. Este mecanismo está previsto en la Ley 44 de 1993, para los eventos de infracción a los derechos de autor (art. 57); en la Decisión 486 del 2000, para los casos de infracción a los derechos de propiedad industrial (art. 243) y por la explotación ilegítima de un producto patentable antes de la fecha de su registro (art. 239); está, asimismo, previsto en el Acuerdo Comercial celebrado con Estados Unidos, para los eventos de "infracciones al derecho del autor o derechos conexos, y en el caso de falsificación de marcas" (art. 16.11, num. 7); y en el Acuerdo Comercial suscrito entre Colombia, Perú y la Unión Europea, frente a la violación a la propiedad intelectual (art. 244)[107].

---

[107] Sobre la aplicación directa de estos instrumentos debe tenerse en cuenta lo previsto en el artículo 615 del C. Co., D. 410/1971.

Esta figura constituye una pretensión distinta de la dirigida al pago del "lucro cesante" experimentado por la víctima, razón por la cual no se encuentra supeditada a que el titular hubiera sufrido efectivamente una merma patrimonial a título de ingresos frustrados. Para su prosperidad será indispensable demostrar el uso injustificado de un derecho de exclusiva por parte del infractor y el monto de las ganancias por él obtenidas como consecuencia de la infracción. La utilidad respectiva es aquella que resulta de descontar del importe de los ingresos brutos, el valor de los costos y gastos requeridos para su obtención[108]. Este aspecto, sin embargo, puede implicar un esfuerzo probatorio significativo, debido a que será preciso acreditar tanto el valor de los ingresos percibidos por el infractor merced de la infracción como el monto de los gastos que deben descontarse de aquellos. Para establecer el valor de las ganancias podrá el interesado acudir al juramento estimatorio o, en el evento de que este sea objetado, a los diferentes medios de prueba (dictamen pericial, inspección judicial, prueba documental, entre otros). En caso de que solo se tenga el dato de los ingresos, para calcular la utilidad podrá tomarse en cuenta la relación de costos y gastos directos en los que regularmente incurre el afectado; o asignarle al demandado, de oficio o a solicitud de parte, la obligación de desvirtuar el respectivo esquema de costos y gastos, demostrando que ha incurrido en otras o mayores erogaciones (estas deben ser razonables y verosímiles, por demás que lícitas); si es que quiere probar que obtuvo una utilidad inferior; lo anterior en aplicación del principio de la carga dinámica de la prueba, establecido en el artículo 167 de la Ley 1564 del 2012[109].

Bajo este criterio podrá reclamarse, por ejemplo: (1) el valor de las ganancias derivadas de la reproducción y distribución no autorizada de fonogramas, de obras musicales, audiovisuales, literarias, *software*, entre otros; (2) las utilidades derivadas del uso infractor de una marca; (3) los rendimientos obtenidos por la venta de un producto patentado; (4) la restitución de las utilidades generadas por el uso no autorizado de una invención "durante el periodo comprendido entre la fecha

---

[108] Según lo explica Rengifo, "[...] la restitución del lucro de intervención 'es aplicada por la jurisprudencia norteamericana, si bien deduciendo del beneficio del infractor los costes imputables al mismo'". Rengifo García, "Valoración de perjuicios", 869. Así también lo considera Pino-Emhart en "Las acciones civiles".

[109] Cfr. L. 1564/2012, art. 167.

en que adquiera carácter público y pueda ser consultada la solicitud respectiva y la fecha de concesión de la patente" (Decisión 486 del 2000, art. 239).

Licencia o regalía hipotética[110]

En tanto el beneficio puede consistir no solo en un incremento patrimonial, sino también en la evitación de un empobrecimiento, con este mecanismo se autoriza al afectado para reclamar del infractor el pago de una suma equivalente al valor que hipotéticamente tendría la licencia o las regalías (*royalty*) de haber pedido el infractor autorización para utilizar o explotar el derecho de propiedad intelectual. Por esta vía se autoriza, en consecuencia, reclamar el valor de las regalías razonables que habría debido desembolsar el infractor de haber celebrado hipotéticamente con el titular un contrato de licencia.

En este sentido, la Ley 44 de 1993 autoriza que dentro de la tasación de los perjuicios derivados de la infracción a los derechos de autor se tenga en cuenta, como uno de los criterios a considerar, "[e]l valor que hubiere percibido el titular del derecho de haber autorizado su explotación" (artículo 57). En similares términos la Decisión 486 del 2000 autoriza contemplar, en los casos de infracción a los derechos de propiedad industrial, el "precio que el infractor habría pagado por concepto de una licencia contractual, teniendo en cuenta el valor comercial del derecho infringido y las licencias contractuales que ya se hubieran concedido" (art. 243). Y en el Acuerdo Comercial suscrito entre Colombia, Perú y la Unión Europea se dispone para los eventos de infracción de los derechos de propiedad intelectual, como alternativa al reconocimiento de las consecuencias jurídicas negativas derivadas de la infracción, que el afectado pueda solicitar el reconocimiento de una suma que incluya, "al menos", "el importe de las regalías o tasas debidas si el infractor hubiere

---

[110] Esta figura recibe distintos nombres en la literatura jurídica, entre estos, los más conocidos son *licencia o regalía hipotética* y *regalía establecida* (*established royalty*). También se le ha "denominado en ocasiones como 'demanda por uso' [...] o 'daños por pérdida de la oportunidad de negociar' [...] y más recientemente como 'daños de negociación'". Pino-Emhart, "Las acciones civiles", 43. Dichas nomenclaturas suelen derivar de diferentes interpretaciones sobre su naturaleza e implicaciones.

solicitado autorización para utilizar el derecho de propiedad intelectual en cuestión" (art. 244).

Ahora bien, en tanto este mecanismo persigue suprimir el beneficio obtenido por el infractor, concretado en la omisión de al menos una de las cargas que de ordinario se deben asumir para explotar de manera lícita un derecho de propiedad intelectual, el pago de la licencia o regalía hipotética no supone acreditar que el titular del derecho de exclusiva ha sufrido efectivamente este perjuicio. En efecto, la condena correspondiente no presupone que el interesado haya experimentado una merma patrimonial (bien a título de daño emergente o de lucro cesante o de pérdida de oportunidad), ni se identifica la licencia o regalía hipotética con ninguno de estos perjuicios[111]. En este sentido, el reconocimiento de este mecanismo no está condicionado a que el afectado logre demostrar que en el curso normal de sus actividades económicas habría percibido tales ingresos de haber mediado una relación contractual con el infractor, bien porque de manera regular concede licencias o, en todo caso, estaba dispuesto a otorgarla de haber mediado petición por parte del infractor; ni su prosperidad se ve afectada tampoco por la prueba positiva de que el titular no hubiera estado dispuesto a conceder la licencia en ninguna circunstancia, pues este mecanismo no busca resarcir los perjuicios experimentados por el actor, sino anular las ganancias obtenidas por el infractor expresadas en la no disminución de su patrimonio, al explotar un derecho ajeno sin asumir el precio de tal utilización.

En consecuencia, al demandante le bastará demostrar el uso injustificado del derecho de exclusiva por parte del infractor[112] y el valor de la licencia o regalías razonables por las cuales habría concedido la explotación del respectivo derecho. Ahora bien, a pesar de no corresponder propiamente a una indemnización (sino a una restitución), bajo esta

---

[111] No compartimos la opinión de Lizarazu, quien incluye como daño emergente "el precio que el infractor hubiera debido pagar al titular de la patente o del diseño industrial para la concesión de una licencia que le permitiera llevar a cabo su explotación de forma legal". Lizarazu Montoya, *Manual de propiedad industrial*, 385. No solo consideramos que el ingreso frustrado constituye, en términos estrictos, un lucro cesante; sino que, además, este mecanismo centra su atención en el aprovechamiento realizado por el infractor y no en el perjuicio experimentado por el titular.

[112] La ausencia de autorización constituye una negación indefinida. Por tal razón, le corresponde al demandado desvirtuar el hecho correspondiente. L. 1564/2012, art. 167.

denominación se le reconoce al afectado el derecho de reclamación, y podrá el titular, al menos en nuestro ordenamiento, acudir al juramento estimatorio para acreditar el valor de la regalía, o a los restantes medios de prueba en caso de controversia[113].

El monto o regalías que habría tenido que pagar el infractor por el uso del respectivo derecho de propiedad intelectual de no haber existido el uso infractor debe corresponder a factores objetivos. Para su determinación pueden considerarse, entre otros, los siguientes criterios[114]: (1) el valor de las regalías que acostumbra percibir el titular por licencias otorgadas a terceros frente al mismo derecho (*established royalty*); (2) el valor que habrían pactado las partes de haber mediado una negociación entre ellas (*reasonable royalty*), lo que puede acreditarse indirectamente en los casos en los que entre las partes se hayan otorgado de forma previa licencias o existieron tratativas que quedaron frustradas; (3) el valor de las regalías que suele cancelar el infractor por licencias similares, o (4) las sumas que en el ramo o sector comercial se acostumbra pagar por licencias de la misma clase. Estos valores deben calcularse teniendo en cuenta el tiempo que duró la infracción. Como es natural, el pago correspondiente no habilita ni legitima al infractor para explotar el respectivo derecho.

---

[113] L. 1564/2012, art. 206.

[114] Algunos de estos han sido empleados por la jurisprudencia estadounidense. Véase Rengifo García, "Valoración de perjuicios", 861.

Si bien el artículo 243 de la Decisión 486 del 2000 dispone que para determinar el valor de la licencia contractual se debe tener en cuenta el valor de "las licencias contractuales que ya se hubieran concedido", esto no debe interpretarse como un obstáculo para acudir a otros criterios, cuando el titular no hubiera concedido licencias previamente; como sería considerar el precio cancelado por el infractor por otras licencias o el valor del mercado. Lo anterior, no solo porque en tal caso podría acudirse al Acuerdo Comercial suscrito entre Colombia, Perú y la Unión Europea, normativa que permite una interpretación más amplia, al señalar que el valor a fijar sería aquel que el titular hubiera establecido "si el infractor hubiere solicitado autorización para utilizar el derecho de propiedad intelectual en cuestión"; sino, además, porque incluir tal limitante implica convertir este criterio en una modalidad de lucro cesante.

Controversias derivadas de la acumulación de pretensiones

Como fue explicado, los mecanismos de restitución (pago de las ganancias obtenidas por el infractor y pago de la licencia o regalías hipotéticas) fueron concebidos para hacer frente a los ilícitos lucrativos. Es decir, a aquellos eventos en los cuales la intromisión en los derechos ajenos puede ser fuente de enriquecimiento para el infractor. En estos supuestos, se ha considerado prudente que los beneficios obtenidos por el infractor, que excedan el pago de las indemnizaciones correspondientes, pasen a beneficiar a la víctima del ilícito. Este es el criterio que debe ser contemplado al momento de resolver las controversias que se susciten con ocasión de la acumulación de pretensiones (indemnizatorias y de restitución).

En consecuencia, (1) no puede solicitarse la condena simultánea del pago de los daños y perjuicios pecuniarios (daño emergente, lucro cesante y pérdida de oportunidad), y de la restitución de las ganancias obtenidas por el infractor y el pago de la licencia o regalías hipotéticas; salvo que las pretensiones de restitución se limiten a lo que exceda el valor de los perjuicios sufridos por la víctima; (2) tampoco es procedente acumular o solicitar a un mismo tiempo el pago de las utilidades obtenidas por el infractor y el pago de la licencia o regalía hipotética, en tanto unas pueden verse subsumidas en otras[115]; (3) es posible demandar el reconocimiento de pretensiones indemnizatorias y de restitución con la condición de que se formulen de manera alternativa o subsidiaria, unas de otras, a elección del demandante[116], y (4) de incurrir en una

---

[115] Como lo recuerda Rengifo esta es la posición que se defiende en el derecho español. Allí se sostiene que "el perjudicado puede escoger la consecuencia económica negativa (el beneficio del infractor) o la cantidad que hubiera recibido el titular del infractor, pero no ambos cumulativamente". Rengifo García, "Valoración de perjuicios", 877. También Botero considera que el reconocimiento simultáneo de estas dos condenas es incompatible, pues "se estaría indemnizando dos veces por el mismo daño". Luis Felipe Botero Aristizábal, "La indemnización de perjuicios en las acciones de infracción a los derechos de propiedad intelectual: Una revisión crítica del caso colombiano frente a los retos de la globalización", *La propiedad inmaterial* 10-11, (2007): 23-44, https://doi.org/10.3366/ajicl.2011.0005. En igual sentido véase Pino-Emhart, "Las acciones civiles".

[116] Quienes no reconocen una naturaleza distinta a las pretensiones de restitución no encuentran incompatibilidad en reclamar todas estas pretensiones a un mismo tiempo.

indebida acumulación, solamente podrá reconocerse hasta el monto de la aspiración mayor[117]. Tratándose de un ilícito lucrativo, es razonable que se opte por formular como principal la pretensión de restitución y como subsidiarias las pretensiones indemnizatorias. Al contrario, si los daños y perjuicios experimentados por la víctima son mayores, en estricto sentido, no se configurará un ilícito lucrativo, ni debería aplicarse el remedio que acá se analiza.

En suma, cuando el monto de los daños y perjuicios experimentados por la víctima (daño emergente, lucro cesante o pérdida de oportunidad) es superior al monto de las ganancias obtenidas por el infractor o al de la licencia hipotética, se debe reconocer el primero en aplicación de las reglas tradicionales de responsabilidad. En caso contrario, de resultar superiores los beneficios del infractor, se podrá reclamar o el pago de las ganancias o el pago de la licencia hipotética, el que resulte mayor. Esto en aplicación de la lógica que acompaña la figura de los ilícitos lucrativos[118]. En tal sentido, debe entenderse excluida la posibilidad de reconocer simultáneamente todas las formas de restitución[119], so pena de asignar a estos mecanismos el carácter de pena privada o de

---

Así, por ejemplo, Lizarazu se pronuncia a favor sobre la posibilidad de reclamar simultáneamente las ganancias obtenidas por el infractor y el pago de los daños pecuniarios experimentados por el afectado. Al respecto, sostienen que "se pueden pedir los tres conjuntamente, ya que la norma no trae ninguna limitación al respecto, aunque todo el tema quede comprendido dentro de la noción de daño material y, por ende, de lucro cesante y daño emergente". Lizarazu Montoya, *Manual de propiedad industrial*, 374.

[117] Si las pretensiones indemnizatorias son superiores a la ganancia del infractor o a la regalía hipotética se deben reconocer aquellas. Si alguna de las pretensiones de restitución supera las indemnizatorias, se debe reconocer la primera (condenando al responsable a restituir las ganancias o el valor de la licencia, no ambas). Y si se han reconocido valores indemnizatorios solo procede la condena por la diferencia.

[118] En el TLC suscrito con Estados Unidos se advierte expresamente que en el reconocimiento de "las ganancias obtenidas por el infractor" deben incluirse solo aquellas cantidades "que no fueran tomadas en cuenta al calcular el monto de la indemnización". TLC, art. 16.11.

[119] De manera próxima a esta conclusión Rengifo considera que no es posible la concurrente reclamación del daño emergente, el lucro cesante y el pago de las ganancias. Rengifo García, "Valoración de perjuicios", 877.

"daño punitivo"[120], ajeno a nuestra tradición jurídica y de suyo incompatible con el propósito que se ha previsto con el reconocimiento de las medidas de restitución[121].

El recurso de las indemnizaciones preestablecidas, tarifadas, presuntivas o daños estatutarios (*statutory damages*)

Este mecanismo se encuentra previsto en diferentes instrumentos internacionales, entre ellos el Acuerdo sobre los ADPIC, para los casos de infracción a los derechos de propiedad intelectual (art. 45); el TLC, "al menos con respecto a la infracción a los derechos de autor y derechos conexos, y falsificación de marcas [...] como una alternativa a la indemnización basada en los daños reales" (art. 16.11), y en el Acuerdo Comercial suscrito entre Colombia, Perú y la Unión Europea, ante la infracción de los derechos de propiedad intelectual (art. 244); como una vía alternativa para que el afectado pueda reclamar el resarcimiento de los perjuicios que ha experimentado.

La figura de los daños establecidos previamente por el legislador (*preestablished damages o statutory damages*) funciona como "una especie

---

[120] La doctrina ha hecho notar que la condena simultánea al "monto de los beneficios obtenidos por el infractor como resultado de los actos de infracción", como perjuicio adicional al lucro cesante, expresa ciertamente un criterio "de pena o de daño punitivo". Rengifo García, "Los perjuicios ".

[121] Quienes no reconocen en este un criterio de restitución hacen compatibles las medidas de resarcimiento con las de restitución. Por ejemplo, Lizarazu, aludiendo a la infracción del derecho de patentes o diseños defiende que "el resarcimiento va encaminado a obtener los beneficios que el titular habría conseguido por la explotación del diseño o patentes protegidos si no hubiera existido competencia del infractor y por los beneficios que este último haya obtenido de la explotación del diseño o patente protegidos". Lizarazu Montoya, *Manual de propiedad industrial*, 385.

En este mismo sentido se pronuncia Rengifo al analizar el artículo 243 de la Decisión Andina 486 del 2000, quien considera que "[...] la concurrencia de los tres criterios sí afectaría la regla del *non bis in idem* en la medida en que se estaría indemnizando dos veces por el mismo daño, tal como también resulta al unirse el criterio b con el c". Rengifo García, "Valoración de perjuicios", 860.

de estimación anticipada de los perjuicios"[122]. Este mecanismo se pone a disposición de aquellos afectados con la infracción del derecho de exclusiva que se encuentran en dificultades para demostrar los perjuicios efectivamente sufridos o los beneficios obtenidos por el infractor[123]. La indemnización tarifada sustituye tanto la indemnización de los daños y perjuicios pecuniarios y no pecuniarios efectivamente experimentados por el titular, como las formas de restitución o anulación de ganancias[124]. En tal caso, el afectado queda facultado para reclamar una suma única como respuesta global por los efectos de la infracción, cuyo importe será determinado por el tribunal.

La indemnización presuntiva tiene por propósito no solo facilitar el derecho de la víctima a ser compensada por los daños sufridos como consecuencia de la infracción, sino además constituirse en un instrumento de disuasión frente a posteriores infracciones. Estos cometidos se cumplen, de un lado, sustrayendo del debate probatorio la discusión sobre el monto de los perjuicios, lo que facilita el derecho de acción para el demandante[125] y limita el derecho de contradicción para el demandado[126], y del otro, haciendo que el potencial infractor conozca "de antemano las posibles consecuencias en su contra ante una eventual judicialización de su conducta ilegal"[127].

---

[122] Andrés Felipe Clavijo Calderón, "Concepto de daño estatutario aplicado en los acuerdos sobre los aspectos de los derechos de propiedad intelectual relacionados con el comercio (ADPIC)" (Tesis de especialización, Universidad Javeriana, 2012), 12.

[123] *Ibid.*, 3.

[124] Pino-Emhart, "Las acciones civiles", 49.

[125] Estos daños "le facilitan al titular de derechos su reclamación por cuanto le evitan probar la cuantía de los daños y perjuicios causados por la infracción". Rengifo García, "Valoración de perjuicios", 869. En el derecho español se prevé que "El titular de la marca cuya violación hubiera sido declarada judicialmente tendrá, en todo caso y sin necesidad de prueba alguna, derecho a percibir en concepto de indemnización de daños y perjuicios el uno por ciento de la cifra de negocios realizada por el infractor con los productos o servicios ilícitamente marcados. El titular de la marca podrá exigir, además, una indemnización mayor si prueba que la violación de su marca le ocasionó daños o perjuicios superiores, de acuerdo con lo dispuesto en los apartados anteriores". L. 17/2001.

[126] Quienes cuestionan este mecanismo consideran que esta forma de indemnización "se le concede al demandante como recompensa por haber involucrado al demandado dentro de la causa". Clavijo Calderón, "Concepto de daño estatutario", 12.

[127] Clavijo Calderón, "Concepto de daño estatutario", 20.

Ahora bien, para dar vigencia a los compromisos internacionales se expidió la Ley 1648 del 2013, mediante la cual se autorizó el reconocimiento de indemnizaciones preestablecidas en el caso de infracciones marcarias, pudiendo el interesado, en todo caso, acudir a las reglas generales sobre prueba de la indemnización de perjuicios (art. 3). Dicha disposición fue reglamentada por el Gobierno nacional mediante el Decreto 2264 del 2014 (abrogado por el Decreto 1074 del 2015), en el cual se fijaron las reglas para su aplicación[128]. De estas se resaltan las siguientes: (1) la solicitud deberá efectuarse al momento de presentar la demanda, (2) en este caso, el demandante estará dispensado de demostrar la "cuantía de los daños y perjuicios causados por la infracción"; (3) la indemnización oscilará entre tres y cien SMLMV "por cada marca infringida"; (4) dicha suma podrá duplicarse cuando se trate de una marca notoria, exista mala fe del infractor, se ponga en peligro la salud o la vida de las personas o exista "reincidencia de la infracción respecto de la marca", y (5) la tasación deberá ser realizada por el juez en la sentencia, quien para dosificar el monto correspondiente tendrá en cuenta, entre otros aspectos, "la duración de la infracción, su amplitud, la cantidad de productos infractores y la extensión geográfica".

Así mismo, la Ley 1915 del 12 de julio del 2018 autorizó el reconocimiento de indemnizaciones preestablecidas en los casos de "infracción a los derechos patrimoniales de autor y derechos conexos o por las conductas descritas en la presente ley". No obstante, en tanto este mecanismo no ha sido aún desarrollado por el legislador, el afectado por la violación de los derechos "patrimoniales de autor y derechos conexos" solamente podrá acudir a los mecanismos de resarcimiento y de restitución antes analizados[129].

Cabe señalar que el legislador también puede establecer indemnizaciones preestablecidas, tarifadas o presuntivas por la infracción a los demás derechos de propiedad intelectual. Esto en razón a que los instrumentos internacionales establecen solo un mínimo de protección, ampliable a voluntad de los Estados.

---

[128]   Cfr. D. 2264/2014, arts. 1 y 2; D. 1074/2015, arts. 2.2.2.21.1 y 2.2.2.21.2.

[129]   El Gobierno nacional debe expedir la reglamentación respectiva dentro de los doce meses siguientes a la promulgación de la ley. L. 1915/2018, art. 32.

Para que se llegue a reconocer este tipo de indemnizaciones es indispensable que se cumplan al menos las siguientes condiciones: (1) es necesario que exista petición de parte contenida en la demanda, pues en ausencia de tal solicitud no puede el juez efectuar su reconocimiento de manera oficiosa; (2) el interesado deberá precisar el hecho o hechos constitutivos de la infracción, y (3) aunque el interesado esté dispensado de demostrar la "cuantía de los daños y perjuicios causados por la infracción"[130] y, por tanto, no está obligado a rendir juramento estimatorio, es prudente que precise —cuanto menos— aquellos factores que pueden incidir en la tasación judicial de la indemnización[131] (por ejemplo, el número de infracciones, condiciones de la infracción, efectos, duración, extensión geográfica, entre otros).

Medidas simbólicas (difusión de la sentencia)[132]

Para reforzar el conjunto de mecanismos de reparación a disposición del perjudicado, la Decisión Andina 486 del 2000 contempla la posibilidad de pedirle al juez que ordene, en los casos de infracción a los derechos de propiedad industrial, la "publicación de la sentencia condenatoria y su

---

[130] Frente a esta forma de "reparación", la Superintendencia de Industria y Comercio ha señalado que "el demandante deberá indicar el efecto concreto que se siguió como consecuencia de la infracción alegada y que constituye el objeto de la indemnización que pretende". En nuestro criterio, tal exigencia resulta excesiva y desnaturaliza el objetivo de esta figura, pues su propósito es sustituir en bloque, por una suma única, la indemnización de los daños y perjuicios causados. Guardadas las proporciones, su funcionamiento es similar al de la cláusula penal en materia contractual. Allí, para su prosperidad basta acreditar el incumplimiento relevante de la obligación contractual sin que resulte necesario llevar prueba de los perjuicios efectivamente experimentados por el acreedor; carga probatoria esta que justo es la que se pretende evitar. Por eso, en el campo de la propiedad intelectual, bastaría con acreditar la infracción por parte del demandado (por ejemplo, la violación del derecho del demandante), para que pudiera imponerse la *indemnización preestablecida*.

[131] En relación con este punto LHoeste sostiene que en el caso en que se opte por esta opción "no se tendrá que probar la cuantía de los daños y perjuicios causados por la infracción, lo que implica que la tasación de los perjuicios queda sujeta a determinación por parte del juez". Ángel LHoeste, *Propiedad intelectual*, 107.

[132] Para la doctrina, la publicación de la sentencia también puede tener una función *admonitoria* o de amonestación. Véase López Herrera, *Teoría general*, 49.

notificación a las personas interesadas, a costa del infractor" (art. 241). Con un carácter más amplio, en el Acuerdo Comercial suscrito entre Colombia, Perú y la Unión Europea está previsto que la autoridad judicial pueda ordenar, ante la infracción de un derecho de propiedad intelectual, previa solicitud de parte y a expensas del infractor, "las medidas apropiadas para la difusión de la información relativa a la decisión, incluyendo la divulgación de la decisión y su publicación total o parcial" (art. 246). También se establece en esta normatividad que cada uno de los Estados parte puede "establecer otras medidas de publicidad adicionales que sean adecuadas a las circunstancias del caso, incluidos anuncios de manera destacada".

El propósito de estas medidas es hacer pública la existencia de la infracción, mitigar sus efectos y servir como mecanismo de disuasión frente a futuras infracciones. La divulgación de la decisión no se debe entender limitada a la publicación de la sentencia por un medio escrito, por lo que podrán emplearse todos los medios o canales que resulten "apropiados" para difundir la decisión (incluidas, por ejemplo, páginas web, publicidad en redes sociales, anuncios radiales, entre otros). La comunicación persigue, en general, mitigar los efectos de confusión o descrédito que se hayan generado como consecuencia de la infracción. Esto se logra haciendo saber a las "personas interesadas" la existencia de la infracción. Dentro de los destinatarios se incluyen los consumidores o usuarios reales o potenciales del respectivo producto o servicio, tanto del lugar donde se realizó la infracción como del lugar adonde podrían extenderse sus efectos. También deben tenerse como interesados los distribuidores y expendedores habituales de los respectivos productos o servicios. E incluso, cuando se muestre útil para su adecuada comunicación, a las autoridades fiscales, aduaneras, sanitarias y de policía, cuando dentro de la órbita de sus funciones deban adoptar alguna medida, iniciar algún procedimiento o ejercer algún control (sin que esto, claro está, suponga sustituir los canales oficiales de comunicación).

La difusión de la decisión, incluida la publicación, no supone necesariamente la reproducción total de la sentencia. En efecto, dependiendo de a quién se encuentre dirigida la comunicación, esta podrá implicar la reproducción "total o parcial" de la decisión. En esto el juez deberá ser cuidadoso a efectos de definir de manera clara a quiénes deberá comunicarse el fallo, de qué forma y a través de qué medios o canales deberá ser realizado. En el caso de los consumidores, las medidas de difusión "apropiadas" pueden consistir, entre otras, en la realización de anuncios informativos o publicitarios en diferentes medios y canales[133]; frente a estos el juez puede ordenar su realización de manera periódica o destacada; o la inclusión de información destacada en las etiquetas, envases o publicidad de los productos infractores con el objetivo de informar sobre su real procedencia, origen empresarial, la no equivalencia con el producto o marca posicionada, entre otros.

La norma señala que los Estados pueden "establecer otras medidas de publicidad adicionales, que sean adecuadas a las circunstancias del caso, incluidos anuncios de manera destacada". Esta precisión resulta innecesaria dado que aquellas pueden entenderse comprendidas dentro de las "medidas apropiadas para la difusión de la información relativa a la decisión". Con todo, la duración y forma de difusión debe resultar razonable y adecuada al fin que se persigue, y no puede originar para el afectado un beneficio mayor a la pérdida por él experimentada.

Adjudicación de los bienes y elementos empleados
en la infracción por cuenta de la indemnización

Adicional a las anteriores medidas, con el propósito de facilitar el pago de la indemnización, la Decisión 486 del 2000 autoriza al afectado a solicitar, en los casos de infracción de los derechos de propiedad industrial, con cargo al "importe de la indemnización de daños y perjuicios", la adjudicación en propiedad de los productos resultantes de la infracción, así como de los materiales y medios que sirvieron "predominantemente" para cometerla[134]. Dentro de los productos, materiales o medios resultantes de la infracción se encuentran "los envases, embalajes,

---

[133] En nuestro ámbito es conocido el caso de Frisby vs. Pinky, en el cual se pidió como pretensión la publicación de la sentencia en razón de que la conducta de la demandada había ocasionado confusión en la clientela por publicidad desorientadora. csj, Cas. Civil. Exp. 3939 (Frisby vs. Pinky). En este caso, la demandada fue condenada a "publicar anuncios periódicos por espacio de un año" a título de daño emergente futuro. Rengifo García, "Valoración de perjuicios", 872. Esta medida también podría ordenarse en el evento en que "un tercero se atribuya de manera inadecuada la autoría de una obra, o en que se haya desconocido la titularidad del derecho moral de autor". Pino-Emhart, "Las acciones civiles", 42.

[134] Decisión 486, art. 241, lit. e.

etiquetas, material impreso o de publicidad u otros materiales"[135]. En este punto pueden entenderse incluidas las máquinas, instrumentos, equipos, moldes, planchas, matrices, negativos y demás elementos destinados a la reproducción de productos, fabricación de los sellos, etiquetas, marcas, envases, entre otros, empleados para cometer la infracción. Esto a condición de que guarden relación con la modalidad de violación que haya tenido lugar. De esta manera deben entenderse descartados aquellos medios y materiales que no tuvieron más que una participación o empleo accidental, subordinado o no esencial[136].

Para que proceda la adjudicación de los bienes es necesario que medie solicitud del interesado. Por tratarse de una pretensión, esta deberá ser planteada en la demanda y decidida en la sentencia que definirá si existió o no la infracción, cuáles fueron los daños y perjuicios cuya indemnización se reconoce, y cuál es el monto de la reparación. La adjudicación de los ejemplares y productos deberá hacerse, como ocurre en otros ordenamientos, "a precio de coste"[137]. Esto como resultado esencialmente de la prohibición general de que el infractor se beneficie con la infracción. Aunque la norma no dice nada, es indispensable que los respectivos bienes hayan sido objeto de embargo y secuestro. Lo anterior con el fin de asegurar la materialización de la sentencia y no afectar los derechos que terceros pudieran tener sobre los mismos. Además, será necesario que los bienes sean justipreciados o avaluados. Para tal fin, el juez puede valerse de cualquiera de los mecanismos previstos para el proceso ejecutivo[138].

En caso de que el valor de los bienes sea inferior al monto de la indemnización, subsistirá para el infractor la obligación resarcitoria por el importe restante. En caso contrario, si el valor de los bienes excede el monto de la condena, la adjudicación deberá realizarse únicamente

---

[135] Decisión 486, art. 241, lit. c.

[136] Sin embargo, debe subrayarse que en nuestro ordenamiento está previsto, para aquellos casos de infracción a los derechos de autor y derechos conexos que constituyan un hecho punible, que quedarán afectos al pago de la indemnización los bienes "[...] destinados directa o indirectamente para la producción, reproducción, distribución, transporte o comercialización de los ejemplares ilícitos". L. 44/1993, art. 56.

[137] José Antonio Vega Vega, *Protección de la propiedad intelectual* (Madrid: Reus, 2002), 397.

[138] Cfr. L. 1564/2012, art. 444.

sobre los bienes requeridos para cubrir el monto de la indemnización. De ocurrir que los bienes no sean susceptibles de división material, o esta implique el detrimento de su valor comercial, es posible adjudicarle al demandante un derecho de cuota equivalente al monto de la indemnización que se persigue cubrir.

Ahora bien, en aquellos casos en los que el interesado no haga uso de tal mecanismo, por no tener interés en los productos, materiales y medios vinculados con la infracción, queda a salvo su potestad de convertirlos en prenda general de sus acreencias cuando existan condenas económicas. Para ello habrá de solicitar, durante la fase de ejecución de la sentencia, el remate de estos, o de otros bienes del deudor, para que con su producto se paguen las indemnizaciones correspondientes.

Conclusiones

El propósito de este capítulo era realizar un breve recorrido por el régimen de reparaciones, indemnizaciones y restituciones aplicable en los casos de infracción de los derechos de propiedad intelectual. Como principales conclusiones se pueden reseñar las siguientes:

1. En general, nuestro sistema de responsabilidad extracontractual se encuentra edificado sobre los postulados de prevalencia de la función resarcitoria sobre la sancionatoria o punitiva, condición necesaria del daño, limitación de la obligación indemnizatoria al *quantum* de la lesión y prohibición de enriquecimiento del afectado.
2. La especificidad del régimen de responsabilidad por infracción de los derechos de propiedad intelectual está dada por la consagración de mecanismos o criterios que exceden la lógica compensatoria propia de la responsabilidad civil.
3. El sistema de responsabilidad por infracción de los derechos de exclusiva constituye un sistema de responsabilidad complejo que reconoce, junto con los criterios tradicionales de reparación del daño, los siguientes mecanismos: (1) el establecimiento de medidas de cesación del daño; (2) la posibilidad de que el afectado persiga la restitución de las utilidades obtenidas por el infractor

o el pago del valor de las regalías a cambio de las cuales habría sido autorizada la explotación del correspondiente derecho; (3) el establecimiento de indemnizaciones preestablecidas como una alternativa a la indemnización basada en los daños reales; (4) la introducción de medidas de reparación no pecuniarias, como ocurre con la obligación de publicación de la sentencia, y (5) la opción concedida al afectado para que pueda solicitar la adjudicación directa de los productos, materiales y bienes vinculados con la infracción.

4. Dentro de estos criterios, se destacan los mecanismos de restitución de los beneficios obtenidos por el responsable como una estrategia para hacerles frente a los denominados ilícitos lucrativos.

5. El adecuado entendimiento del sistema de responsabilidad civil por infracción de los derechos de propiedad intelectual implica reconocer la naturaleza distinta de cada uno de los criterios o mecanismos que lo constituyen. Así, en tanto las medidas de restitución tienen por objeto anular cualquier ventaja o beneficio obtenido por el infractor como consecuencia de la intromisión a los derechos de monopolio, resulta desacertado exigir frente a ellas los mismos requisitos que se demandan frente a las medidas de reparación (y viceversa).

Como se vio, la doctrina no es pacífica en torno a la naturaleza y propósitos de estos mecanismos. Cada una de las posturas existentes incide en la manera como se conciben y armonizan estos criterios dentro del esquema y categorías tradicionales de reparación del daño. Dadas estas particularidades y complejidades es de esperar la unificación de criterios y posiciones respecto de su aplicación. En este escrito se defiende que una vía promisoria es aquella que reconoce en las medidas de restitución instancias de la aplicación de la teoría del enriquecimiento sin causa.

REFERENCIAS

Acuerdo Comercial entre la Unión Europea y sus Estados Miembros por una Parte, y Colombia y el Perú, por Otra, firmado el 26 de junio del 2012.

Acuerdo de Promoción Comercial entre la República de Colombia y Estados Unidos de América (TLC), firmado el 22 de noviembre del 2006. Capítulo 16: Derechos de Propiedad Intelectual.

Alessandri Rodríguez, Arturo. "La reparación del daño". En *Del daño*, editado por José N. Duque Gómez, 2.ª ed., 497-510. Bogotá: Editorial Jurídica Bolivariana, 2003.

Ángel L Hoeste, Fernando. *Propiedad intelectual: Aproximaciones conceptuales y normatividad jurídica*. Bogotá: Universidad de la Salle, 2016.

Barrientos Zamorano, Marcelo. "El sistema indemnizatorio del triple cómputo en la Ley de Propiedad Industrial". *Ius et Praxis* 14, n.º 1 (2008): 123-43. https://doi.org/10.4067/S0718-00122008000100005

Botero Aristizábal, Luis Felipe. "La indemnización de perjuicios en las acciones de infracción a los derechos de propiedad intelectual: Una revisión crítica del caso colombiano frente a los retos de la globalización". *La propiedad inmaterial* 10-11, (2007): 23-44. https://doi.org/10.3366/ajicl.2011.0005

Cabrera Peña, Karen Isabel. "Consideraciones sobre la determinación del monto del daño por infracciones al derecho de autor en entornos digitales". *Ius et Praxis* 21, (2015): 503-528.

Castro de Cifuentes, Marcela. "El hecho ilícito: Nociones fundamentales". En *Derecho de las obligaciones*, coordinado por Marcela Castro de Cifuentes, tomo II, volumen 1, 19-40. Bogotá: Universidad de los Andes y Temis, 2009.

Castro García, Juan David. *La propiedad industrial*. Bogotá: Universidad Externado de Colombia, 2009.

Clavijo Calderón, Andrés Felipe. "Concepto de daño estatutario aplicado en los acuerdos sobre los aspectos de los derechos de propiedad intelectual relacionados con el comercio (ADPIC)". Tesis de especialización, Universidad Javeriana, 2012.

Comisión de la Comunidad Andina. Decisión 486, sep. 14/2000.

Comisión del Acuerdo de Cartagena. Decisión 351 de 1993, dic. 17/1993.

Cortés, Edgar. *Responsabilidad civil y daños a la persona: El daño a la salud en la experiencia italiana, ¿un modelo para América Latina?* Bogotá: Universidad Externado de Colombia, 2009.

CSJ. Cas. Civil. Sent. may. 7/1968.

CSJ. Cas. Civil. Sent. jul. 26/1996, Exp. 3939. M. P. Nicolás Bechara Simancas. (Frisby vs. Pinky).

CSJ. Cas. Civil. Sent. nov. 11/2013, Rad. 08001-3103-008-1994-26630-01. M. P. Arturo Solarte Rodríguez.

CSJ. Cas. Civil. Sent. ago. 5/2014, Rad. 11001-31-03-003-2003-00660-01. M. P. Ariel Salazar Ramírez.

CSJ. Cas. Civil. Sent. may. 13/2008, Rad. 11001-3103-006-1997-09327-01. M. P. César Julio Valencia Copete.

CSJ. Cas. Civil. Sent. dic. 7/2017, Rad. SC20448-2017. M. P. Margarita Cabello Blanco.

CSJ. Cas. Civil. Sent. dic.19/2017, Rad. SC22036-2017. M. P. Aroldo Wilson Quiroz Monsalvo

D. 1074/2015.

D. 2264/2014.

D. 410/1971.

García Rubio, María Paz. "Restitución de beneficios obtenidos por intromisión en derecho ajeno, por incumplimiento contractual y por ilícito extracontractual". En *Derecho de daños*, editado por Enrique Barros Bourie, María Paz García Rubio y Antonio M. Morales Moreno, 79-134. Madrid: Fundación Coloquio Jurídico Europeo, 2009.

Henao Pérez, Juan Carlos. *El daño: Análisis comparativo de la responsabilidad extracontractual del Estado en derecho colombiano y francés*. Bogotá: Universidad Externado de Colombia, 2007.

Isaza Posse, María Cristina. *De la cuantificación del daño: Manual teórico práctico*. 2.ª ed. Bogotá: Temis, 2011.

L. 1564/2012.

L. 1648/2013.

L. 1669/2013.

L. 17/2001.

L. 170/1994.

L. 1915/2018.

L. 23/1982.

L. 33/1987.

L. 44/1993.

Lizarazu Montoya, Rodolfo. *Manual de propiedad industrial*. Bogotá: Legis, 2014.

López Herrera, Edgardo. *Teoría general de la responsabilidad civil*. Buenos Aires: Lexis Nexis, 2006.

Murcia Ramos, Ángela María. *La subsistencia del perjuicio a partir de la aplicación de la* compensatio lucri cum damno *y de la reparación integral*. Bogotá: Universidad Externado de Colombia, 2017.

Olarte Collazos, Jorge Mario y Miguel Ángel Rojas Chavarro. *La protección del derecho de autor y los derechos conexos en el ámbito penal*. Bogotá: Dirección Nacional de Derecho de Autor y Ministerio del Interior y de Justicia, 2010.

Pino-Emhart, Alberto. "Las acciones civiles por infracciones al derecho de propiedad intelectual". *Revista chilena de derecho y tecnología* 8, n.º 2 (2019): 33-58. https://doi.org/10.5354/0719-2584.2019.53985

Pizarro, Ramón Daniel. *La reparación del daño patrimonial derivado de conductas antijurídicas lucrativas. Situación actual: Perspectiva*. Córdoba: Academia Nacional de Derecho y Ciencias Sociales de Córdoba, 2009. https://t.ly/PzoD

Rengifo García, Ernesto. "Los perjuicios en la infracción de los derechos de propiedad intelectual". *Ámbito Jurídico*, (2015): 8-21.

Rengifo García, Ernesto. "Valoración de perjuicios en la infracción de las patentes". En *Derecho de patentes*, editado por Juan David Castro García, Ernesto Rengifo García, Carlos Augusto Conde Gutiérrez, Lina María Díaz Vera, Manuel Guerrero Gaitán, Diego Fernando Guzmán Delgado, Luisa Fernanda Herrera Sierra, Carlos Felipe Payán Rodríguez, Andrés Rengifo García y Brenda Sharon Salas Pasuy, 841-95. Bogotá: Universidad Externado de Colombia, 2016.

Sandoval Gutiérrez, José Fernando. "Indemnización de daños causados con la infracción de derechos de propiedad industrial: Un sistema que escapa de la tradición". *La propiedad inmaterial*, n.º 23 (2017): 47. https://doi.org/10.18601/16571959.n23.03

Solarte Rodríguez, Arturo. "Reparación integral del daño y restitución de los beneficios obtenidos por el civilmente responsable". X Encuentro Internacional de Responsabilidad Civil, Bogotá, 2015.

Solarte Rodríguez, Arturo. "Responsabilidad civil y equidad en el Código Civil peruano de 1984. Análisis desde la perspectiva del derecho comparado". En *Derecho civil extrapatrimonial y responsabilidad civil*, coordinado por Fernando de Trazegnies, 271-306. Lima: Gaceta Jurídica, 2015.

Tamayo Cárdenas, Carlos David. *Análisis de la responsabilidad civil extracontractual por infracción de patentes de invención: Un estudio jurídico del daño pecuniario y la función del instituto*. Bogotá: Universidad Externado de Colombia, 2017.

Tamayo Jaramillo, Javier. *De la responsabilidad civil. Tomo IV*. Bogotá: Temis, 1999.

Valverde, Jorge Forgues. "La astreinte en la legislación boliviana". *Revista Ciencia y Cultura* 10, (2002): 25-33.

Vega Vega, José Antonio. *Protección de la propiedad intelectual*. Madrid: Reus, 2002.

Visintini, Giovanna. *¿Qué es la responsabilidad civil?: Fundamentos de la disciplina de los hechos ilícitos y del incumplimiento contractual*. Bogotá: Universidad Externado de Colombia, 2015.

Weinrib, Ernest Joseph. *La idea de derecho privado*. Madrid: Marcial Pons, 2017.

Yzquierdo Tolsada, Mariano y Vicente Arias Máiz. *Daños y perjuicios en la propiedad intelectual: Por una nueva regulación*. Madrid: Trama Editorial, 2006.

Capítulo VII

Indemnización de perjuicios ocasionados por la infracción de los derechos de autor y derechos conexos[*]

Juan Carlos Monroy Rodríguez

Antecedentes

La necesidad de reparar integralmente los perjuicios por las infracciones a los derechos de autor y conexos pone en manos del órgano jurisdiccional la facultad que, según la Decisión Andina 351 de 1993, artículo 57, se plantea como una reparación o indemnización adecuada en los siguientes términos: "La autoridad nacional competente, podrá asimismo ordenar lo siguiente: a) El pago al titular del derecho infringido de una reparación o indemnización adecuada en compensación por los daños y perjuicios sufridos con motivo de la violación de su derecho". El Tribunal de Justicia de la Comunidad Andina (TJCA), en su interpretación prejudicial dentro del proceso 044-IP-2013, menciona este principio de reparación integral en materia de la reparación o indemnización en compensación por los daños y perjuicios ocasionados por infracciones al derecho de autor:

Conforme al artículo 57 de la Decisión 351, en el caso de presentarse una infracción a los derechos de autor, el ilícito y su reparación deberán demandarse ante el órgano administrativo o jurisdiccional competente designado al efecto por la legislación nacional sobre la materia. La admisión de la demanda dará lugar a la apertura del procedimiento establecido por las leyes del país miembro, en el cual deberán observarse, entre otros, los principios del debido proceso y, en particular, los

[*] Para citar este capítulo: http://dx.doi.org/10.15425/2022.666

de igualdad de las partes, imparcialidad del órgano competente, eficacia, economía procesal y celeridad. Los procedimientos se sujetarán a las normas del derecho nacional, en aplicación del principio de 'complementariedad' entre el derecho comunitario y el derecho nacional, ya que la norma comunitaria se hace efectiva a través de órganos y procedimientos internos del país miembro de que se trate. Todo proceso llevado a cabo por la autoridad nacional, se reitera, deberá además observar los principios referidos.

Con relación a los ilícitos que pudieran ser cometidos, el Tribunal expresó que: "Frente al ilícito citado, la tutela resarcitoria persigue la compensación económica de la víctima de la lesión patrimonial, a través de la restitución del objeto y, en su defecto, de la reparación o de la indemnización. El daño es pues el presupuesto de la tutela judicial efectiva, esta consiste en su resarcimiento, que es el montante económico por la falta de ejercicio del derecho infringido y, este se encuentra gobernado por el principio de la reparación integral, según el cual, la víctima del daño no debe recibir ni más ni menos que la pérdida que, susceptible de valoración económica, haya efectivamente sufrido. En este contexto, el restablecimiento del titular en el goce y ejercicio de su derecho exclusivo, por la vía del resarcimiento del daño, constituye el objeto de la decisión de mérito y, por tanto, de la tutela definitiva del derecho de autor [...]. En el caso de la tutela de mérito, cuyo objeto, como se indicó, es el restablecimiento del titular en el goce y ejercicio de su derecho exclusivo, por la vía del resarcimiento del daño, la norma comunitaria atribuye potestad a la autoridad nacional competente para disponer el pago de una reparación o indemnización adecuada en compensación por los daños y perjuicios sufridos, así como el pago por el infractor de las costas del proceso y el retiro definitivo del comercio de los ejemplares ilícitos".[1]

Así mismo, el TJCA, en la interpretación prejudicial del Proceso 07-IP-2014, se ha pronunciado en el sentido que la reparación de la infracción al derecho de autor no se limita al valor que hubiere percibido el titular del derecho de haber autorizado el uso de la obra (valor de licencia):

---

[1] Proceso 178-IP-2006, Marca: Polynil (nominativa), publicado en la *Gaceta oficial* 1486, 11 de abril del 2007.

[...] 40. Como se advirtió en la primera parte de este escrito, el artículo 57 literal a de la Decisión 351, consagra medidas de carácter resarcitorio o indemnizatorio, cuya finalidad es tratar de devolver las cosas al estado anterior, previa la constatación de un daño. Eso quiere decir que al verificarse una infracción de derechos de autor, la autoridad nacional competente, de conformidad con el caso particular, puede tasar una indemnización de daños y perjuicios, en el marco de las medidas de carácter resarcitorio que prevé la norma comunitaria. También quiere esto decir que el afectado por la infracción, es decir, el titular de los derechos de autor, tiene la facultad de solicitar una indemnización de daños y perjuicios a la autoridad competente.

41. Ahora bien, esta indemnización de daños y perjuicios para ser adecuada debe ser integral, es decir, incluir el daño emergente y el lucro cesante, así como el daño moral o extrapatrimonial de llegar a presentarse. Por daño emergente se entiende la pérdida patrimonial sufrida efectivamente por el titular como consecuencia de la vulneración del derecho de autor. Y por lucro cesante se entiende el conjunto de ganancias que el titular de los derechos de autor habría obtenido por la explotación económica de su obra, de no haber ocurrido la infracción.

42. En relación con el caso concreto y tal como se desprende de lo anterior, el concepto de indemnización es mucho más amplio que el simple pago compensatorio de las remuneraciones dejadas de percibir por el uso del *software* ilegal, ya que la misma busca dejar las cosas en el estado anterior a la ocurrencia del daño. Por lo tanto, el pago compensatorio planteado en el asunto particular se debe circunscribir a lo previsto en el literal a del mencionado artículo 57.

[...] Concluye: En relación con el caso concreto y tal como se desprende de lo anterior, el concepto de indemnización es mucho más amplio que el simple pago compensatorio de las remuneraciones dejadas de percibir por el uso del *software* ilegal, ya que la misma busca dejar las cosas en el estado anterior a la ocurrencia del daño. Por lo tanto, el pago compensatorio planteado en el asunto particular se debe circunscribir a lo previsto en el literal a del mencionado artículo 57. En consecuencia, la figura del *downgrade* no es aplicable como parámetro resarcitorio o indemnizatorio en el marco de la normativa comunitaria. Regularizar el *software* ilegal de ninguna manera repara los daños causados con la infracción, lo que debe incluir las remuneraciones traídas a valor presente y dejadas de percibir con la acción infractora, así como el lucro cesante y el daño extrapatrimonial que pudiera presentarse. Como se desprende de su definición, el titular de los derechos sobre el *software*, mediante la figura del *downgrade*, no está vendiendo la versión anterior; simplemente está dando la posibilidad a los clientes de utilizar dicha versión anterior para migrar a una nueva. Si se compra la versión nueva se está adquiriendo un *software* actual que no valida, ni mucho menos remunera, infracciones cometidas sobre el *software* anterior; el acto infractor se cometió y debe ser reparado.

Este principio de indemnización o reparación integral se reconoce, asimismo, en el Acuerdo sobre los ADPIC (Ley 170 de 1994), en el artículo 45, numeral 1. Este Tratado establece que para efectos de una efectiva protección de los derechos de propiedad intelectual se requiere que las autoridades judiciales estén facultadas para ordenar al infractor que pague al titular del derecho un resarcimiento adecuado para compensar el daño que este haya sufrido debido a una infracción de su derecho de propiedad intelectual, causada por un infractor que, sabiéndolo o teniendo motivos razonables para saberlo, haya desarrollado una actividad infractora. Nótese que conforme con la norma mencionada el resarcimiento ha de ser "adecuado", es decir, integral o por lo menos no limitado o restringido respecto del resarcimiento o reparación que puedan merecer otros derechos dentro del ordenamiento jurídico.

Tipologías de los daños y perjuicios

Los perjuicios materiales son aquellos que atentan contra bienes o intereses de tipo económico que son susceptibles de valoración. En otras palabras, son medibles o mensurables en dinero. Dentro de la clasificación que la ley ha realizado sobre los perjuicios se observa la existencia de dos tipos: daño emergente y lucro cesante. Los artículos 1613 y 1614 del Código Civil Colombiano establecen la adopción de dicha clasificación. Así lo ha reconocido expresamente el Consejo de Estado cuando dice:

> En relación con la cuantificación de los daños materiales, en primer lugar se observa que estos se clasifican como emergentes y como lucro cesante. En los primeros se comprenden los intereses patrimoniales actuales que han sido afectados con el hecho del cual se deriva la

responsabilidad; en los segundos, el interés o la utilidad futura que por la misma razón el afectado dejará de percibir.

Ambos conceptos son objeto de la reparación en el sistema legal colombiano, tanto en el campo contractual como en el extracontractual (C. C., arts. 1613 y 1614).[2]

El Tribunal Superior del Distrito Judicial de Medellín, en un fallo relativo a las infracciones al derecho de autor, alude a la tipología de los rubros indemnizatorios de la siguiente forma:

[...] dícese que desde la antigüedad los ramos regulaban el resarcimiento de los daños por culpa de otro, conforme a la Ley Aquilia, cuyas disposiciones se recogieron más tarde en España, en donde la Ley 1.ª, título 15, partida 7.ª, definía el daño como el detrimento, perjuicio o menoscabo que se recibe por culpa de otro en la hacienda o en la persona.

Se extendía entonces la aplicación de tal precepto a todo daño que pudiera causarse por malicia o dolo, por culpa o por caso fortuito, pues el que hacía un mal no solo debía resarcir el daño que había causado directamente, sino también el "menoscabo o perjuicio" que fuera consecuencia inmediata de su acción.

Doctrinaria y jurisprudencialmente se ha admitido que los perjuicios o daños se clasifican en dos grandes grupos generales, a saber: materiales y morales, y ello por cuanto el artículo 2341 del Código Civil, emplea el término "daño" en forma amplia, es decir sin limitación alguna, advirtiendo que quien lo causa es obligado a indemnizarlo. De ahí que pueda admitirse perfectamente la existencia de un agravio patrimonial y uno no patrimonial.

El daño material [...] comprende el daño emergente y el lucro cesante, definidos así: "entiéndase por daño emergente el perjuicio o la pérdida que proviene de no haberse cumplido la obligación o de haberse cumplido imperfectamente, o de haberse retardado su cumplimiento; y por lucro cesante, la ganancia o provecho que deja de reportarse a consecuencia de no haberse cumplido la obligación, o cumpliéndola imperfectamente, o retardado su cumplimiento".

---

[2] Consejo de Estado, Sent. nov. 27/1990. C. P. Gustavo de Greiff. Exp. 5835.

Este daño material para que pueda ser indemnizado, requiere que sea *cierto*, sin que con ello se signifique que es necesario que el perjuicio sea actual, pues si se tiene certeza que se producirá en el porvenir y que cuantitativamente se puede determinar, su resarcimiento es incuestionable, lo que no ocurre en el *perjuicio eventual*[3].

Además, se requiere que no haya sido reparado o indemnizado con anterioridad a la acción, pues cuando la víctima es indemnizada el perjuicio desaparece.

Respecto del agravio no patrimonial, las doctrinas más adelantadas han reconocido su existencia, porque es apenas lógico, que a más de las lesiones inferidas a la estructura material de los sujetos y las cosas, existen otras lesiones más sutiles y menos perceptibles, pero tan efectivas como las que sí son visibles a simple vista.

[…] se ha clasificado el daño moral de esta manera:

1. Tenemos en primer lugar los agravios morales surgidos como consecuencia de atentados contra la integridad física, como por ejemplo la muerte de una persona, lesiones en su cuerpo, etc.

   Para la mayoría de los autores, esta clase de agravios ocasiona resarcimiento en razón del dolor indebido que producen y del detrimento espiritual que afecta a la víctima de modo más o menos intenso.

2. Perjuicios físico-morales. En este grupo quedan comprendidos la calumnia, las injurias, los ultrajes al pudor, etc., que obviamente acarrean aflicciones espirituales y que merecen ser reparados mediante las acciones pertinentes.

3. Perjuicios causados contra los intereses de afección. En este evento el sufrimiento se deriva del daño producido a una cosa sobre la cual el propietario tiene especial inclinación no obstante su escaso valor; y por ello, en tal situación, predomina el sentimiento sobre el valor, que solo es determinado por su titular. Una lesión a dichos bienes de afección origina pesadumbre que debe ser equitativamente indemnizada.[4]

---

[3] Énfasis en el original.

[4] Tribunal Superior del Distrito Judicial de Medellín, Sent. dic. 12/1987, proceso de Luis Eduardo B. A. vs. Producciones P. Ltda.

Así las cosas, según la naturaleza del patrimonio afectado, el daño puede ser material o moral. El primero corresponde entonces a la pérdida de una cosa material o de una ganancia o beneficio que se ha dejado de obtener. A su vez, el daño moral es entendido como un daño incorporal, extrapatrimonial o de afección.

Veremos a continuación de qué manera el daño producido a instancias de las infracciones a los derechos morales y patrimoniales de autor es susceptible de ser resarcido por todos estos rubros indemnizatorios, más allá de lo enunciado por el artículo 57 de la Ley 44 de 1993.

Lucro cesante: exigencias probatorias para su determinación

En los términos del artículo 1614 del Código Civil el lucro cesante consiste en la ganancia o provecho que deja de reportarse a consecuencia de no haberse cumplido la obligación, o haberse cumplido imperfectamente, o retardado su cumplimiento.

Existe dificultad para probar el lucro cesante por las infracciones a la propiedad intelectual, dado el rigor de las exigencias probatorias que son propias de la responsabilidad civil.

El daño es entendido como aquel perjuicio que, una vez acreditado de manera clara y fehaciente en el proceso, debe ser objeto de indemnización por el sujeto activo, siempre que exista un nexo causal adecuado entre tales perjuicios y su conducta lesiva.

En este orden de ideas, es necesario indicar que tanto la ley como la doctrina y la jurisprudencia sostienen de manera unánime que todo daño indemnizable debe revestir las siguientes características:

En primer lugar, se requiere que sea una consecuencia *directa* de la conducta desplegada por el sujeto activo. Al respecto, el profesor Javier Tamayo ha sentado lo siguiente: "[…] habrá perjuicios directos, siempre que exista una relación causal que le permita al juez inferir que la acción del demandado ha sido la causa del daño. […] Repetimos que tanto en materia contractual como aquiliana (extracontractual) solo el perjuicio directo da lugar a indemnización"[5].

---

[5] Javier Tamayo Jaramillo, *De la responsabilidad civil: Tomo I* (Bogotá: Temis, 1999), 242.

Así mismo, el profesor Eduardo Zannoni, en su texto titulado *El daño en la responsabilidad civil*, sostiene lo siguiente: "También se ha dicho que hay daño directo cuando el perjuicio es consecuencia inmediata del evento dañoso; y en cambio; hay daño indirecto cuando el perjuicio resulta de la conexión del evento dañoso con un hecho distinto"[6].

Acorde con lo anterior, el daño indemnizable es aquel que se produce como consecuencia directa, inmediata y necesaria de la conducta lesiva atribuible al sujeto responsable. Esto es, entre el daño y la conducta debe existir una relación causal y determinante.

En segundo lugar, para que un daño sea indemnizable no solo requiere que sea consecuencia directa de la conducta lesiva, sino que además debe cumplir, entre otros, con los siguientes requisitos:

- Certeza de su existencia, esto es, que a los ojos del juez debe ser evidente que tal daño alegado efectivamente se produjo o habrá de producirse en el tiempo.
- Personalidad, es decir, el daño debe ser sufrido por la persona que lo reclama o que válidamente lo exige en nombre de otro.
- Licitud, esto es, aquel daño que una persona no está en la obligación jurídica de soportar y por el cual, en consecuencia, puede solicitar su indemnización.

Al respecto en la Sentencia del 12 de diciembre del 2008, la Corte Suprema de Justicia expresó lo siguiente:

Cuando se busca la indemnización de perjuicios patrimoniales en el rubro de lucro cesante, el afectado tiene la doble carga de llevar al convencimiento, por un lado, de que estos ocurrieron ante la disminución o interrupción de unos ingresos que se tomaban ciertos y, del otro, de cómo cuantificarlos, bajo la premisa de que su propósito es netamente de reparación integral, sin que pueda constituirse en fuente de enriquecimiento.

[...] Lo anterior teniendo en cuenta que para efectos de fijar la base de liquidación del lucro cesante, el Tribunal acogió el monto reportado por el aludido contador como ingresos mensuales del fallecido Wilson

---

[6] Eduardo Zannoni, *El daño en la responsabilidad civil* (Buenos Aires: Editorial Astrea de A. y R. Depalma, 1982), 92.

Yamit Osorio, a pesar de que ese documento ciertamente no ofrecía respaldo sólido e indiscutible a tal conclusión.

Debe repararse en que a la mencionada constancia no la acompañan los soportes de donde fue extraída la suma de dinero que se dijo correspondía a lo que la víctima percibía de su actividad económica, de modo que dicho escrito no constituye prueba de sus ingresos.

[...] En el caso que se analiza, junto con la certificación expedida por el contador no se allegó ningún documento que demostrara los ingresos del fallecido Wilson Osorio Giraldo, el cual haya servido de fuente de información a las afirmaciones del profesional, falencia que no fue subsanada cuando compareció al juzgador a ratificar el documento, porque allí solo aceptó su autoría pero no mencionó siquiera los soportes que empleó en la elaboración de la constancia, la que por tal razón no debió ser tenida en cuenta por el *ad quem* para calcular el lucro cesante cuyo resarcimiento se reclamó.

[...] En ese sentido, en la sentencia csj SC11575-2015, 31 ago. 2015, Rad. 2006-00514-01, la Sala enfatizó que la reparación del lucro cesante "en su modalidad de lucro cesante" y más aún, tratándose del calificado como "futuro", se reitera resulta viable en cuanto el expediente registre prueba concluyente y demostrativa de la verdadera entidad y extensión cuantitativa del mismo. En caso contrario, se impone "rechazar por principio conclusiones dudosas o contingentes acerca de las ganancias que se dejaron de obtener apoyadas tales conclusiones en simples esperanzas, expresadas estas en ilusorios cálculos que no pasan de ser especulación teórica, y no en probabilidades objetivas demostradas con el rigor debido".[7]

Para poder predicar la obligación de indemnizar un daño se debe establecer que el mismo es consecuencia directa y cierta de la conducta del sujeto, de tal forma que se pueda atribuir a él jurídicamente su causación; si no es posible establecer ese vínculo no es procedente la atribución de la responsabilidad.

---

[7] csj, Cas. Civil, Sent. dic. 12/2018, Rad. 05001-31-03-005-2008-00497-01, M. P. Ariel Salazar Ramírez.

Criterios auxiliares para facilitar la prueba del lucro
cesante por infracciones al derecho de autor
(artículo 57 de la Ley 44 de 1993)

Existe una evidente dificultad para probar de otra manera el lucro cesante
en tanto se exige que dicha prueba ha de ser cierta y directa, condiciones que difícilmente se podrían demostrar al tratarse de unos eventuales
ingresos futuros por la explotación de un intangible que —lejos de ser
ciertos— dependerían de una supuesta o hipotética explotación económica de la obra en el mercado y, asimismo, del resultado económico que
tendría la explotación de la obra, que en términos monetarios bien puede ser bueno, regular o malo según situaciones inciertas o aleatorias de
cada caso en particular. Habida cuenta de esa dificultad, la ley colombiana en materia de derecho de autor, al igual que otras muchas en el
mundo, establece parámetros auxiliares para permitir la determinación,
el cálculo y la prueba de los perjuicios causados por este tipo de daño
material. La norma en cuestión tiene el siguiente tenor:

> Para la tasación de los perjuicios materiales causados por el hecho, se
> tendrá en cuenta:
> 1. El valor comercial de los ejemplares producidos o reproducidos sin
>   autorización.
> 2. El valor que hubiere percibido el titular del derecho de haber autori-
>   zado su explotación.
> 3. El lapso durante el cual se efectuó la explotación ilícita.[8]

La posibilidad de probar el daño material mediante estos criterios
auxiliares la reiteró a su manera la Ley 1669 del 2013, "por medio de
la cual se aprueba el Acuerdo Comercial entre Colombia y el Perú, por
una Parte, y la Unión Europea y sus Estados Miembros, por Otra", en
su capítulo relativo a los procedimientos judiciales en materia de propiedad intelectual dispone:

---

[8] L. 44/1993, art. 57.

Artículo 244. Perjuicios.

1. Cada parte dispondrá que, cuando sus autoridades judiciales fijen los daños y perjuicios:

(a) tengan en cuenta todos los aspectos pertinentes, como las consecuencias económicas negativas, incluyendo la pérdida de beneficios, que la parte perjudicada haya sufrido, cualquier beneficio ilegítimo obtenido por el infractor y, cuando proceda, elementos distintos de los factores económicos, tales como daño moral causado al titular del derecho por la infracción; o

(b) como una alternativa al subpárrafo (a), puedan, cuando sea procedente, fijar los daños por una cantidad a suma alzada sobre la base de elementos como, al menos, el importe de las regalías o tasas debidas si el infractor hubiere solicitado autorización para utilizar el derecho de propiedad intelectual en cuestión.

2. En caso de que el infractor, no sabiéndolo o no teniendo motivos razonables para saberlo, haya intervenido en una actividad infractora, las partes podrán establecer que las autoridades judiciales puedan ordenar la recuperación de los beneficios o el pago de daños y perjuicios, que podrán ser preestablecidos.

A continuación, nos referimos a los criterios a los cuales alude el mencionado artículo 57 de la Ley 44 de 1993, para explicar su carácter y propósito como criterios auxiliares que facilitan o posibilitan la prueba del lucro cesante por infracciones al derecho de autor y conexos.

Lucro cesante calculado a partir de los ingresos no percibidos (regalía hipotética)

Una primera forma de lucro cesante consiste en el detrimento del autor por ingresos no percibidos, al no haber autorizado y cobrado la licencia para el uso de su obra. Al respecto el numeral 2, del artículo 57, de la Ley 44 de 1993, menciona la posibilidad de calcular los perjuicios por la infracción al derecho de autor a partir del valor que hubiere percibido el titular del derecho de haber autorizado la explotación de la obra. Este criterio, conocido como "regalía hipotética", es un criterio auxiliar para la tasación de perjuicios por la infracción a la propiedad intelectual y consiste en tener en cuenta el valor que hubiese percibido el titular si hubiese otorgado una autorización o licencia contractual para el uso o explotación de la que fue objeto su patente, marca u obra protegida por el derecho de autor. Esta figura o criterio de "regalía hipotética" tiene su origen en Alemania (caso Ariston, 1895)[9].

Este lucro cesante comprende los beneficios que el titular del derecho habría obtenido previsiblemente, de no haber ocurrido la infracción y el precio o regalía que el infractor habría pagado al titular del derecho, si se hubiese autorizado o contratado una licencia previa y expresa, teniendo en cuenta el valor comercial del objeto del derecho infringido y las licencias contractuales que ya se hubieran concedido.

Estos perjuicios corresponden al ingreso dejado de percibir por el autor al no habérsele solicitado autorización para el uso o explotación de su obra, omitiéndose el pago del valor de la licencia o autorización que dicho autor hubiera tenido derecho a cobrar.

Como quiera que generalmente la explotación de obras por parte de terceros tiene lugar en el marco de contratos de licencia, el valor objeto del rubro indemnizatorio en comento se puede determinar a partir del monto cobrado en dichos contratos de licencia que previamente haya celebrado el autor o titular del derecho. Ahora bien, es importante tener en cuenta que en el derecho de autor rige el principio de independencia de las formas de explotación, conforme al cual las distintas formas de utilización de la obra son independientes entre ellas y la autorización del autor para una forma de utilización no se extiende a las demás. En materia de responsabilidad civil este principio se traduce en el derecho que le asiste al titular de la obra para ser indemnizado por cada uno de los distintos usos que el infractor haya realizado conforme a la licencia que se hubiera tenido que pagar para cada una de dichas modalidades de uso.

Ante la dificultad para probar el daño emergente y el lucro cesante sufrido por el titular de propiedad intelectual como consecuencia de su infracción, dentro del rigor probatorio propio de la responsabilidad

---

[9] La *dreifache schadensbere* es una construcción jurisprudencial alemana cuyo punto de partida se sitúa en el célebre caso "Ariston" y en la sentencia que emitiera al respecto el Reichsgericht (Tribunal Supremo de la Alemania Imperial), el 8 de agosto de 1895. En el asunto, el demandante se quejaba de que el demandado se había servido, sin su permiso, de unos temas musicales que le pertenecían, y que los había reproducido y difundido sin su cabal consentimiento.

civil, se empezó a permitir dicha prueba mediante otros criterios, factores auxiliares o indicadores, a saber: el monto del beneficio obtenido por el demandado con la infracción, o el valor que hubiese recibido el titular si hubiese otorgado una autorización o licencia contractual para el respectivo uso o explotación. A nivel internacional el criterio de la regalía hipotética ha sido ampliamente reconocido en la legislación y jurisprudencia:

La Directiva 2004/48/CE del Parlamento Europeo y del Consejo de la Unión Europea, del 29 de abril del 2004, relativa a los derechos de propiedad intelectual, en su artículo 13 reconoce como una de las posibilidades de obtener la indemnización de perjuicios por la infracción de derechos de autor, la de reclamar el detrimento del autor por no haber autorizado y cobrado la licencia para el uso de su obra, en los siguientes términos:

Artículo 13. Daños y perjuicios: 1. [...] Cuando las autoridades judiciales fijen los daños y perjuicios: a) tendrán en cuenta todos los aspectos pertinentes, como las consecuencias económicas negativas, entre ellas las pérdidas de beneficios, que haya sufrido la parte perjudicada, cualesquiera beneficios ilegítimos obtenidos por el infractor y, cuando proceda, elementos distintos de los factores económicos, tales como el daño moral causado por la infracción al titular del derecho; o b) *como alternativa a lo dispuesto en la letra a), podrán, cuando proceda, fijar los daños y perjuicios mediante una cantidad a tanto alzado sobre la base de elementos como, cuando menos, el importe de los cánones o derechos que se le adeudarían si el infractor hubiera pedido autorización para utilizar el derecho de propiedad intelectual en cuestión* [...].[10]

Explica el numeral 26 de la mencionada Directiva europea, que

Con el fin de reparar el perjuicio sufrido debido a una infracción cometida por un infractor que haya realizado una actividad que constituya una infracción de este tipo a sabiendas o con motivos razonables para saberlo, el importe de la indemnización por daños y perjuicios concedida al titular debe tener en cuenta todos los aspectos pertinentes, como los

---

[10] Énfasis propio.

beneficios dejados de obtener por el titular del derecho o los beneficios ilícitos obtenidos por el infractor, así como, cuando proceda, el daño moral ocasionado al titular. *O como alternativa cuando, por ejemplo, sea difícil determinar el importe del perjuicio realmente sufrido, el importe de la indemnización podría inferirse de elementos como los cánones o derechos que se le adeudarían si el infractor hubiera pedido la autorización de utilizar el derecho de propiedad intelectual de que se trate.* El objetivo no es instaurar una obligación de establecer indemnizaciones punitivas, sino permitir una indemnización basada en un criterio objetivo, teniendo en cuenta al mismo tiempo los gastos realizados por el titular, como los gastos de identificación e investigación.[11]

En España, el Real Decreto Legislativo 1.º de 1996, "por el que se aprueba el texto refundido de la Ley de Propiedad Intelectual, regularizando, aclarando y armonizando las disposiciones vigentes sobre la materia", trata sobre el asunto en su artículo 140, el cual dispone que "2. La indemnización por daños y perjuicios se fijará, a elección del perjudicado, conforme a alguno de los criterios siguientes: [...] b) La cantidad que como remuneración hubiera percibido el perjudicado, si el infractor hubiera pedido autorización para utilizar el derecho de propiedad intelectual en cuestión".

Un ejemplo de la aplicación de este criterio o rubro indemnizatorio en la jurisprudencia se presenta en Argentina, en la sentencia de la Cámara Nacional de Apelaciones en lo Civil, Sala C, del 7 de marzo del 2005, caso G. Hugo Ariel vs. C. Cecilia y otros, en la cual se explica el fundamento de la reclamación del afectado por la infracción del derecho de autor, por el valor que hubiera obtenido el titular del derecho de haber otorgado licencia o autorización para tal uso o explotación:

> Se ha decidido que el autor tiene derecho al beneficio que hubiera podido obtener de no mediar la utilización ilícita o la mejor remuneración que hubiera podido percibir de haber autorizado la explotación, destacándose que por esta razonable alternativa se evita que sea más beneficioso infringir el derecho de autor que respetarlo, pues si el utilizador paga un precio más bajo en juicio que negociando con el titular del

---

[11] Énfasis propio.

derecho, se alientan las infracciones (CNCiv. Sala G, marzo 21/1994, "Moreno, Norberto Venancio c/Iglesias, Julio y otros s/daños y perjuicios", Lexis n.° 10/6684).

De ahí que la entidad del daño patrimonial por el uso —sin autorización— de los micros de su autoría, estimada por el actor en su demanda sobre la base de los presupuestos para la realización de aquellos y para la negociación del beneficio económico de su obra, en los que se computan también los costos de recursos técnicos y humanos, constituya un elemento de convicción de gran utilidad para valorar el perjuicio derivado de esa utilización ilícita, aun cuando no se trate de una demanda de cobro del precio de un contrato de locación de obra, ni del reclamo fundado en la frustración de un contrato, pues todos estos supuestos tienen algo en común vinculado con la valoración de la obra, más allí de las variantes que cada una de esas hipótesis singulares pudiera presentar, pero como aduce el actor en su memorial los presupuestos y montos establecidos como costos de realización de los micros fueron parámetros o pautas para la valoración del perjuicio que a ella le produjo la transgresión por los demandados a sus derechos de autor.

[…] el demandante, en su demanda opta, en la alternativa que le ofrece el artículo 140 de la Ley, porque se fije la indemnización conforme al beneficio que hubiere obtenido presumiblemente, de no mediar la utilización ilícita, beneficio que cifra en […] de ptas., y que le es reconocido en la sentencia apelada. A tal respecto, debemos hacer las siguientes precisiones: (1) Que, pese a intentarse, no se ha conseguido prueba alguna, ni aun aproximada, sobre el alcance de esos posibles beneficios, pues, a pesar de ser preguntada específicamente la perito designada sobre este particular, manifestó no poder contestarla. (2) Que la sentencia apelada, en este extremo, es absolutamente inmotivada, no dando razón ni explicación concreta y fundada para adoptar la decisión de evaluar el perjuicio en la indicada cantidad.

Ello, no obstante, no cabe duda de que la utilización del programa, fruto del trabajo ajeno, reporta a quien lo utiliza una ventaja o beneficio de carácter o contenido económico. Por otro lado, tampoco existe una absoluta pasividad del demandante en orden a probar este extremo, sino un fracaso de la prueba intentada, con toda evidencia por proponer para ello a una perito no especializada concretamente en la valoración del precio de mercado del programa. Pero ello no obsta a que el perjuicio, en su vertiente de lucro cesante, no exista, ni menos que la demandada no esté obligada a resarcirlo. Así, los intentos que la apelante hace para denostar y denigrar el programa se contradicen por sus propios actos, pues lo viene utilizando para una de las finalidades que le son propias, hasta el punto que la posible cesación de la utilización fue esgrimida como causa de despido. Realmente, es contradictorio manifestar el nulo valor del programa y al tiempo tratar de retenerlo para sí a toda costa. Tampoco puede admitirse que la indemnización se fije en […] ptas., última petición que hace la recurrente, pues tan arbitrario, por la aludida falta de prueba, resulta fijar la indemnización en la forma en que lo hace el demandante y la sentencia apelada como en la medida que pretende la apelante.

La solución no puede ser otra que la remisión a la fase de ejecución para la concreción del perjuicio, para lo que no se podrá tener en cuenta sino el valor que hubiera debido de satisfacer la demandada si hubiera encargado el programa, o lo que es lo mismo, el valor de mercado, que el demandante proponía en su prueba pericial, pues no se confiere a aquella un derecho exclusivo de uso, ni puede estimarse, contrariamente a lo que sostiene el apelado, que la conducta de la demandada le haya impedido mejorar, revisar o ampliar el programa, derechos que perfectamente podía haber ejercitado, sin que conste impedimento eficaz alguno por la demandada. En suma, el beneficio que se hubiera obtenido coincide, a falta de otras pruebas que no se han propuesto siquiera, con el correspondiente a la contraprestación que hubiera debido recibir, como precio, por el uso no exclusivo del programa.[12]

En cuanto a la naturaleza jurídica de la licencia hipotética, existen doctrinantes que señalan que esta se fundamenta en el enriquecimiento injustificado, y no en la responsabilidad civil, por lo que su naturaleza no es indemnizatoria, sino restitutoria[13]. En la doctrina se comenta cómo la estimación de una regalía hipotética no es una figura propia de la ac-

---

[12] Cámara Nacional de Apelaciones en lo Civil, Sala C, mar. 7/2005, caso G. Hugo Ariel vs. C. Cecilia y otros, Argentina.

[13] Véanse Carlos Fernández-Novoa, *Manual de la propiedad industrial* (Madrid: Marcial Pons, 1997), 26 y ss; Luís Menezes Leitão, *Direito de Autor*, 2.ª ed. (Coímbra: Almedina, 2018), 299 y ss.; Luís Menezes Leitão, *O enriquecimento sem causa no Direito Civil: Estudo dogmático sobre a viabilidade da configuração unitária do instituto, face à contraposição entre as diferentes categorias de enriquecimento sem causa*

ción de indemnización de perjuicios, sino más bien resulta ser propia de una acción por enriquecimiento injusto. Se argumenta al respecto que el infractor del derecho es un tercero, que ha ingresado a la esfera patrimonial del titular del derecho sin su consentimiento, y ha obtenido una ganancia ilícita de la que surge la obligación de indemnizar.

Comenta Carlos Fernández-Novoa[14] que la función de la licencia hipotética no consiste en reparar algún daño, como ocurre en la responsabilidad civil, sino en reintegrar en el titular del derecho infringido el valor que obtuvo el infractor y que pertenecía en exclusiva a aquel. Dicho valor no es otra cosa que el precio de autorización o licencia que hubiese percibido el titular del derecho infringido. En estos casos, el enriquecimiento se produce porque el infractor, al explotar económicamente un derecho o posición jurídica ajena, obtiene beneficios a costa del titular del derecho infringido.

El valor de la "regalía hipotética" se puede probar
mediante otras licencias conferidas o por el valor
del derecho en el mercado

Como se viene diciendo, ante la dificultad de probar el perjuicio por lucro cesante, la ley permite hacerlo evidente o medirlo por medio del valor comercial del derecho (regalía hipotética). Si el perjudicado por la infracción de los derechos de propiedad intelectual se acoge al criterio mencionado, basta probar por cualquier medio el valor de mercado de su derecho y de esta manera queda exonerado de tener que demostrar el valor exacto de los ingresos futuros que ha dejado de percibir por el hecho de la infracción.

Como se ha mencionado, la posibilidad de establecer el valor de la indemnización por infracción al derecho de autor a partir del valor que el infractor habría pagado, de haber obtener una autorización para el uso de la obra, responde a la necesidad de que el perjudicado no quede sin protección por la infracción de su derecho como consecuencia de la

---

(Coímbra: Ediçðes Almedina, 2005), 787; "El método del triple cómputo del daño en materia de marcas y patentes", *Enfoque Derecho*, 31 de enero del 2020, https://t.ly/p1fi

[14] Fernández-Novoa, *Manual de la propiedad*.

dificultad que normalmente representa probar en el proceso el valor de los ejemplares ilícitamente reproducidos o los beneficios obtenidos con ellos por el infractor, y que se trata de un perjuicio evidente o necesariamente derivado de la infracción.

Desde el punto de vista probatorio, este criterio objetivo implica determinar el valor de la regalía hipotética, cuya finalidad es la indemnización del perjuicio sufrido por el titular del derecho de autor recurriendo para ello a una ficción (la concesión de la licencia) y a construir la hipótesis sobre cuál sería el precio que el infractor pagaría al titular del derecho de autor por la concesión de la licencia, atendiendo las concretas circunstancias del caso.

No es aplicable a la regalía hipotética el rigor probatorio propio de la responsabilidad civil en materia de daño emergente y lucro cesante (relación causal entre la infracción y el detrimento patrimonial). En efecto, los requerimientos probatorios en materia de perjuicios son difíciles de superar con relación al criterio del lucro cesante, que es generalmente el rubro indemnizatorio que se reclama por las infracciones a la propiedad intelectual. Esta situación no se produce cuando se elige el criterio indemnizatorio de la regalía hipotética. En estos casos el criterio de indemnización es más favorable al que lo alega, el titular del derecho de propiedad intelectual, por cuanto en ellos los perjuicios han de medirse por el valor comercial del derecho infringido y las licencias contractuales que ya se hubieran concedido.

La legislación colombiana y andina han establecido la regalía hipotética como opción para solventar los problemas de prueba y asegurar una indemnización sin necesidad de probar en concreto el perjuicio por lucro cesante causado. Por tanto, elegido este criterio indemnizatorio en el juramento estimatorio de la demanda y reconocida y declarada la existencia de infracción, procederá condenar al pago de una indemnización. Probada la infracción del derecho patrimonial de autor por parte del demandante, la opción indemnizatoria de la regalía hipotética no puede quedar frustrada por la ausencia de prueba de la realidad de los perjuicios, ante la evidencia de que el demandante no ha otorgado licencias o autorizaciones en el pasado respecto de usos similares a los que fueron objeto o materia de la infracción. Es claro el lit. c del art. 243 de la Decisión Andina 486 del 2000 en cuanto a que no solamente debe acudirse a la referencia del valor cobrado por el demandante en anteriores oportunidades respecto de dicho uso, sino que también es posible hacerlo patente mediante la demostración del valor de dicho derecho en el mercado.

Mediante una aplicación analógica de este criterio mencionado en la normativa de propiedad industrial, con el fin de reparar el perjuicio sufrido como consecuencia de infracciones de derecho patrimonial de autor y a efecto de calcular el importe de la indemnización reclamada por el titular del derecho, se deben tener en cuenta todos los aspectos pertinentes, el valor de esta "regalía hipotética" ha de inferirse de elementos como los cánones o derechos que se adeudarían si el infractor hubiera pedido la autorización de utilizar el derecho de propiedad intelectual de que se trate.

Este ejercicio probatorio debe ser posible aun a pesar de que el titular no haya licenciado el derecho de autor sobre su obra, ni tampoco conste la existencia de licencias en el sector que permitan concretar una regalía habitual en el sector creativo o industria cultural respectiva. En efecto, la ausencia de licencias de referencia no debe impedir la aplicación del criterio del numeral 2, del artículo 57, de la Ley 44 de 1993, cuando su finalidad reside, precisamente, en facilitar la prueba del perjuicio para paliar la ausencia de indemnización del lucro cesante. Así, la opción indemnizatoria de la regalía hipotética acogida por el legislador no puede quedar frustrada por la ausencia de prueba de la exacta entidad de los perjuicios, ante la evidencia del daño causado a consecuencia de una infracción de derecho de autor que jurídicamente corresponda a un objeto de licencia que el demandante haya otorgado en el pasado sobre su obra

La norma, vista de la manera que se señala, tiene una finalidad específica: facilitar la indemnización; en consecuencia, no está requiriendo probar el hecho de que el demandante licenciaría o autorizaría el uso de su obra a otras personas, como tampoco exige probar que el licenciamiento del citado uso forma parte de la política comercial o estrategia de negocios del demandante o titular del derecho de autor que reclama indemnización de perjuicios.

En la situación de hecho producida en estos casos, estimamos que cualquier analogía con otras licencias previas otorgadas por el titular sobre la misma obra o sobre otras obras del mismo titular o licencias concedidas por otros titulares del mismo sector profesional creativo podrían ser utilizadas como monto a tener en cuenta para fijar la suma de indemnización por *royalty*. En cualquier caso, esta será solo una referencia, ya que, por lo menos, al realizar las citadas analogías, han de verificarse las disconformidades que pueden existir entre uno y otro referente. No obstante, la posibilidad de probar el valor del derecho en el mercado brinda asimismo la posibilidad de presentar como fundamento probatorio del perjuicio otros referentes o indicadores, como podría ser el valor pagado por la infracción de ese derecho en otros casos análogos, pues mal puede el infractor enriquecerse injustamente por un valor que otros infractores sí han debido asumir como consecuencia de ese mismo tipo de infracción (no se debe olvidar que la regalía hipotética es un criterio que obedece por su naturaleza a una compensación del enriquecimiento injusto del infractor).

Lucro cesante calculado a partir del criterio auxiliar conocido como "beneficio del infractor"

Otra forma de probar el lucro cesante mediante un criterio auxiliar es la mencionada en el numeral 1, del artículo 57, de la Ley 44 de 1993, según la cual este se constituye y determina por el valor comercial de los ejemplares producidos o reproducidos sin autorización. Esto significa que uno de los criterios para tasar la indemnización, en los casos de infracción por la publicación no autorizada de una obra por parte de su autor o del titular de los derechos, corresponde al valor de toda la edición con base en el precio cobrado comercialmente o estimado de los ejemplares apócrifos en el mercado.

Si el numeral 2 del artículo 57 alude a la determinación del perjuicio por el detrimento patrimonial que sufre la víctima de la infracción (el valor que hubiera recibido el titular del derecho de autor autorizado o licenciado para el uso o explotación de la obra), este numeral 1 plantea un criterio de tasación que se aleja de entrada de los dogmas tradicionales de la responsabilidad civil, los cuales limitan los alcances de la indemnización única y exclusivamente al restablecimiento del detrimento económico patrimonial directamente sufrido por la víctima, y que busca referenciar las consecuencias económicas negativas, entre ellas la pérdida de beneficios que haya sufrido la parte perjudicada.

El criterio de tasar los perjuicios por el valor comercial de los ejemplares producidos o reproducidos sin autorización brinda un parámetro objetivo que puede y debe aplicarse como medio para determinar el importe del perjuicio o detrimento patrimonial que la víctima de la infracción realmente ha sufrido.

Cuantos más ejemplares se hayan producido ilícitamente y cuanto más valor comercial tengan los mismos, menor es el espacio del mercado en el cual el titular de los derechos podrá comercializar los ejemplares lícitos. En otras palabras, cada ejemplar apócrifo o falsificado de la obra llevada a los circuitos comerciales desplaza del mercado los ejemplares lícitamente producidos y comercializados, de los cuales se beneficia el titular del derecho. En este orden de ideas, el valor comercial de los ejemplares ilícitos de la obra que son llevados al mercado es un menoscabo económico para el titular del derecho, en cuanto a la pérdida de beneficios potenciales de la comercialización de la obra.

Nótese que no se está hablando aquí del "beneficio del infractor", o de su margen de ganancia dentro de la actividad ilícita. Es sobre el valor comercial del ejemplar ilícito en su totalidad que se basa la ley para establecer el monto del perjuicio. Mal se puede poner al autor o titular legítimo a depender de las utilidades o ganancias del infractor, como si en lugar de su víctima fuera su socio en la actividad infractora.

Daño emergente por las infracciones al derecho de autor

El daño emergente se da "cuando un bien económico (dinero, cosas, servicios) salió o saldrá del patrimonio de la víctima"[15]. El daño emergente produce un desembolso que bien puede ser presente o futuro, en suma, una salida del patrimonio. En este sentido el Código Civil dispone:

Artículo 1613. La indemnización de perjuicios comprende el daño emergente y lucro cesante, ya provenga de no haberse cumplido la obligación, o de haberse cumplido imperfectamente, o de haberse retardado el cumplimiento.

Artículo 1614. Entiéndase por daño emergente el perjuicio o la pérdida que proviene de no haberse cumplido la obligación o de haberse cumplido imperfectamente, o de haberse retardado su cumplimiento; y

---

[15] Tamayo, *Tratado de responsabilidad*, 474.

por lucro cesante, la ganancia o provecho que deja de reportarse a consecuencia de no haberse cumplido la obligación, o cumplido imperfectamente, o retardado su cumplimiento.

Un detrimento patrimonial inmediato y directamente derivado de la infracción de los derechos de autor lo representa el menor valor intrínseco que le queda a una obra, que en un inicio fue concebida y producida para su distribución por canales no masivos sino exclusivos de comercialización, en los cuales se paga por el derecho de uso exclusivo, después de haber sido llevada sin permiso del autor a un medio de difusión masivo e indiscriminado. Ese detrimento del valor económico intrínseco o avalúo de la obra afecta en términos patrimoniales al titular del derecho, y constituye un lucro cesante.

El avalúo de la obra o valor económico intrínseco de la misma puede verse afectado también como consecuencia de la infracción de derechos morales. Tal es el caso del plagio (que afecta el derecho moral de paternidad) o de la violación del derecho moral de integridad, en el cual se realizan mutilaciones o alteraciones a la obra que se lleva a manos del público. En estos casos, las personas del público que accedan a la obra así mutilada o deformada verán desdibujada o desvirtuada la reputación de calidad que podían sentir por el autor y por su obra. Tales personas del público posiblemente no quieran volver a adquirir las obras de dicho autor, o no estarán dispuestas a pagar lo mismo por ellas, por ende, el valor de la obra no es el mismo después de haber sufrido una mutilación artística. Esta afectación de la reputación del autor y de su obra menoscaba necesariamente el valor económico intrínseco de la obra, bien patrimonial intangible de propiedad del autor, produciéndose de esta manera un daño emergente.

También, dentro de este rubro de lucro cesante, puede considerarse el costo asumido por el autor o titular del derecho para detectar la infracción misma e identificar a los responsables, pues al no haber sido contactado por el infractor para solicitar su licencia o autorización, el autor y titular de los derechos ha tenido que desplegar una labor dispendiosa y onerosa. Esta labor implica una erogación que puede llegar a ser cuantiosa.

Tal es el caso, por ejemplo, de las infracciones contra el derecho de autor en el medio de las redes digitales, en las que la detección de la infracción y el aseguramiento de la prueba de la misma requiere contar con el apoyo de personas y recursos tecnológicos para el uso de motores de búsqueda especializados, muchos de las cuales no son de uso libre ni gratuito.

Daño extrapatrimonial

El daño extrapatrimonial puede presentarse en este tipo de casos bajo la forma de un daño moral. No obstante, no debe confundirse el *derecho moral* del autor o del artista intérprete o ejecutante con el *daño moral* que la infracción pueda causarle. En el anterior acápite se explicó de qué manera la infracción de un derecho moral de un autor bien puede ocasionar un daño material a título de lucro cesante o daño emergente, como también daños morales en sí mismos. Por similares razones tampoco puede confundirse el concepto de *derecho patrimonial de autor* con el de *daño patrimonial*. Ricardo Antequera Parilli explica al respecto que

> Así, la violación al derecho moral del autor o del artista, puede generar un daño en la esfera patrimonial, y la lesión al derecho de explotación del titular del derecho de autor o de un derecho conexo puede causar un daño de afección, ya que como señala Cifuentes[16], comentando a Zavala de González, puede haber una extensión del daño patrimonial hacia lo afectivo, hacia los sentimientos, y a la inversa, una extensión de los sentimientos a lo patrimonial. Por otra parte, algunos supuestos implican el concurso de infracciones, bien que la misma conducta afecte varios derechos de la misma naturaleza (por ejemplo, si se usurpa la paternidad del autor y al mismo tiempo se afecta la integridad de la obra), o a varios de naturaleza distinta, *v. gr.*: si la violación lesiona conjuntamente los

---

[16] Santos Cifuentes, "Delitos y otros ilícitos: Reparación del daño", Seminario Nacional de la OMPI sobre Derecho de Autor y Derechos Conexos para Magistrados y Funcionarios Judiciales de la República Argentina. Documento OMPI/DA/JU/BUE/96/13 (Buenos Aires: OMPI, 1996), 3.

derechos de orden moral y patrimonial, y en ambos supuestos pueden concurrir los daños extrapatrimoniales y los materiales.[17]

Hecha esta salvedad, en materia de *perjuicios morales* existen pronunciamientos jurisprudenciales relativos a infracciones de *derechos morales*, como las siguientes:

La Dirección Nacional de Derechos de Autor, en ejercicio de las facultades jurisdiccionales que le fueron otorgadas por el Código General del Proceso, mediante la Sentencia del 19 de agosto del 2016, condenó al Centro Comercial San Diego, de la ciudad de Medellín, al pago de cien salarios mínimos legales mensuales vigentes a título de daño extramatrimonial, por concepto de vulneración del *derecho moral de integridad* de la obra, sufrido y probado por la parte demandante. La parte pertinente de su análisis se transcribe a continuación:

Uno de los aspecto diferenciales entre la propiedad inmaterial o la propiedad material es precisamente que la primera además de otorgar derechos de carácter patrimonial a su titular, también le otorga derechos morales sobre la obra, estos derechos están fuera del comercio, por lo tanto, no es posible que sean objeto de negociación y se consideran perpetuos inalienables e irrenunciables.

Estos derechos han sido reconocidos por convenios internacionales, puntualmente el artículo 6 bis del Convenio de Berna, la normatividad comunitaria andina por intermedio de la Decisión Andina 351 en el artículo 11 y el ordenamiento jurídico colombiano en el artículo 30 de la Ley 23 de 1982, en las que puntualmente se reconocen los de paternidad, integridad, ineditud, modificación y retracto.

La infracción a un derecho moral supone un daño extrapatrimonial, pues esta es la que busca proteger el legislador con la consagración de tales prerrogativas, adicionalmente una infracción a un derecho moral también puede generar daños materiales, cuando dicha infracción tenga reparación sobre el patrimonio del autor […].

Así las cosas, como consecuencia de las pretensiones, segunda, tercera y cuarta de la demanda, se condenará al centro comercial San Diego P. H. a pagarle al demandante, dentro de los noventa (90) días

---

[17] Ricardo Antequera Parilli. *Derecho de autor regional* (Bogotá: Cerlalc, 2021).

calendario siguientes a la ejecutoria de este fallo, la suma de 100 salarios mínimos legales mensuales (SMLMV), por concepto de perjuicio extrapatrimonial, el cual al vencimiento de dicho plazo devengara un interés legal civil moratorio del 6 % anual hasta el momento en que satisfaga la obligación.[18]

En lo que respecta a la infracción consistente en la publicación no autorizada de la obra inédita, la Dirección Nacional de Derecho de Autor, en instancia jurisdiccional, ha manifestado al respecto de los perjuicios derivados de la infracción del *derecho moral de inédito* lo siguiente:

Para el caso de los derechos morales, que es el que ocupa esta causa, siguiendo a Pascual Martínez Espín, en su obra titulada *El daño moral contractual en la ley de propiedad intelectual*, podemos afirmar que "el daño que puede derivar de la lesión de un derecho moral puede ser de carácter patrimonial o moral, [...] existirá un daño moral cuando la lesión de un derecho moral no tenga repercusiones sobre el patrimonio del autor".

Es decir, la infracción a un derecho moral supone un daño extrapatrimonial, pues esto es lo que busca proteger el legislador con la consagración de tales prerrogativas, adicionalmente, una infracción a un derecho moral también puede generar daños materiales, cuando dicha infracción tenga repercusión sobre el patrimonio del autor, sin embargo, como la finalidad de estos derechos no es la protección económica del creador, mientras el primero debe ser alegado, el segundo debe ser probado de manera independiente.

Debe señalarse que en el caso bajo análisis el daño se concreta en la lesión de un interés legítimamente protegido como lo es el derecho moral de ineditud del señor Marcus Ingo Rudolf Loerbroks, al divulgarse la obra fotográfica de su autoría identificada como DEMOMONTESSORI3101: MCS2353.JPG, sin su consentimiento, lo cual, como se ha señalado, no implica que la obra fotográfica pierda la calidad de inédita. Frente a posibles daños materiales derivados de la infracción al derecho moral, no

---

[18] Direccion Nacional de Derechos de Autor, Sent. ago. 19/2016. Proceso verbal iniciado por el señor Gabriel Antonio Calle Arango contra el Centro Comercial San Diego P. H. Exp. 1.2015.34057.

existe alegación en la pretensión ni prueba en la demanda, razón por la cual no se realizará pronunciamiento al respecto.

[…] La indemnización del perjuicio moral, una vez acreditados los elementos de la responsabilidad civil extracontractual es claro para el juzgador que el Colegio Montessori Ltda., debe resarcir al señor Marcus Ingo Rudolf Loerbroks. Al respeto debe tenerse en cuenta que como pretensión segunda, se ha solicitado condenar al extremo demandado "a título de indemnización [por perjuicio extrapatrimonial], con la suma de doscientos salarios mínimos legales mensuales vigentes (200 SMLMV) por haber utilizado sin el lleno de los requisitos legales la fotografía que se encontraba contenida en DEMOMONTESSORI3101: MCS2353.JPG.

Teniendo en cuenta, que el demandante solicita se indemnicen los daños extra patrimoniales mediante una suma de dinero, procederá este despacho a estudiar su viabilidad. Inicialmente, es necesario mencionar que dentro del ordenamiento jurídico civil colombiano, no existen parámetros normativos que permitan determinar objetivamente el monto de la indemnización para restaurar el daño extra patrimonial.

Sin embargo, la Sala Civil de la Corte Suprema de Justicia ha desarrollado reiteradamente la postura, que es el juez el encargado de tasar el valor de estos perjuicios, tal como se menciona en la Sentencia del 18 de septiembre de 2009 con Magistrado Ponente William Namén Vargas: "[…] la determinación del monto del daño moral como un valor correspondiente a su entidad o magnitud, es cuestión deferida al prudente arbitrio del juzgador según las circunstancias propias del caso concreto y los elementos de convicción".

Como se observa, es deber del juzgador determinar el mencionado monto de acuerdo a su arbitrio. Sin embargo, no puede interpretarse como un mero capricho, sino como una facultad fundada en unos criterios razonables, tal como lo expresó la Corte en la misma sentencia antes referida: "Superadas algunas corrientes adversas y, admitida por esta Corte la reparación del daño moral sin más restricciones para fijar su cuantía que las impuestas por la equidad, conforme al marco concreto de circunstancias fácticas, a partir de la Sentencia del 27 de septiembre de 1974, es su criterio inalterado, la inaplicabilidad de las normas penales para su tasación, remitiéndose al *arbitrium iudicis*, naturalmente, ponderado, razonado y coherente según la singularidad, especificación, individuación y magnitud del impacto, por supuesto que las características del daño, su gravedad, incidencia en la persona, el grado de intensidad del golpe y dolor, la sensibilidad y capacidad de sufrir de cada sujeto, son variables a la valoración del juez.

De esta manera, es posible decir que la cuantificación del daño debe hacerse de forma equilibrada, fundada en motivos probados, teniendo en cuenta tanto la extensión del golpe emocional producido por el hecho dañino, como las circunstancias particulares que lo rodearon, las cuales son las que distinguen cada caso de otros similares, así como también debe tenerse en cuenta la afectación de la persona, el grado de fuerza del dolor infligido y la facultad de cada sujeto de soportar dicho dolor.[19]

Determinación de perjuicios o indemnizaciones preestablecidas

La figura de la indemnización preestablecida fue introducida en Colombia por medio del Acuerdo de Promoción Comercial entre Colombia y los Estados Unidos. Este Acuerdo, sus cartas adjuntas y sus entendimientos fueron suscritos en Washington, el 22 de noviembre del 2006. El proceso de incorporación a la legislación interna colombiana se surtió mediante la aprobación de la Ley 1143 del 2007, por parte del Congreso colombiano, y se complementó mediante la Sentencia C-750/08 de la Corte Constitucional. En cuanto al "Protocolo modificatorio" del Acuerdo, el mismo fue firmado en Washington el 28 de junio del 2007, y aprobado mediante la Ley 1166 del 2007 y su exequibilidad fue declarada por la Corte Constitucional en la Sentencia C-751/08.

El artículo 16.11 del Acuerdo dispone lo siguiente:

Observancia de los derechos de propiedad intelectual

[...] 8. En los procedimientos judiciales civiles, cada parte, *al menos con respecto a la infracción a los derechos de autor y derechos conexos*, y falsificación de marcas, *establecerá o mantendrá indemnizaciones preestablecidas, las cuales deberán estar disponibles a elección del titular del derecho como una alternativa a la indemnización basada en los daños reales*. Dichas indemnizaciones preestablecidas estarán previstas por la legislación interna y determinadas por las autoridades judiciales,

---

[19] Dirección Nacional de Derecho de Autor, Sent. feb. 2/2017, fallador Carlos Andrés Corredor Blanco. Proceso de referencia: 1-2015-63182. Proceso verbal iniciado por el señor Marcus Ingo Rudolf Loerbroks contra el Colegio Montessori Limitada.

tomando en cuenta los objetivos del sistema de propiedad intelectual, en una cantidad suficiente para compensar al titular del derecho por el daño causado por la infracción y que se constituyan en disuasorios frente a futuras infracciones.[20]

[...] 21. Para mayor certeza, las partes entienden que las indemnizaciones preestablecidas dispuestas en este párrafo no constituyen daños punitivos.

La Ley 1915 del 2018 desarrolló esta figura e indicó al respecto:

Artículo 32. Indemnizaciones preestablecidas. La indemnización que se cause como consecuencia de la infracción a los derechos patrimoniales de autor y derechos conexos o por las conductas descritas en la presente ley, relacionadas con las medidas tecnologías y la información para la gestión de derechos, podrá sujetarse al sistema de indemnizaciones preestablecidas o a las reglas generales sobre prueba de la indemnización de perjuicios, a elección del titular del derecho infringido. El Gobierno nacional dentro de los (12) meses siguientes a la promulgación de esta ley reglamentará la materia.

Valga mencionar que, a la fecha, el Gobierno de Colombia no ha dado desarrollo o cumplimiento a la reglamentación del citado artículo 32 de la Ley 1915 del 2018, en cuanto a establecer indemnizaciones preestablecidas en materia de infracciones a los derechos de autor y conexos.

En materia de marcas, el Decreto 2264 del 11 de noviembre del 2014 establece este tipo de indemnizaciones preestablecidas, y da desarrollo a la Ley 1648 del 2013, "por medio de la cual se establecen medidas de observancia a los derechos de propiedad industrial", cuyo artículo 3 establece la figura de las indemnizaciones preestablecidas, como consecuencia de una infracción marcaria, y ordena su reglamentación.

La figura de las indemnizaciones preestablecidas corresponde a lo que en el derecho anglosajón se denomina *statutory damages*.

Al respecto de esta figura en el derecho anglosajón, Andrés Felipe Calderón comenta:

[20] Énfasis propio.

Copyright Act de 1909: Aunque no fue el primer texto legislativo que adoptó el concepto de daño estatutario, sí fue la primera Ley Federal que ofreció un mecanismo legal para contrarrestar la vulneración a las normas de derechos de autor. Tal estatuto logró grandes avances, como el hecho de reconocer los daños que efectivamente se le habían ocasionado al titular de los derechos, así como contemplar el provecho ilícito que de los mismos hiciere el demandado. En el mismo sentido, creó un Régimen General del Daño Estatutario, del que acertadamente Samuelson argumenta que "permitió superar las severas dificultades de probar los daños y provechos, los cuales habían provocado una gran inconformidad entre los gestores de la historia legislativa".

Así, el mencionado estatuto circunscribió el daño estatutario a un rango concreto de carácter monetario, que iba desde los USD 250 hasta los USD 5000 por infracción. Por otra parte, el 1909 Copyright Act fue enfático en afirmar que el daño estatutario no podía considerarse como una penalidad, todo con el fin de que las reglas del Derecho Penal propias del Common Law no fueran aplicadas en el ámbito de los derechos de autor, cuya protección precisamente se concretizaba en este Régimen General. Por el contrario, uno de los rasgos particulares del daño estatutario es su carácter compensatorio, que de alguna manera pretende remediar el perjuicio ocasionado al titular de los derechos, por lo que no debe entenderse como una mera penalidad. Además de ello, tal aclaración tenía como propósito distinguir el daño estatutario del *per sheet penalti*, instrumento que fue eliminado ciertamente con la expedición del estatuto en estudio.[21]

En la Directiva 2004/48/CE del Parlamento Europeo y del Consejo de la Unión Europea del 29 de abril del 2004, relativa a los derechos de propiedad intelectual, en su artículo 13 contempla la posibilidad de que los países miembros consagren este tipo de modalidad indemnizatoria, al plantear que "[…] Cuando el infractor no hubiere intervenido en la actividad infractora a sabiendas ni con motivos razonables para saberlo, los Estados miembros podrán establecer la posibilidad de que

---

[21] Andrés Felipe Clavijo Calderón, "Concepto de daño estatutario aplicado en los acuerdos sobre los aspectos de los derechos de propiedad intelectual relacionados con el comercio (ADPIC)" (monografía de especialización, Universidad Javeriana, 2012), 8, https://t.ly/j1Pm

las autoridades judiciales ordenen la recuperación de los beneficios o el pago de daños y perjuicios que podrán ser preestablecidos".

Prueba de los perjuicios

La Corte Suprema de Justicia se ha pronunciado sobre la necesidad de probar el perjuicio derivado de la infracción del derecho patrimonial de autor, aunque entiende la dificultad que entraña dicha prueba, por lo cual el juez puede y debe hacer uso de sus facultades para ordenar pruebas de oficio, si así se hace necesario:

> Descendiendo nuevamente al caso *sub examine* advierte la Corte que el Tribunal enjuiciado cometió un desafuero que amerita la injerencia de esta jurisdicción, concretamente, al cuantificar los perjuicios materiales a los que condenó a Almacenes Éxito S. A., toda vez que fundó su decisión en disertaciones que carecen de soporte en el proceso objeto de la queja constitucional, sin aparecer claras las bases que tuvo en cuenta para fijar en $100 000 000, el daño material causado a Julián Darío Arias Osorio.
>
> Sobre ese particular, el Tribunal expresó lo siguiente:
>
> Con relación al daño patrimonial si bien no se desconoce que en casos de este linaje, a pesar de acreditarse la lesión a los derechos patrimoniales existe dificultad en cuanto a la cuantificación o precisión, debe, como antes se dijo, garantizarse la supervivencia del derecho a la propiedad intelectual, de tal manera que a pesar de que el actor cuestionó, interrogó, preguntó al representante legal de la accionada acerca de cuánto le canceló a la llamada en garantía por la formulación de la propuesta respondió que no tenía conocimiento.
>
> Precisamente, el artículo 57 de la Decisión 351 señala que la autoridad nacional competente, en este caso el Tribunal, puede ordenar una reparación adecuada en compensación con los daños sufridos con motivo de la violación de su derecho, instando a los países miembros a que en sus legislaciones establezcan parámetros para hacerlo o un mínimo y si bien en Colombia no se han establecido [...] desde el año 98, el legislador resultó previsivo cuando en el artículo 16 de la Ley 446 señaló que "dentro de cualquier proceso que se surta ante la Administración de Justicia, la valoración de daños irrogados a las personas y a las cosas,

atenderá los principios de reparación integral y equidad y observará los criterios técnicos actuariales", sin que la citada disposición establezca diferencias entre la indemnización en razón a la fuente que dio origen al principio, esto es, extracontractual, contractual, del derecho civil o del derecho de autor, como en este caso, norma que fue reiterada en el inciso 4.° del artículo 283 del Código General del Proceso.

Así, el juez tiene que ordenar al responsable del daño una reparación plena del mismo, por lo que en aplicación de los mencionados criterios de equidad la Sala estima que la elaboración de la propuesta publicitaria como la que el demandado presentó al Éxito y que no difirió en mucho de la que fue recibida de la llamada en garantía que tuvo amplia difusión se estima en cien millones de pesos, puesto que se repite, nada hicieron ni la accionada, ni la llamada en garantía para resolver el interrogante acerca del monto de la propuesta que le fue hecho por el apoderado de la actora como tampoco allegaron el anexo 3 del contrato referente a la remuneración, esto es […] el que se mencionó en la cláusula tercera del contrato publicitario que celebraron la demandada y la llamada en garantía […].

En ese contrato, respecto de la remuneración, se hacía mención al anexo 3, que no fue acompañado con el contrato. Además, lo normal en este tipo de propuestas es que se pague una suma fija por ella, siendo excepcional que el publicista exija que sea aceptado, que tenga participación en las ganancias derivadas de la misma y en su reflejo de las ganancias del comerciante contratante.

Igualmente, aunque el representante de la llamada en garantía hizo alusión al contrato del año 2012 y a la contraprestación pactada en razón de los hombres por hora, dedicados al mismo y a la formulación de varias propuestas durante su vigencia, solo se acreditó durante la vigencia de ese contrato la del año 2012, a pesar de que el representante legal de Sancho dijo que habían hecho varias propuestas y varios trabajos en el año 2012, solo acreditaron durante el año 2012 la propuesta de "para todos, todo", puesto que la documentación registral de la Superintendencia de Industria y Comercio no da cuenta de que hubiese sido hecha con fundamento en tal contrato.

Así pues, es claro que el Tribunal para tasar el prenotado daño material, soportó su decisión en el silencio de la demandada y la llamada en garantía, respecto del pago por la campaña publicitaria que la última efectuó a órdenes de la primera, mutismo que luce insuficiente para esos efectos, atendiendo que del mismo no se desprenden las operaciones, inferencias, cálculos o, en general, las bases necesarias para concretar la condena en el referido monto ($100 000 000).

Adviértase, que si el estrado accionado carecía de los elementos de juicio necesarios para concretar la condena, debió hacer uso de las potestades oficiosas que en materia probatoria le confiere el ordenamiento procesal, ordenando inspección judicial con exhibición de documentos a las instalaciones de la demandada o en las de la llamada en garantía, para verificar los montos cancelados por publicidad o decretar la práctica de un dictamen pericial que le permitiera dilucidar dicho aspecto.

En lo que atañe a este tópico, ha decantado esta Corporación que:

[…] el deber de decretar y practicar pruebas de oficio (arts. 37, num. 4, 179 y 180 CPC), cuando "la utilidad y necesidad de la prueba, surgiera de la misma ley, por esta exigirla imperativamente, o de las circunstancias propias del proceso respectivo, como cuando indubitablemente conduce al hallazgo de la verdad real y a determinar la decisión final" (Sentencia de Casación de 5 de mayo de 2000, expediente 5165), se impone en los casos "en que es obligatorio ordenarlas y practicarlas, como por ejemplo la genética en los procesos de filiación o impugnación; la inspección judicial en los de declaración de pertenencia; el dictamen pericial en los divisorios; las indispensables para condenar en concreto por frutos, intereses, mejoras o perjuicios, etc. De análogo modo para impedir el proferimiento de fallos inhibitorios y para evitar nulidades", eventos, en los cuales, "es ineludible el 'decreto de pruebas de oficio', so pena de que una omisión de tal envergadura afecte la sentencia" (Cas. Civ. Sentencia de 15 de julio de 2008, [SC-069-2008], exp. 1100131030422003-00689-01). (Resaltado ajeno al texto, CSJ S. C., 29 abr. 2009, rad. 2002-00435-01) [Tal referencia resulta relevante aún en vigencia del Código General del Proceso, pues el fallador conservó las citadas potestades oficiosas en materia probatoria (artículos 169 y 170)].

[…] Lo considerado impone conceder el resguardo rogado, con alcance parcial y exclusivamente en lo que atañe a la cuantificación de los perjuicios materiales, ante la vulneración de la garantía fundamental al debido proceso de la gestora, por lo que se ordenará a la sede judicial acusada que tras dejar sin efecto la determinación censurada, proceda a decretar las pruebas de oficio que estime pertinentes y, una vez evacuadas, dicte una nueva decisión que atienda las consideraciones precedentes.[22]

No obstante lo anterior, la propia Corte Suprema de Justicia ha admitido que la prueba del perjuicio inmaterial por infracción a los derechos morales de autor sí puede basarse en el *arbitrio juris*:

Ahora, a conclusión distinta se llega en lo que refiere al perjuicio moral, pues para su tasación el Tribunal apeló al denominado *arbitrio juris*, determinación que no luce caprichosa u arbitraria.

Respecto a esa cuestión, precisó el Tribunal que

La cuestión ahora es cómo ha de hacerse cuando se trata de la indemnización de perjuicios resultante del desconocimiento de derechos de autor, el doctor Luis Felipe Botero Aristizábal, quien para el año 2006 era especialista en derecho administrativo [...], dictó una conferencia [...] concluyó que la indemnización de perjuicios por la lesión de un derecho de propiedad intelectual, comprende tanto los daños materiales en sus modalidades de daño emergente y lucro cesante, así como los inmateriales, aunque aceptó que era frecuente encontrar casos en donde la demostración del daño cierto y directo de un derecho de propiedad industrial o intelectual es imposible o muy costoso [...].

[...] la modificación que hizo Almacenes Éxito de la obra del actor no lesiona su reputación, como este lo manifestó [...], sin embargo, acogiendo el antecedente de la Dirección Nacional de Derechos de Autor [...], eso no impediría la indemnización, a lo que se suma que se demostró la paternidad de la obra, y por lo tanto la violación de ese derecho moral merece ser resarcido, lo que puede hacerse no solo ordenando al infractor que indique su nombre, lo que hoy ninguna eficacia tendría, es decir, resultaría resarcimiento inadecuado, por cuanto la accionada ya no utiliza en sus campañas publicitarias la obra literaria, sino estableciendo una suma determinada de dinero, acudiendo al arbitrio judicial. En efecto, tal como sucede en el derecho civil, las sumas fijadas por la Dirección Nacional de Derechos de Autor cuando ejerce funciones jurisdiccionales constituyen pautas que pueden ser tenidas en cuenta por

---

[22] csj, Cas. Civil y Agraria, Sent. de Tutela 10355-2017, jul. 18/2017, M. P. Aroldo Wilson Quiroz Monsalvo.

el juzgador [...] en el asunto que ahora resuelve el Tribunal [...], estima la Sala que en este caso concreto [...] el daño a los derechos morales de autor, debe ser resarcido con 35 SMMLV al momento del pago, advirtiendo que en nada inciden en la tasación del mismo las calidades del infractor, puesto que se trata de resarcir el daño sufrido por la víctima que aun tratándose de violaciones al derecho de autor, el resarcimiento no puede constituir fuente de enriquecimiento.[23]

CONCLUSIONES

El artículo 57 de la Ley 44 de 1993 tiene la naturaleza y propósito de establecer criterios objetivos para facilitar la prueba del lucro cesante por las infracciones al derecho de autor y derechos conexos, dada la dificultad que se tendría al pretender probar de otra manera el lucro cesante, en tanto se exige que dicha prueba ha de ser cierta y directa, condiciones que difícilmente se podrían demostrar al tratarse de unos eventuales ingresos futuros que —lejos de ser ciertos— dependerían de una hipotética y aleatoria explotación económica de la obra en el mercado.

La regalía hipotética (ingresos que hubiera percibido el titular de haber autorizado o licenciado el uso infractor) se puede probar por medio de la cuantía de las licencias que el mismo titular ha otorgado en el pasado para esa misma forma o modalidad de uso o, de manera indirecta, por lo que represente el valor económico de ese derecho en el mercado, lo que abre la posibilidad de acudir a otros referentes indirectos. Esto es válido al hacer una analogía de lo que se dispone en materia de propiedad industrial para esta regalía hipotética (lit. c, art. 243, Decisión Andina 486 del 2000).

El lucro cesante por la infracción a los derechos de autor bien puede ser indemnizado por medio del valor comercial de los ejemplares infractores (si bien este criterio parece estar asociado no a cualquier modalidad de infracción sino a aquella que consiste en la fabricación de ejemplares apócrifos de la obra con destino a su comercialización), o el

---

[23] CSJ, Cas. Civil y Agraria, Sent. de Tutela 10355-2017, jul. 18/2017, M. P. Aroldo Wilson Quiroz Monsalvo.

detrimento económico de la víctima por el valor de la licencia que se le dejó de pagar para autorizar el uso de la obra.

El reclamar como criterio indemnizatorio el beneficio del infractor no debería considerarse una forma de daño punitivo, sino entenderse como una de las varias formas en que puede ser estimado y tasado el lucro cesante. La tasación del perjuicio mediante la estimación del beneficio del infractor no está contemplada dentro de los criterios indemnizatorios mencionados en el artículo 57 de la Ley 44 de 1993, no obstante, la misma tiene fundamento —y así puede ser reconocida por los operadores de justicia en Colombia— en el artículo 1614 del Código Civil, que entiende por lucro cesante la ganancia o provecho que potencialmente deja de reportarse para la víctima de la infracción, y que tiene correlación con la ganancia o provecho que le ha usurpado en su mercado potencial el infractor de sus derechos.

No debe confundirse el derecho moral de autor con los daños morales y su indemnización. La infracción de un derecho moral de autor bien puede dar lugar a perjuicios materiales, tales como el lucro cesante, así como los morales derivados de la vulneración o atropello del vínculo personalísimo que se genera entre el autor y su obra (*pretium doloris*), estos daños morales se han reconocido principalmente en casos de infracción del derecho moral de paternidad, de inédito y de integridad por el impacto sicológico que los mismos pueden causar al autor.

La figura de una indemnización preestablecida por las infracciones a los derechos de autor debe ser implementada en acatamiento de las obligaciones internacionales que el Gobierno colombiano ha asumido en la materia, las cuales se encuentra en mora de cumplir, como sí lo ha hecho en materia de las indemnizaciones preestablecidas para las infracciones en materia de marcas. Esta figura, de clara inspiración estadounidense, bien puede ser desarrollada implementando los aspectos positivos que la experiencia de ese país ha podido constatar en materia de los *statutory damages*.

REFERENCIAS

Bejarano Sánchez, Manuel. *Obligaciones civiles*. Ciudad de México: Harla, 2010.

Clavijo Calderón, Andrés Felipe. "Concepto de daño estatutario aplicado en los acuerdos sobre los aspectos de los derechos de propiedad intelectual relacionados con el comercio (ADPIC)". Monografía de especialización, Universidad Javeriana, 2012. https://t.ly/j1Pm

Guevara López, Luis Ernesto. *Manual de obligaciones*. Tunja: Universidad de Boyacá, 2001.

Lipszyc, Delia. *Derecho de autor y derechos conexos*. Buenos Aires: Unesco, Cerlac y Zavalia, 1993.

Mantilla B., Samuel. *Capital intelectual y contabilidad del conocimiento*. 3.ª ed. Bogotá: Ecoe, 2004.

Martínez Rave, Gilberto. *La responsabilidad civil extracontractual en Colombia*. Bogotá: Biblioteca Jurídica Dike, 1990.

Melich Orsini, José. *La responsabilidad civil por hechos ilícitos: Tomo I*. Caracas: Serie Estudios, 1995.

Rengifo García, Ernesto. *Propiedad intelectual: El moderno derecho de autor*. 2.ª ed. Bogotá: Universidad Externado de Colombia, 2003.

Roca, Encarna. *Derecho de daños: Textos y materiales*. Valencia: Editorial Tirant lo Blanch, 2011.

Tamayo Jaramillo, Javier. *De la responsabilidad civil: Tomo I*. Bogotá: Legis, 2007.

Tamayo Lombana, Alberto. *Manual de obligaciones*. Bogotá: Temis. 2004.

Visintini, Giovanna. *Responsabilidad contractual y extracontractual*. Lima: Ara, 2002.

Capítulo VIII

Legitimación activa de los licenciatarios de marcas para entablar acciones por infracción de derechos de propiedad industrial[*]

Ingrid Juliet Torres Ospina

Introducción

La Decisión 486 del 2000 de la Comunidad Andina de Naciones (can) incorpora los elementos jurídicos suficientes para determinar, de manera precisa, que los licenciatarios de las marcas tienen legitimación activa para entablar acciones por infracción de derechos de propiedad industrial respecto de la marca licenciada.

Para llegar a la anterior conclusión, se analizará el artículo 238 de la Decisión 486 del 2000, el cual ha sido objeto de diferentes interpretaciones y cambios de postura en su aplicación por parte de la Superintendencia de Industria y Comercio y no ha sido desarrollado a profundidad por el Tribunal de Justicia de la Comunidad Andina.

Contexto

En primer lugar, se mencionarán los antecedentes normativos que dieron origen a la expedición de la Decisión 486 del 2000, y las regulaciones que permiten su aplicación en Colombia.

En segundo lugar, mencionaremos los derechos que adquiere el titular de una marca, entre otros, el derecho a otorgar licencias con fines de uso y explotación marcaria. También profundizaremos en la interpretación del artículo 238 de la Decisión 486 del 2000, y mostraremos

---

[*] Para citar este capítulo: http://dx.doi.org/10.15425/2022.667

el alcance de los derechos del licenciatario para entablar acciones por infracción a derechos de propiedad industrial; analizaremos las posturas que ha tomado la Superintendencia de Industria y Comercio, el Tribunal de Justicia de la Comunidad Andina y la doctrina en cuanto a la interpretación de la legitimación por activa para ejercer dichas acciones por parte del licenciatario de una marca. Asimismo, pondremos de manifiesto la falta de profundización al respecto del Tribunal de Justicia de la Comunidad Andina, la jurisprudencia y la doctrina, y la interpretación errónea de la Superintendencia de Industria y Comercio de la norma que regula la legitimación por activa en la protección de derechos de propiedad industrial.

Régimen marcario en Colombia

La Constitución Política de Colombia de 1991 le asignó al Congreso de la República la facultad de creación normativa y, dentro de esta, la función de regular el régimen de propiedad industrial (C. N., art. 150). Sin embargo, este tema en Colombia no se encuentra reglamentado mediante una ley expedida por el Congreso de la República, sino que, en ejercicio de competencias derivadas de la Constitución (integración supranacional)[1], el Congreso trasladó esta competencia a la Comunidad Andina de Naciones.

El constituyente de 1991 blindó y calificó los tratados de integración, de conformidad con el artículo 227 de la Constitución, previendo la posibilidad de la celebración de tratados constitutivos con organismos supranacionales, para que estos ejercieran competencias que en un principio les correspondían a instituciones internas, tal como se hizo evidente con la expedición de la Decisión 344 de 1993, reemplazada por la Decisión 486 del 2000, sobre normas relativas a la propiedad industrial en Colombia.

---

[1] Significa 'lisa y llanamente', el ejercicio de poderes por parte del ente supranacional; actuaciones normativas, ejecutivas y judiciales, tradicionalmente desarrolladas por el Estado, se llevan a cabo por el ente supranacional como consecuencia de la integración. Pablo Pérez Tremps, "El concepto de integración supranacional en la Constitución", *Revista del Centro de Estudios Constitucionales*, n.º 13 (1992): 103-126.

Vale la pena destacar que, pese a la vigencia de la Decisión 486 de la Comunidad Andina en lo referente al tema —régimen marcario—, las normas internas que lo regulaban antes de su expedición en Colombia no han sido derogadas, aunque su aplicación se encuentra suspendida mientras Colombia continúe siendo miembro de la CAN.

Por otra parte, la Circular Única de la SIC, que tiene como objetivo compilar en un solo cuerpo normativo todas las reglamentaciones e instrucciones generales de la SIC vigentes, aterriza el marco normativo establecido en la Decisión 486 del 2000 a las necesidades propias del país.

Asimismo, el ordenamiento jurídico andino comprende ciertos pronunciamientos del Tribunal de Justicia de la Comunidad Andina, denominados *interpretaciones prejudiciales*, que proporcionan una interpretación uniforme y vinculante de las diferentes normas que conforman el ordenamiento jurídico comunitario andino.

A su vez, dentro del conjunto normativo que conforma el régimen marcario también se encuentran los tratados de derechos de propiedad intelectual, especialmente la Convención de París de 1883 sobre derechos de propiedad industrial y los acuerdos de la Organización Mundial del Comercio (OMC) referentes a los aspectos de los derechos de propiedad intelectual relacionados con el comercio (Acuerdos sobre los ADPIC), que son tratados que regulan internacionalmente los aspectos relativos a la propiedad industrial y han sido incorporados a los ordenamientos jurídicos de los Estados miembros de la Comunidad Andina, lo que hace que su contenido normativo sea vinculante en toda la subregión.

También cabe además mencionar, con respecto a las normas procesales, que el Código General del Proceso, Ley 1564 del 2012, en el artículo 24, señala que las autoridades administrativas del Estado en materia de propiedad intelectual poseen funciones jurisdiccionales y competencia a prevención para dirimir conflictos en ese sentido, y en el numeral 3 determina como autoridad competente a la Superintendencia de Industria y Comercio para los procesos sobre propiedad industrial.

Así tenemos que el régimen marcario en Colombia está conformado por la Decisión 486 de la Comunidad Andina de Naciones, el título X de la Circular Única de la SIC, el Convenio de París, los Acuerdos sobre los ADPIC, el Protocolo de Madrid, los capítulos de tratados de libre comercio celebrados por Colombia que incluyen regulaciones en materia de propiedad industrial y las normas de carácter procesal.

Por otra parte, de manera general, el titular de un derecho es el sujeto que ostenta el poder jurídico otorgado por la ley o adquirido por la vía contractual. La atribución del derecho subjetivo a una persona se denomina titularidad (el propietario es titular del derecho de propiedad). Las facultades otorgadas al titular del derecho describen los diferentes ámbitos de poder *que se contienen en el derecho subjetivo y constituyen a la vez los límites de este.*

Respecto del derecho de propiedad, una descripción de las distintas facultades que integran este derecho subjetivo son las de gozar, disponer y reivindicar la cosa, por lo que esta titularidad es plena cuando se cuenta con todas estas facultades, las cuales solo pueden ser limitadas por la ley, o bien por medio de cláusulas contractuales establecidas en ejercicio de la autonomía de la voluntad.

En cuanto a los derechos que recaen sobre la propiedad industrial, estos son derechos subjetivos de carácter patrimonial, porque persiguen la reivindicación y realización de interés económico y son susceptibles de valoración en dinero; en particular al hablar de derecho marcario nos enfocamos en la propiedad que recae sobre un bien intangible expresado o materializado en una combinación de palabras, colores, líneas, formas, figuras, entre otros, el cual empieza a tener vida jurídica mediante la atribución realizada por la autoridad competente, la cual faculta al titular para disponer y explotar económicamente sus derechos; es decir, se trata de una legitimación para actuar autónomamente[2].

Al respecto Lacruz *et al.*[3] señalan que la propiedad intelectual es el derecho más pleno y posible que puede ostentar una persona, y que se puede ceder a un tercero el aprovechamiento de este, con lo cual el titular del derecho original puede quedar incluso sin la utilidad económica de manera temporal, tal como sucede en el contrato de licencia de una marca, según el cual el sujeto que ostenta el derecho otorga a un tercero el aprovechamiento económico del mismo por medio de un contrato, dentro de una delimitación temporal y espacial.

---

[2] Maria Gete, *La relación jurídica y el derecho subjetivo* (Madrid: Marcial Pons, 1997), 422.

[3] José Lacruz, Miguel Amores, Miriam Anderson, Juan Pablo Aparicio y Rodrigo Bercovitz, *Comentarios a la ley de propiedad intelectual* (Madrid: Rodesa, 2007), 26.

Por otra parte, tener un derecho no implica la existencia de un solo elemento constitutivo, sino, más bien, se tiene un conjunto de derechos que le otorgan la facultad al titular de utilizar o incluso de abandonar o transferir a otros todos o algunos de los elementos que lo conforman, y de la misma manera impedir el ejercicio ilegítimo por parte de terceros[4].

Así, en principio, el único límite para el ejercicio del derecho que ostenta el titular es el establecido en la ley, y, por tanto, si la limitación de su ejercicio no se realiza en cumplimiento de un precepto legal, esta limitación sería inverosímil, para nuestro caso en particular, en el ejercicio pleno del derecho, la facultad de licenciar parcial o totalmente una marca, cediendo el uso, goce y la facultad de ejercer mecanismos de defensa frente al uso de terceros no autorizados.

En el caso del titular del registro marcario que otorga una licencia de uso a un tercero, si bien el titular cede temporalmente su derecho al uso y explotación de la marca licenciada, surge a la vida jurídica un nuevo titular, aquel que ha adquirido por medio del contrato de licencia un derecho de uso y explotación, el cual lo faculta para realizar todos los actos permitidos por la ley y el contrato. En otras palabras, el titular de un derecho adquirido por vía contractual ostenta las mismas facultades del titular originario del derecho, y en particular del derecho que se ostenta por el registro marcario de usar, gozar y reivindicar una cosa, en este caso un intangible.

Cabe destacar que precisamente el contrato de licencia es una de las manifestaciones de las facultades que ostenta el titular de un derecho, la cual se ve reflejada en la disposición del derecho en el plano contractual mediante el principio de la autonomía de la voluntad. Las convenciones legalmente formadas tienen fuerza de ley entre aquellos que las hayan realizado, aquellas hechas en los contratos forman para las partes una regla a la cual deben someterse como a la ley misma. Esta es una de las manifestaciones del derecho subjetivo como potestad de la voluntad privada, protegido y acogido por el ordenamiento jurídico.

Así, al hablar de la transmisión de derechos de todo o parte del contenido económico del derecho de propiedad industrial, la cesión se

---

[4] Carlos Rosenkrantz, Helena Alviar, Marco Abarca y Lidia Casas, *Derecho y propiedad* (Buenos Aires: Libraria, 2008), 38.

circunscribe al uso y explotación, para este caso, de la marca registrada, de acuerdo con los límites establecidos en las cláusulas contractuales.

En Colombia la validez de una cesión parcial de derechos del titular del registro marcario (licencia de uso) no depende de la inscripción en un registro o el reconocimiento de esta por medio de un acto administrativo, basta el acuerdo entre las partes que determina las condiciones de tiempo, modo y lugar para el uso y explotación de la marca registrada. De esta manera, el licenciatario de una marca está facultado para ejercitar cada una de las potestades que ostenta el titular originario del derecho al uso y a la explotación de la marca; es decir, en principio facultades ajenas que adquirió por la vía contractual y de manera temporal.

Derechos del titular derivados del registro marcario

Al concederse el registro de una marca inmediatamente surgen en la vida jurídica derechos en cabeza del titular del registro marcario.

- Derecho al uso exclusivo: una vez registrada la marca, su titular tiene la facultad de explotarla e impedir que terceros realicen determinados actos sin su consentimiento, tal como lo indica el artículo 155 de la Decisión 486 del 2000. Al respecto, el Tribunal de Justicia de la Comunidad Andina en la interpretación prejudicial expedida en los procesos 07-IP-98 y 145-IP-2011 señaló que el titular de una marca tiene dos tipos de facultades:
  1. Positiva: facultad de explotar la marca y, por lo tanto, de ejercer actos de disposición sobre la misma, tales como usarla, licenciarla o cederla.
  2. Negativa: el titular de la marca tiene la facultad de impedir que terceros registren una marca idéntica o similarmente confundible e impedir que terceros sin su consentimiento realicen actos con su marca.
- Derecho a autorizar el uso a terceros: otra de las facultades que adquiere el titular del registro marcario una vez le es otorgado el derecho es la de permitir que terceros exploten los derechos patrimoniales que ostenta sobre la marca protegida. La marca como signo registrado y legalmente favorecido forma parte del

patrimonio del titular, como un activo intangible de gran importancia, dado su elemento diferenciador y de valor para los consumidores, susceptible de valoración económica y apta para ser usada en el mercado por cualquier tercero, siempre y cuando cuente con la autorización del titular del derecho marcario.

• Cesión de derechos sobre la marca: es otro de los derechos que ostenta el titular de un registro marcario, el cual deviene en la enajenación o transmisión de la propiedad de la marca, afectación de tipo jurídico que necesariamente tiene que inscribirse en el registro de la propiedad industrial para garantizar los derechos derivados del registro.

Estos derechos se adquieren por medio del registro marcario, dado que el régimen andino acogió el sistema atributivo como forma de adquirir el derecho al uso exclusivo, lo cual implica la necesidad de obtener un registro ante la oficina nacional competente para efectos de ser reconocido como titular. De lo anterior se desprende que el registro tiene un valor constitutivo del derecho, y que solo a partir de su concesión, el titular goza de sus beneficios y garantías. De ello podemos deducir que el registro de la marca constituye en Colombia el pilar sobre el cual se sustentan los derechos otorgados.

LICENCIA DE LAS MARCAS

La licencia o autorización de uso de la marca es una de las facultades que otorga el registro marcario a su titular. Al obtenerse el registro de una marca el propietario adquiere el derecho a su uso exclusivo, por lo que inmediatamente surgen dos posibilidades, la primera, la explotación directa mediante la identificación de productos o servicios en el mercado, y la segunda, conservar su derecho a la propiedad sobre el bien intangible y, en este caso, autorizar a un tercero el uso del signo registrado con la finalidad de que lo explote dentro de los límites previamente definidos en el contrato.

Por su parte, las solemnidades para celebrar el contrato de licencia varían en relación con las exigencias de la norma para realizar la transferencia. A partir de la entrada en vigor del Decreto 729 del 13 de abril del 2012, el registro de los contratos de licencia es facultativo de las partes y no afecta su oponibilidad, de igual forma el contrato de licencia en Colombia no depende de su registrabilidad, sino del ejercicio de la autonomía de la voluntad entre las partes. Esta facultad la establece el Tribunal de Justicia de la Comunidad Andina (Proceso 88-IP-2010), ya que el contrato de licencia, en lo no regulado por la normativa comunitaria andina, se rige por la norma nacional pertinente de cada país miembro.

La licencia obliga al licenciatario a actuar dentro de los límites establecidos en el contrato según sus intereses particulares y por lo señalado en el ordenamiento jurídico. Entre los límites más comunes se encuentran los territoriales, temporales y personales, dependiendo del objeto de la licencia. Sin embargo, simultáneamente con los derechos del propietario al licenciatario exclusivo se le otorgan derechos y recursos.

En general, "en los contratos de licencia se especifican cláusulas tales como la duración del contrato, la vigilancia o inspección o control del licenciante sobre la calidad de los productos fabricados por el licenciatario, el reconocimiento a la propiedad exclusiva de la marca por parte del licenciante y la facultad o poder para que el licenciatario pueda enfrentar los litigios que se presenten respecto a la marca"[5].

La licencia, según Álvarez[6], es un contrato nominado o nombrado en la ley, pero no tipificado en sus elementos estructurales, por lo cual su estructura debe ser elaborada de forma muy detallada. Para que legalmente exista la licencia, las partes deberán demostrar que el contrato cuenta con los elementos esenciales, ya que no existe otro mecanismo que permita definir la existencia del contrato con todas sus características. Sobre el particular, el artículo 162 de la Decisión 486 de la Comunidad Andina señala que el titular de una marca registrada o en trámite de registro podrá dar licencia a uno o más terceros para la explotación de la marca respectiva; es decir, el objeto específico del contrato de licencia de marcas es el uso de la misma por parte de un tercero con fines de explotación marcaria por medio de la identificación de productos o servicios en el mercado.

[5] Tribunal de Justicia de la Comunidad Andina, Proceso 30-IP-97, interpretación prejudicial may. 8/1998.

[6] Susana Álvarez, "El derecho de propiedad intelectual en la industria musical colombiana. Sujeto de derecho y protección jurídica", *Revista de derecho privado*, n.° 52 (2014): 3 -27, 3.

Más allá de quién es el titular de un registro marcario, la importancia del signo debidamente protegido radica en el uso y presencia de este en el ámbito comercial, circunstancia directamente proporcional con el reconocimiento que los consumidores hagan de los productos o servicios identificados, que, normalmente, se basa en la calidad y la duración de estos, asociada con un determinado origen o procedencia empresarial. Es importante tener en cuenta que, como lo señala el Tribunal de Justicia de la Comunidad Andina, en el Proceso 100 IP-2013, las licencias desempeñan una función económica y otorgan la posibilidad de ampliar el campo de acción de una marca determinada o aumentan la presencia de estas en determinados mercados.

En este aspecto, se debe resaltar que la licencia generalmente beneficia al titular del registro marcario, es decir, al licenciante o concedente de la licencia, ya que no solo es una oportunidad para expandir el mercado, sino que en la mayoría de los casos el licenciatario debe pagar por la autorización del uso de la marca registrada. No obstante, el licenciatario o receptor de la licencia también debe obtener un beneficio, ya que el proceso de otorgar una licencia implica el nacimiento de una relación contractual, la cual ambas partes están interesadas en que sea exitosa y, sobre todo, en que la marca no sea usada por terceros no autorizados.

Tipos de licencia de marcas

Según Labariega[7], existen diferentes tipos de licencia de marcas:

- Licencia global: la autorización de uso otorgada por el titular del registro marcario comprende la totalidad de productos y servicios para los que se encuentra registrada.
- Licencia parcial: el titular del registro marcario solo autoriza el uso de la marca para algunos de los productos o servicios cubiertos con el registro marcario. Al respecto, Fernández-Novoa[8]

---

[7] Pedro Labariega, "El contrato de licencia de uso de marca", en *Propiedad intelectual: Reflexiones* (Bogotá: Editorial Universidad de Rosario, 2012), 79.

[8] Carlos Fernández-Novoa, *Manual de la propiedad industrial*, 2.ª ed. (Madrid: Marcial Pons, 2013).

señala que si el contrato de licencia de uso de marca no especifica el tipo de licencia otorgada se entenderá que recae sobre la totalidad de los productos y servicios para los cuales figure registrada.

- Licencia extensiva: es la autorización de uso de la marca dentro del territorio en el cual se encuentra protegida.
- Licencia limitada: el acuerdo comprende únicamente la autorización de uso dentro de una parte de la delimitación territorial. Si el contrato no establece una delimitación territorial se sobreentiende que la autorización de uso es para todo el territorio nacional.
- Licencia exclusiva: el titular de la marca se obliga a no autorizar el uso a terceros en la zona asignada al licenciatario.
- Licencia no exclusiva: el titular de la marca otorga la facultad de usar la marca licenciada, pero conserva la facultad de usar directamente la marca y conceder posteriores autorizaciones a otros licenciatarios.

En el contrato de licencia celebrado entre las partes se determinan las circunstancias de tiempo, modo y lugar sobre las cuales recae la autorización de uso y de igual forma, en ejercicio de la autonomía de la voluntad, se puede establecer el alcance del derecho del licenciatario, en todo caso garantizando los preceptos establecidos en la normatividad aplicable.

Obligaciones principales del licenciante

Sobre las obligaciones del licenciante, Labariega[9] señala que la principal obligación que el licenciante asume es la de otorgar la autorización al licenciatario para que utilice un bien inmaterial jurídicamente protegido. Asimismo, hay que tener en cuenta las siguientes obligaciones principales:

- En los casos de licencia exclusiva, asumiría también la obligación de no conceder otras licencias o autorizaciones que coincidan

---

[9] Labariega, "El contrato de licencia", 79.

material, territorial o temporalmente con el ámbito de aquella, salvo pacto en contrario.

- Garantizar al licenciatario el goce pacífico de la marca licenciada. En este caso, el licenciante configura un supuesto de responsabilidad por evicción, propio de cualquier contrato oneroso por el que se transfiere un derecho sobre un bien o por el que se confiere un derecho de goce sobre un bien de titularidad ajena.
- Ejercicio de control de calidad de los productos o servicios ofrecidos con la marca objeto de la licencia.

El incumplimiento de las obligaciones del licenciante quebranta la relación contractual y da lugar a solicitar la resolución por vía judicial del contrato o el cumplimiento del mismo, en uno y otro caso con la facultad de solicitar la indemnización de los perjuicios que se le hayan causado con ocasión del incumplimiento.

Obligaciones principales del licenciatario

Encontramos las siguientes:

- La obligación principal consiste en el pago de un precio o retribución del derecho de uso de la marca que al mismo se atribuye (regalías).
- Informar al licenciante de la realización de actos de infracción al derecho de marca.
- Ejercitar las acciones legales de protección de los derechos sobre la marca como si fuera el propio titular, tal como aplica en la legislación mexicana[10] y española.

De igual forma, el incumplimiento de las obligaciones por parte del licenciatario faculta a la contraparte para solicitar la indemnización de los perjuicios ocasionados con su conducta, con la aclaración de que, en

---

[10] Al respecto la Ley de Propiedad Industrial de México señala en el artículo 140: "La persona que tenga concedida una licencia inscrita en el Instituto, salvo estipulación en contrario, tendrá la facultad de ejercitar las acciones legales de protección de los derechos sobre la marca, como si fuera el propio titular".

Colombia la Superintendencia de Industria y Comercio, por una interpretación equivoca de la norma aplicable, no permite que el licenciatario
ejerza las acciones legales tendientes a evitar el uso no autorizado de la
marca, tal como lo veremos más adelante.

Derechos derivados de la licencia de uso de marca

Derechos del licenciatario

El derecho principal del licenciatario es el de usar la marca licenciada
con base en lo establecido en el contrato, hay que recordar que se trata de un acuerdo de voluntades, según el cual el diseño del contenido
corresponde a las partes. Además de ese derecho de uso, por ejemplo,
para la ley española de marcas (Ley 17 del 7 de diciembre del 2001), el
licenciatario dispone de otros derechos, a saber:

- El de reclamar al licenciante cuando, como consecuencia de la
  sentencia que resuelva la acción reivindicatoria, se produjera un
  cambio en la titularidad de la marca, las licencias y demás derechos de terceros sobre la misma; se extinguirían por la inscripción del nuevo titular en el registro de marcas, sin perjuicio del
  derecho que asista a reclamar de su transmitente.
- En el caso de "nulidad" de marca, el licenciatario, como cualquier parte en un contrato mercantil, puede solicitar la indemnización de daños y perjuicios derivados de la nulidad del registro
  marcario cuando el titular hubiere obrado de mala fe.
- Impedir que el titular de la marca licenciada renuncie a ella por
  escrito ante la Oficina Española de Patentes y Marcas.

Derechos del licenciante

- Obtener una contraprestación monetaria por permitir que el licenciatario explote la marca de la que el licenciante es el titular,
  salvo pacto en contrario.

- Exigir el cumplimiento del contrato en cuanto a términos de duración, uso de la marca, el territorio en el cual pueda utilizarse la marca, la calidad de los productos fabricados o de los servicios prestados por el licenciatario.
- Otra prerrogativa que concierne al licenciante es que, aunque haya otorgado una licencia, podrá utilizarla, no solo cuando sea no exclusiva, sino también cuando sea exclusiva, siempre que, en esta última hipótesis, se haya reservado su uso (Ley Española de Marcas, arts. 48.5 y 48.6).

LEGITIMACIÓN ACTIVA DE LOS LICENCIATARIOS DE MARCAS FRENTE A INFRACCIONES DE DERECHOS DE PROPIEDAD INDUSTRIAL

El planteamiento principal del problema que nos ocupa es determinar si el licenciatario de una marca puede entablar acciones por infracción a los derechos de propiedad industrial con fundamento en la normatividad vigente, de conformidad con la descripción normativa del artículo 238 de la Decisión 486 del 2000 de la Comunidad Andina, la jurisprudencia de la Superintendencia de Industria y Comercio, las interpretaciones prejudiciales del Tribunal de Justicia de la Comunidad Andina y la doctrina.

Como se mencionó, en Colombia las cuestiones que versan sobre propiedad industrial son reguladas por la normatividad comunitaria (Decisión 486 de la Comunidad Andina), incluyendo la legitimación para instaurar acciones por infracción a los derechos de propiedad industrial, las cuales permiten a los legitimados acudir ante el juez competente para ejercer las respectivas acciones judiciales, con el fin de lograr el cese inmediato del uso de una marca protegida y solicitar la reparación integral por los daños y perjuicios que el uso no autorizado de ella genere.

Así, el sistema de propiedad industrial no solo se encarga de regular el procedimiento adecuado para el registro de los signos distintivos por medio de la oficina nacional a cargo, sino que además establece acciones judiciales, mediante las cuales el Estado debe proteger los derechos de propiedad industrial frente a la infracción por el uso no autorizado por parte de terceros.

Como primera medida, de conformidad con lo señalado en el artículo 155 de la Decisión 486 del 2000, las personas legitimadas para ejercer las acciones por infracción a los derechos de propiedad industrial lo pueden realizar al hacer patentes comportamientos que vulneren los derechos conferidos por la norma comunitaria, a saber:

a. […] aplicar o colocar la marca o un signo distintivo idéntico o semejante sobre productos para los cuales se ha registrado la marca; sobre productos vinculados a los servicios para los cuales esta se ha registrado; o sobre los envases, envolturas, embalajes o acondicionamientos de tales productos;

b. suprimir o modificar la marca con fines comerciales, después de que se hubiese aplicado o colocado sobre los productos para los cuales se ha registrado la marca; sobre los productos vinculados a los servicios para los cuales esta se ha registrado; o sobre los envases, envolturas, embalajes o acondicionamientos de tales productos;

c. fabricar etiquetas, envases, envolturas, embalajes u otros materiales que reproduzcan o contengan la marca, así como comercializar o detentar tales materiales;

d. usar en el comercio un signo idéntico o similar a la marca respecto de cualesquiera productos o servicios, cuando tal uso pudiese causar confusión o un riesgo de asociación con el titular del registro. Tratándose del uso de un signo idéntico para productos o servicios idénticos se presumirá que existe riesgo de confusión;

e. usar en el comercio un signo idéntico o similar a una marca notoriamente conocida respecto de cualesquiera productos o servicios, cuando ello pudiese causar al titular del registro un daño económico o comercial injusto por razón de una dilución de la fuerza distintiva o del valor comercial o publicitario de la marca, o por razón de un aprovechamiento injusto del prestigio de la marca o de su titular;

f. usar públicamente un signo idéntico o similar a una marca notoriamente conocida, aun para fines no comerciales, cuando ello pudiese causar una dilución de la fuerza distintiva o del valor comercial o publicitario de la marca, o un aprovechamiento injusto de su prestigio.

Y como segunda medida, las disposiciones comunitarias pretenden, además de establecer los derechos ya mencionados, velar por su efectiva aplicación, razón por la cual ha dispuesto en el artículo 238 de la Decisión 486 del 2000 lo siguiente: *"El titular de un derecho protegido en virtud de esta Decisión podrá entablar acción ante la autoridad nacional competente contra cualquier persona que infrinja su derecho.*

También podrá actuar contra quien ejecute actos que manifiesten la inminencia de una infracción"[11].

Es así como la norma comunitaria otorga las acciones necesarias para protegerlos y, como se explica a continuación, legitima activamente al titular del registro marcario y al titular de los derechos que otorga la licencia para ejercer las acciones de protección por infracción a los derechos de propiedad industrial.

En este contexto, y con el fin de poder determinar el alcance del artículo 238 de la Decisión 486 del 2000, sobre qué se entiende por el titular de derecho protegido por esta decisión, es menester tener en cuenta, como primera medida, la naturaleza contractual de la licencia de un derecho marcario, la cual ha sido determinada por la jurisprudencia del Tribunal de Justicia de la Comunidad Andina y por parte de la doctrina en los siguientes términos: "La licencia es uno de los contratos que puede realizar el titular de un derecho subjetivo sobre la marca, el que junto a la cesión son las figuras principales dentro del campo de las negociaciones comerciales que suelen presentarse"[12], mediante el "cual se autoriza la *explotación del derecho* sobre un registro marcario [...]"[13]. De la misma manera, Lafont señala que el contrato de licencia se define como el "convenio por virtud del cual una persona natural o jurídica, llamada licenciante, se obliga para con otra, llamada licenciatario, a cederle o concederle el uso reteniendo la propiedad a cambio del pago o una remuneración (regalía) por parte de este último"[14].

Es importante tener en cuenta, que hay unanimidad doctrinal en señalar que el contrato de licencia le otorga al licenciatario el ejercicio del derecho de uso respecto de la marca por cuanto el licenciante seguirá ostentando la propiedad de ella.

De lo ya dicho, tenemos que los dos elementos esenciales más importantes dentro del contrato de licencia para nuestro asunto son: el otorgamiento por parte del licenciante del uso de la marca, y la continuidad por parte del mismo de su propiedad; sin decir que el licenciante en el contrato queda con una nuda propiedad, puesto que incluso se podría

---

[11] Énfasis propio.

[12] TJCA, interpretación prejudicial 30-IP-97.

[13] TJCA, Proceso 88-IP-2010. Énfasis propio.

[14] Lafont, *Manual de Contratos*, 446. Énfasis propio.

pactar el uso de la marca compartido, perdiendo así el control respecto de la explotación exclusiva de la misma, al entregárselo también al licenciatario, y por tanto dotándolo de al menos uno de los derechos más importantes que otorga el registro de la misma.

Siguiendo este razonamiento, si uno de los derechos más importantes que recae sobre el titular de la marca es precisamente la potestad de usarla de manera exclusiva, este se puede materializar de distintas formas y figuras legales, e inclusive de manera indirecta, entro otros, por medio del contrato de licencia, tal y como lo señala Labariega: "la marca concede a su titular el derecho de transmitir las marcas registradas" y la "faculta para autorizar a una o más personas como usuarios de esta"[15].

Definido lo anterior, este acuerdo de voluntades establece unos derechos y obligaciones a cargo de cada una de las partes en el marco contractual, la principal para el licenciante es entregarle la explotación del derecho sobre la marca al licenciatario, tal y como lo establece el artículo 162 de la Decisión 486 del 2000; es, precisamente, uno de los principales efectos de la entrega de ese derecho de explotación el de convertir al licenciatario en titular del derecho, no en términos del registro y la propiedad de la marca, la cual solamente está en cabeza del licenciante, sino por los derechos que le asisten para tener un uso y goce pacífico del derecho de explotación que este adquiere[16].

Así, el derecho principal que le asiste al licenciatario de usar y explotar la marca licenciada se determina con base en lo establecido en el contrato, tal como señala Labariega[17], y le brinda al licenciatario, como uno de sus elementos esenciales, la facultad de explotar la marca, lo que se legitima precisamente por la transferencia que el titular del registro le realiza en virtud del contrato, y que solo sería posible si la titularidad del registro de la marca estuviera en cabeza del licenciante; si no fuera así, el contrato carecería de objeto y el licenciante incurriría en responsabilidad frente al licenciatario[18].

---

[15] Labariega, "El contrato de licencia", 68.

[16] Fernández-Novoa, *Manual de la propiedad*, 553.

[17] Labariega, "El contrato de licencia".

[18] Fernández-Novoa, *Manual de la propiedad*, 553.

De esta forma, el contrato de licencia tiene un elemento de la esencia, que es otorgar el derecho de explotación de la marca al licenciatario, y este derecho es el fundamento para que el licenciatario se enmarque en la descripción normativa del artículo 238 de la Decisión 486 del 2000, como "titular de un derecho protegido en virtud de esta Decisión", y por tal razón, tiene acción directa para salir en defensa de la marca y sus intereses en caso de infracción.

Entonces, este derecho de explotación, a pesar de devenir primariamente del registro de la marca, no se puede confundir con ella, por cuanto el mismo hace referencia, no al registro, sino a los derechos establecidos en el artículo 155 de la Decisión 486 del 2000, uno de ellos, y quizás el más importante, es el uso, el cual se encuentra autorizado mediante el contrato de licencia, acuerdo protegido por la Decisión 486 del 2000.

Esta protección tiene pleno sentido, inclusive desde el punto de vista contractual, ya que si el contrato de licencia no le otorgara al licenciante el derecho de acción directo, el mismo derivaría en un contrato en el que las partes no quedan totalmente satisfechas y protegidas; basta con pensar en las cláusulas especiales que deberían incorporarse en un contrato de licencia en un caso hipotético de interpretación normativa en sentido contrario, ya que el licenciatario, quien se convierte en el beneficiario económico de la marca, al quedar desprotegido para defenderla de manera directa, debería incorporar cláusulas de indemnidad en contra del licenciante, en caso de que este último no ejerza las debidas acciones para defender la marca o incluso en caso de que el uso indebido de la misma le genere un perjuicio; esto último carece de sentido legal, por cuanto el licenciante, en vez de obtener un verdadero beneficio por la posibilidad que le da la ley de licenciar su marca, podría verse involucrado en procesos de responsabilidad contractual en su contra.

Además, es importante tener en cuenta que, a pesar de no estar reconocido en nuestra legislación interna, existe una facultad que la Decisión 486 del 2000 le otorga a la autoridad competente de iniciar de oficio las acciones por infracción de derechos de propiedad industrial, por lo que si el espíritu de esta norma hubiera sido el de legitimar solo al titular del registro para iniciar la acción, además de haberlo señalado expresamente, no hubiera incorporado esta capacidad oficiosa, al parecer tan amplia, en esta Decisión.

Posición del Tribunal de la Comunidad Andina de Naciones

En cuanto a los antecedentes jurisprudenciales sobre el tema es importante mencionar que el Tribunal de Justicia de la Comunidad Andina se ha referido al contrato de licencia y al derecho de acción que de manera directa tiene el licenciatario, en los siguientes términos.

En la interpretación prejudicial 136-IP-2011 del 19 de enero del 2012, el Tribunal hizo referencia al pronunciamiento realizado por esta entidad en el Proceso 30-IP-1997.

> En forma general, en los contratos de licencia se especifican cláusulas tales como la duración del contrato, la vigilancia o inspección o control del licenciante sobre la calidad de los productos fabricados por el licenciatario, el reconocimiento a la propiedad exclusiva de la marca por parte del licenciante y la facultad o poder para que el licenciatario pueda enfrentar los litigios que se presenten respecto a la marca.[19]

Como complemento a lo anterior, y en la misma línea, el Tribunal de Justicia de la Comunidad Andina, en el Proceso 432-IP-2015, en la interpretación prejudicial, respondió a la siguiente pregunta: "¿El licenciatario de una marca, está legitimado para iniciar una acción por infracción de marca?", indicando que, según la naturaleza de la licencia, se debe entender que ya que el licenciatario tiene un interés claro y evidente en combatir la infracción, también estaría legitimado para iniciar la acción, siempre y cuando el contrato respectivo no lo prohíba expresamente.

En este sentido, para el Tribunal de Justicia de la Comunidad Andina, el licenciatario sí está facultado para interponer acciones por infracción a los derechos de propiedad industrial, explicando esta facultad de manera sucinta al enmarcarse dentro de la naturaleza del contrato de licencia, en virtud precisamente a que uno de los elementos esenciales es la explotación de una marca, la utilización de esta para la promoción y venta de productos y servicios y, finalmente, la comercialización de los mismos por cuenta y riesgo del licenciatario.

---

[19] Proceso 30-IP-97, marca Carolina, *Gaceta Oficial* 355, 14 de julio de 1998.

Por otra parte, hay que tener en cuenta que las interpretaciones jurisprudenciales del Tribunal de Justicia de la Comunidad, respecto de la legitimación para interponer estas acciones, no han sido muy numerosas y, en general, al abordar el asunto, no han profundizado en definir qué se entiende por titular de derechos protegidos. Como ejemplo tenemos los procesos 121 del 2008, 71 del 2014 y 263-IP-2015. En este último se analizó el artículo 238 de la Decisión 486, aunque solo se limitó a señalar:

> Sujetos activos. Pueden entablar los siguientes sujetos: (a) El titular del derecho protegido. El titular puede ser una persona natural o jurídica. Igualmente, la facultad de ejercer la acción pasará en cabeza de los causahabientes del titular. Si existen varios titulares, salvo pacto en contrario, cualquiera de ellos puede iniciar la acción sin el consentimiento de los demás (párrafo 3 del artículo 238). (b) El Estado. Si la legislación interna lo permite, las autoridades competentes de los países miembros pueden iniciar de oficio la acción por infracción de derechos de propiedad industrial (párrafo 2 del artículo 238).

En tiempos más recientes, en el 2018, en la interpretación prejudicial del Proceso 473-IP-2018, el Tribunal de Justicia de la Comunidad Andina indicó que la interpretación del artículo 238 de la Decisión 486 debe realizarse conjuntamente con lo establecido en el artículo 155 de la misma norma, toda vez que dicha acción parte de la premisa de que el denunciante o demandante es titular de un registro marcario y esto es así porque la titularidad del registro marcario es el fundamento que confiere el derecho a impedir a cualquier tercero realizar sin el consentimiento del titular del registro cualquiera de los actos tipificados en el mencionado artículo 155, lo que abarca no solo los actos que constituyen infracción del derecho marcario, sino también los actos que manifiesten la inminencia de una infracción, conforme lo señala el artículo 238. Con ello solo se aborda la protección que otorga el artículo 238 desde el punto de vista del titular del registro como titular del derecho, según el artículo 155, sin tener en cuenta lo antes señalado respecto de la facultad que la misma Decisión le brinda para ceder u otorgar el mismo, mediante contratos de cesión o licencia, en los cuales la contraparte adquiere el derecho derivado de la licencia y por ello la acción para proteger el mismo de manera directa.

Posición de la Superintendencia de Industria y Comercio

En febrero del 2018 la Superintendencia de Industria y Comercio, mediante auto n.º 14522 del 9 de febrero del 2018, proferido dentro del radicado n.º 17-420584, rechazó la solicitud de acciones por infracción de derechos de propiedad industrial presentada por un licenciatario de una marca registrada. Al respecto mencionó:

> Al revisar las normas citadas por el accionante (arts. 155, 162, 163 y 238 de la Decisión 486 de 2000) no se observa que faculten a terceros para iniciar la acción por infracción a derechos de propiedad industrial, mucho menos que otorguen al licenciatario legitimación para tal fin, por el contrario, a partir de dichas normas solo es posible concluir que el legitimado para interponer la acción por infracción de derechos de propiedad industrial es únicamente el titular del derecho.

De igual modo, en sentencia proferida por esta entidad el 1.º de abril del 2019, bajo el radicado n.º 17-340180, en el proceso adelantado por la sociedad Tecnolub TPC & Redes Ltda., contra Codensa, por infracción de los derechos de propiedad industrial, señaló que la sociedad demandante carecía de legitimación en la causa, dado que actuaba en calidad de licenciataria de patente de modelo de utilidad y que según la Decisión 486 de la Comunidad Andina es el titular del registro marcario el que ostenta la facultad de ejercer las acciones señaladas en el art. 238 de la mencionada decisión.

En este caso, el fundamento de la Superintendencia de Industria y Comercio para invocar la falta de legitimación por parte del licenciatario radicó en que, pese a la autorización de uso otorgada por el titular de la patente, es él quien continúa conservando la titularidad del derecho, señalando, con una interpretación errónea, que la legitimación activa para el ejercicio de las acciones por infracción de derechos de propiedad industrial es regulada de manera general en el artículo 238 de la Decisión 486, sin entrar en detalle de que es precisamente este artículo el que faculta, no solo al titular de la marca para iniciar acciones por infracción marcaria, sino al titular del derecho que se ostente sobre la misma, que como se ha explicado, lo puede ser el licenciatario.

Así las cosas, la Superintendencia sustentó las acciones por infracción de derechos de propiedad industrial con una interpretación equivocada del artículo 238 de la Decisión 486, y a la luz de esta interpretación esta entidad no abrió la posibilidad de que el licenciatario pueda ejercer las acciones por infracción de derechos de propiedad industrial. Por consiguiente, la institución ha limitado el derecho de acción única y exclusivamente al titular del registro marcario, a pesar de que el artículo no lo mencione expresamente, y a que, por el contrario, la norma le dé la posibilidad a cualquier titular de un derecho reconocido en virtud de la Decisión 486 del 2000 de entablar las acciones por infracción de los derechos de propiedad industrial. Lo interesante en este caso es que, como explicaremos, desde los mismos conceptos emitidos por esta Superintendencia, la interpretación dada a la citada norma es errónea.

En el año 2014 la Superintendencia de Industria y Comercio tenía una postura distinta, dentro del expediente n.° 14-26550, y registrada en el Acta 194 de la SIC, dio trámite a las acciones entabladas por infracción de los derechos de propiedad industrial, y reconoció el derecho que le asistía a la sociedad licenciataria de la marca Arturo Calle, y se ordenó a la demandada el cese inmediato del uso de la marca licenciada, sin hacer objeción alguna o poner en entredicho el derecho que le asiste a la licenciataria para interponer las acciones en defensa de los derechos de propiedad industrial.

También se puede decir que la postura de la Superintendencia de Industria y Comercio respecto de la interpretación del artículo 238 de la Decisión 486 del 2000, según sus decisiones, no ha tenido un sustento jurídico claro, por cuanto no se ha detenido a analizar, en uno u otro caso, cuál es la interpretación que se le debe dar a la expresión "titular de un derecho" incorporada en el artículo en cuestión, y de esta forma establecer de manera precisa, desde·un punto de vista de interpretación jurídica, quién ostenta la calidad de legitimado para interponer acciones por infracción de derechos de propiedad industrial, dando lugar a una inseguridad jurídica que afecta el derecho de los licenciatarios de las marcas, en el sentido de que les genera incertidumbre respecto de la posibilidad de poder entablar directamente las acciones por infracción de derechos de propiedad industrial, debido a la falta de unanimidad en las decisiones y, más aún, por la falta de antecedentes en la interpretación rigurosa del artículo 238 de la Decisión 486, y de igual modo por la confusión que evidentemente esta entidad tiene entre el titular del registro marcario y el titular de un derecho derivado de un contrato de licencia.

Como se señaló, la Superintendencia de Industria y Comercio ha expedido un sinnúmero de conceptos en los cuales ha desarrollado, por una parte, los derechos que tiene un titular de un registro marcario, y por otra, las acciones que se tienen por infracciones de los derechos de propiedad industrial, en particular los concernientes del derecho marcario.

En el primero de ellos y bajo radicado n.º 17-30889-4-0, la Superintendencia de Industria y Comercio estableció, en desarrollo del artículo 155 de la Decisión 486 del 2000, el ejercicio del principio de *ius prohibendi,* según el cual el titular de un registro marcario puede oponerse al uso de signos similarmente confundibles, por cuanto es precisamente la adquisición de ese uso el principal derecho que se adquiere con el registro de la marca, tal y como se establece en el artículo 154 de la misma decisión: "El derecho al uso exclusivo de una marca se adquirirá por el registro de la misma ante la respectiva oficina nacional competente"[20].

Así, la Superintendencia afirma que el derecho de uso exclusivo lo adquiere el titular del registro marcario y ese uso precisamente es el que le concede al licenciatario, y señala que "en el contrato de licencia, una persona llamada licenciante *cede el derecho de uso de su marca a otra denominada licenciatario*"[21] conservando el primero la titularidad sobre la marca.

Al respecto la entidad no dice algo distinto a que el licenciatario, como ya se explicó desde el punto de vista del artículo 238 de la Decisión 486 del 2000, se convierte en titular de un derecho derivado del contrato de licencia, titularidad que lo legitima, en virtud de este artículo, para iniciar acciones por infracciones al derecho marcario.

Como segunda medida, la Superintendencia de Industria y Comercio, con respecto a las acciones que se tienen por infracciones a los derechos de propiedad industrial, en particular los concernientes al derecho marcario, se pronunció con base en el artículo 238 de la Decisión 486 de la Comunidad Andina, en los radicados n.° 16-118575-3 y 16-87991, e indicó que "esta acción permite a los diferentes titulares de los signos distintivos solicitar, entre otras pretensiones, el cese del acto que infrinja

---

[20] SIC, interpretación normativa reiterada bajo los radicados n.º 17-396560-1, 17-17030889 y 18-162512-00001-0000.

[21] Énfasis propio.

su derecho y la indemnización de perjuicios causados", además, en el concepto citó al tratadista Ricardo Metke, quien señala que

> una de las facultades del titular de un derecho de propiedad industrial es el uso y explotación exclusiva de los bienes objeto de la misma (patentes, marcas, diseños industriales, nombres comerciales y enseñas). Ello implica a su vez la facultad de impedir que terceros no autorizados usen o exploten tales bienes. Desde otro punto de vista puede afirmarse que el uso o explotación por un tercero no autorizado de un bien amparado por un derecho de propiedad industrial, constituye una usurpación del bien y una infracción del derecho respectivo.[22]

En otros conceptos emitidos, bajo los radicados n.° 13-236444-00002-0000, 13-219898-00001-0000 y 18-261325, la Superintendencia de Industria y Comercio hizo referencia a que "el *demandante* puede solicitar el cese del comportamiento que implica una infracción al derecho o derechos de propiedad industrial y la indemnización de los perjuicios causados"[23].

Como resultado, vale la pena resaltar que la Superintendencia de Industria y Comercio, como sí lo ha hecho sin argumento alguno en decisiones judiciales, desde el punto de vista conceptual en ningún momento ha limitado el alcance del artículo 238 de la Decisión 486 respecto a que la legitimación para entablar acciones por infracciones de derechos de propiedad industrial recaiga solamente en el titular del registro marcario, e inclusive desde la interpretación que le da al mismo artículo y los derechos que concede el registro al licenciante, se entiende que este registro, el cual le da al licenciante el uso sobre la marca, le otorga, además, la posibilidad de ceder o conceder el derecho de uso sobre el mismo a un tercero, bien sea por medio de un contrato de cesión o uno de licencia, y en este sentido, poner a ese tercero, en nuestro caso licenciatario, en la posición que tiene el licenciante respecto de los derechos que otorga dicha titularidad del registro marcario; esto no es cosa distinta de convertirlo, por vía contractual, en titular del derecho

---

[22] Ricardo Metke, *Propiedad industrial*, 147, citado en el concepto de la Superintendencia de Industria y Comercio, radicados n.° 16-118575-3 y 16-87991.

[23] Énfasis propio.

de licencia y por ende dotarlo de las acciones tendientes a proteger la marca en caso de infracción.

CONCLUSIONES

1. El licenciatario de uso de una marca se encuentra legitimado para entablar acciones por infracción de derechos de propiedad industrial, en virtud de lo establecido en el artículo 238 de la Decisión 486 del 2000 de la Comunidad Andina de Naciones, ya que esta norma lo faculta, al ser titular del derecho obtenido con el contrato de licencia, derecho también reconocido por esta Decisión en el artículo 161 del capítulo IV.

2. Colombia, particularmente la Superintendencia de Industria y Comercio, ha venido aplicando la normatividad andina de manera errónea sin justificación jurídica razonable, por lo que lo más apropiado, en aras de proteger de manera integral el uso no autorizado del registro marcario y los derechos que a su titular le confiere, llámese titular del registro marcario o titular del derecho de uso y goce por medio de una licencia, es regresar a la postura adoptada en el año 2014 por esta entidad, mediante la cual se dio trámite a las acciones interpuestas por el titular de una licencia de marca contra un tercero no autorizado para hacer uso del signo objeto de la licencia.

3. Es deber para la jurisprudencia y la doctrina aplicar la norma sin hacer interpretaciones restrictivas y excluyentes para que los licenciatarios sean protegidos de manera integral en sus derechos de propiedad industrial frente a los terceros no autorizados que hagan uso de la marca objeto de la licencia, y de igual manera para que los licenciantes puedan disfrutar de los derechos marcarios que le otorga el registro de manera plena.

4. Una interpretación restrictiva de la norma analizada tiene una afectación grave, no solo en la protección efectiva de los derechos que tiene el licenciatario de una marca, sino en el pleno derecho de disposición que debe tener el titular del registro marcario, el cual se ve también fuertemente afectado al no poder otorgarle, por una interpretación normativa errónea, el uso y goce pleno y sobre todo efectivo a su contraparte en una

contrato de licencia; lo anterior, además de ser injustificado, atenta contra la explotación idónea que del registro marcario espera obtener un licenciante y los respectivos derechos económicos de los que desea beneficiarse, no solo por la explotación directa de la marca sino por la posibilidad que el mismo registro le otorga de cederle de manera adecuada y plena su uso y goce a uno o más terceros.

REFERENCIAS

Álvarez, Susana. "El derecho de propiedad intelectual en la industria musical colombiana: Sujeto de derecho y protección jurídica". *Revista de derecho privado*, n.° 52 (2014): 3 -27. https://t.ly/tKjq.

Arrubla, Jaime. *Contratos mercantiles. Tomo II: Contratos atípicos*. Medellín: Biblioteca Jurídica Dike, 2008.

Bercovitz, Alberto. "Introducción a la problemática jurídica de las licencias". En *Estudios sobre el futuro Código Mercantil: libro homenaje al profesor Rafael Illescas Ortiz*, dirigido por María José Morillas Jarillo, María del Pilar Perales Viscasillas y Leopoldo José Porfirio Carpio, 1011-1028. Madrid: Getafe y Universidad Carlos III de Madrid, 2015.

Bercovitz, Rodrigo, Miguel Amores, Miriam Anderson y Juan Pablo Aparicio. *Comentarios a la Ley de Propiedad Intelectual*. Madrid: Rodesa 2007.

Bertone, Luis Eduardo y Guillermo Cabanellas de las Cuevas. *Derecho de marcas*. Buenos Aires: Heliasta, 2003.

Bocos, Marcos. *La ley de marcas: Estudio de la nueva ley de marcas, su reglamento y su aplicación práctica en la empresa*. Barcelona: Servidoc, 2003.

C. Const., Sent. C-256, mayo 27/1998. M. P. Fabio Monroy Díaz.

C. Const., Sent. C-934, diciembre 11/2013. M. P. Nilson Pinilla Pinilla.

C. E., S. de lo Contencioso Administrativo, Sent. 25000-23-27-000-2006-01008-01, jun. 25/2012. M. P. William Giraldo Giraldo.

Comunidad Andina de Naciones. Decisión 486, sep. 14/2000.

Fernández-Novoa, Carlos. *Manual de la propiedad industrial*. 2.ª ed. Madrid: Marcial Pons, 2013.

Gete, Maria. *La relación jurídica y el derecho subjetivo*. Madrid: Marcial Pons, 1997.

L. 17/ 2001, Ley española de marcas.

Labariega, Pedro. "El contrato de licencia de uso de marca". En *Propiedad intelectual: Reflexiones*. Bogotá: Editorial Universidad de Rosario, 2012.

Lacruz, José, Miguel Amores, Miriam Anderson, Juan Pablo Aparicio y Rodrigo Bercovitz, *Comentarios a la ley de propiedad intelectual*. Madrid: Rodesa, 2007.

Lafont, Pedro. *Manual de contratos*, tomo I. Bogotá: Ediciones Librería el Profesional, 2001.

Lizarazu, Rodolfo. *Manual de propiedad industrial*. Bogotá: Legis, 2014.

Marín, Germán. "Acciones por infracción de derechos". *Revista de la propiedad inmaterial*. Bogotá: Universidad Externado de Colombia, 2001.

Metke, Ricardo. *Procedimiento de propiedad industrial*. Bogotá: Cámara de Comercio, 1994.

Moure, Juan Guillermo, Alix Céspedes de Vergel y María del Socorro Pimiento. "Alcance y limitaciones de los derechos de propiedad industrial". En *Los monopolios patentarios y sus procedimientos judiciales*, editado por José Manuel Álvarez Zarate. Bogotá: Dike, 2002.

Peña, Lisandro. *De los contratos mercantiles nacionales e internacionales*. Bogotá: Ecoe Ediciones, 2014.

Pérez Tremps, Pablo. El concepto de integración supranacional en la Constitución. *Revista del Centro de Estudios Constitucionales*, n.° 13 (1992): 103-126.

Quiroga, Andrés. "Contrato de franquicia: Propuesta de regulación en la Comunidad Andina". *Revista de derecho privado*, n.° 48 (2012): 3-31. https://t.ly/JgTx

Ramírez, Aidé. "Contexto comercial de los contratos de licencia". *Cuadernos de la Maestría en Derecho*, n.° 6 (2018): 149-173. https://t.ly/vHS2y

Rivera, Julio. *Instituciones de derecho civil*. Buenos Aires: Abeledo Perrot, 1994.

Rodríguez, Carolina. "La propiedad industrial en Venezuela: Desarrollo institucional y experiencia normativa". *Revista mensual de la* UIDE 3, n.° 7 (2018): 95-113.

Rosenkrantz, Carlos, Helena Alviar, Marco Abarca y Lidia Casas, *Derecho y propiedad*. Buenos Aires: Libraria, 2008.

Superintendencia de Industria y Comercio, Circular Única, ago. 6/2001. *Diario Oficial* 44511. https://www.sic.gov.co/circular-unica-sic

Superintendencia de Industria y Comercio, Concepto n.° 13-219898 (2013).

Superintendencia de Industria y Comercio. Concepto n.° 13-236444 (2013).

Superintendencia de Industria y Comercio, Concepto n.° 16-87991-03 (2016)

Superintendencia de Industria y Comercio, Concepto n.º 16-118573-3 (2016).

Superintendencia de Industria y Comercio, Concepto n.º 17-170308889 (2017).

Superintendencia de Industria y Comercio, Concepto n.º 17-338089-4-0 (2017).

Superintendencia de Industria y Comercio, Concepto n.º 17-396560 (2017).

Superintendencia de Industria y Comercio, Concepto n.º 18-261325 (2017).

Superintendencia de Industria y Comercio, Conceptos n.º 18-162512 (2017).

Tribunal de Justicia de la Comunidad Andina. Interpretación prejudicial 136-IP 2011.

Tribunal de Justicia de la Comunidad Andina. Interpretación prejudicial 423-IP-2015.

Tribunal de Justicia de la Comunidad Andina. Proceso 30-IP-97.

Tribunal de Justicia de la Comunidad Andina. Proceso 54 IP, Cervitan (2000).

Tribunal de Justicia de la Comunidad Andina. Proceso 88 IP (2010).

Tribunal de Justicia de la Comunidad Andina. Proceso 89-IP (2011).

Sobre los autores

Ramón Ignacio Cabrera León: Abogado y doctor en Derecho por la Universidad Nacional Autónoma de México (UNAM); profesor de Derecho Administrativo y Políticas Públicas del Instituto Tecnológico y de Estudios Superiores de Monterrey (ITESM), Campus Toluca, y magistrado de la Sala Especializada en Materia de Propiedad Intelectual del Tribunal Federal de Justicia Administrativa.
Correo electrónico: r.cabrera@spetsen.mx

Horacio Cruz Tejada: Abogado y especialista en Derecho Procesal Civil de la Universidad Externado de Colombia; máster en Derecho Privado de la Universidad Carlos III de Madrid. Fue director del Área de Derecho Procesal y del Consultorio Jurídico de la Universidad de los Andes; formó parte de la Secretaría Técnica de la Comisión Redactora del Anteproyecto del Código General del Proceso (2003-2005). Es miembro de los institutos Colombiano e Iberoamericano de Derecho Procesal; codirector de la revista del Instituto Colombiano de Derecho Procesal. Actualmente es profesor de la cátedra de Pruebas de la Universidad de los Andes y profesor de posgrado en diferentes universidades del país, como la Universidad Externado de Colombia, Icesi, Universidad Nariño, la Universidad Libre (seccional Barranquilla), entre otras. Es miembro activo de la lista B de árbitros y de la lista de secretarios de tribunales arbitrales de la Cámara de Comercio de Bogotá; abogado litigante y asesor de entidades públicas y privadas; autor y coordinador de varias publicaciones en derecho procesal, entre las cuales se destacan: *El proceso civil a partir del Código General del Proceso* y *Nuevas tendencias del derecho probatorio.*

Juan Carlos Monroy Rodríguez: Abogado de la Universidad Externado de Colombia con especialización en Propiedad Industrial, Derecho de Autor y Nuevas Tecnologías de la misma universidad. Ha realizado cursos de formación en derecho de autor y derechos conexos a instancias de la Organización Mundial de la Propiedad Intelectual en Suiza, España, Uruguay, Panamá y Chile.

Durante su trayectoria profesional se ha desempeñado como director general de la Dirección Nacional de Derecho de Autor de Colombia, director jurídico de la organización Sayco Acinpro, asesor de la Subdirección de Derecho de Autor del Centro Regional para el Fomento del Libro en América Latina y el Caribe (Cerlalc). Ha sido consultor de la Organización Mundial de la Propiedad Intelectual (OMPI) y de la Superintendencia de Industria y Comercio de Colombia, y árbitro del Centro de Arbitraje de la Cámara de Comercio de Bogotá. Actualmente se desempeña como abogado litigante y consultor en derecho de autor. En su actividad académica se desempeña como docente de la Universidad Externado de Colombia, la Universidad de los Andes y la Universidad Sergio Arboleda.

Página web: www.monroycopyright.com.

Juan Francisco Ortega Díaz: Doctor en Derecho de la Universidad de Salamanca, con Premio Extraordinario. Grado de Salamanca en Investigación Jurídica (Universidad de Salamanca, España), máster en Relaciones Internacionales Latinoamericanas (Universidad Rey Juan Carlos I, España) y máster en Análisis Político (UOC, España). Autor de numerosos artículos y libros en el ámbito de la propiedad intelectual e industrial. En la actualidad es profesor de planta de la Universidad de los Andes, donde es director de la Maestría en Propiedad Intelectual. Además, se desempeña como asesor OMPI para América Latina y es miembro de la Comisión de Propiedad Intelectual de la Cámara de Comercio de Bogotá.

Diego Fernando Ramírez Sierra: Candidato a doctor en Derecho en la Universidad de los Andes. Abogado de la Universidad Libre y filósofo de la Universidad Nacional de Colombia. Magíster en Responsabilidad Contractual y Extracontractual Civil y del Estado, y magíster en Teoría del Derecho, por la Universidad Externado. Magíster en Filosofía de la

Universidad Nacional de Colombia. Se ha desempeñado como docente de cátedra en la Universidad la Gran Colombia y la Universidad de los Andes. Es miembro del grupo de formadores de la Escuela Judicial Rodrigo Lara Bonilla. En la actualidad se encuentra vinculado a la rama judicial, en el cargo de juez civil del circuito. Áreas de investigación: responsabilidad civil, derecho privado, derecho de la competencia y del consumo, y filosofía moral.
Correo electrónico: df.ramirezs@uniandes.edu.co. ORCID: https://orcid.org/0000-0001-7195-2269

Xiomara Romero Carvajal: Abogada de la Universidad de los Andes, especialista en Derecho Comercial y magíster en Derecho Privado de la misma universidad. Docente de tiempo completo en la Universidad Militar Nueva Granada.
Correo electrónico: xm.romero233@uniandes.edu.co.

José Fernando Sandoval Gutiérrez: Abogado de la Universidad Santo Tomás, especialista en Derecho Procesal de la Universidad Santo Tomás, especialista en Responsabilidad y Daño Resarcible de la Universidad Externado de Colombia, especialista en Derecho Comercial de la Universidad de los Andes, magíster en Derecho (modalidad Investigación) de la Universidad de los Andes. Profesor de la Maestría en Propiedad Intelectual de la Universidad de los Andes. Coordinador del Grupo de Estudios de Derecho de la Competencia y de la Propiedad Intelectual (GEDCOP) de la Universidad de los Andes. Durante más de once años trabajó en el ejercicio de facultades jurisdiccionales en procesos de competencia desleal y de infracción de derechos de propiedad industrial. Autor de diversos artículos académicos en materia de competencia desleal, propiedad industrial y derecho procesal.
Correo electrónico: jf.sandoval10@uniandes.edu.co

Ingrid Juliet Torres Ospina: Abogada de la Universidad Externado de Colombia, especialista en Derecho Comercial de la Universidad de los Andes, magíster en Derecho Privado de la Universidad de los Andes. Ha cursado estudios en Propiedad Industrial en la Organización Mundial de la Propiedad Intelectual (OMPI) y en la Universidad Externado de Colombia. Ha trabajado en la Superintendencia de Industria y Comercio,

Delegatura de Propiedad Industrial; ha sido perito en asuntos de propiedad industrial ante la Fiscalía General de la Nación. En la actualidad se encuentra vinculada al área jurídica de COMCEL S. A.
Correo electrónico: ij.torres81@uniandes.edu.co.

Luis Rafael Vergara Quintero: Doctor en Derecho y Ciencias Políticas de la Universidad Externado de Colombia, especialista en Derecho Administrativo. Fue presidente del Consejo de Estado de la República de Colombia, presidente de la Sección Segunda del Consejo de Estado, presidente del Tribunal Administrativo de Cundinamarca. También se desempeñó como magistrado del Tribunal Administrativo de Cundinamarca de la Sección Segunda, Asuntos Administrativos Laborales; como presidente del Tribunal Administrativo de Sucre; magistrado del Tribunal Administrativo de Sucre, y como abogado asesor y jefe del Departamento Administrativo y de Contratos (e) de la Empresa de Energía de Bogotá. Presidente del Tribunal de Justicia de la Comunidad Andina en el 2018. Actualmente es magistrado principal por la República de Colombia en el Tribunal de Justicia de la Comunidad Andina y docente universitario en distintas instituciones.

www.ingramcontent.com/pod-product-compliance
Lightning Source LLC
Chambersburg PA
CBHW021759190326
41518CB00007B/373